Sonja Margolina
Die ungeborene Zivilisation

Noch im Sommer letzten Jahres schien es, als ob die Welt endlich zu sich gekommen sei. Die Politik als Fortsetzung des Krieges mit anderen Mitteln war nicht mehr nötig. Das Ende des kalten Krieges hatte die Voraussetzungen für Vertrauen und Kooperation in Mittel- und Osteuropa geschaffen. Der Sieg der westlichen Werte schien so umfassend zu sein, daß man über das »Ende der Geschichte« redete. Und Europa, die Heimat des Totalitarismus, der grausamsten Diktaturen und Todesmaschinen, wurde plötzlich zum schönen Schiff stilisiert, wo jeder eine eigene Kajüte haben könnte und sogar für den Armen ein Platz auf dem Oberdeck zu finden wäre. Keiner wollte glauben, daß dieses Schiff »Titanic« hieß und daß sich unter der Wasseroberfläche ein tödlicher Eisberg näherte. Jetzt, nach einem halben Jahr, hat sich das Schiff auf die Seite gelegt, und die Mannschaft versucht fieberhaft, das Gleichgewicht wiederherzustellen. Das Ende der Geschichte erwies sich als eine Atempause, als Übergangsphase zu den neuen, unberechenbaren weltpolitischen Konstellationen.

Gehört Rußland überhaupt zu Europa? Die Frage war nie eindeutig zu beantworten. Ein »Mißverständnis«, »Eurasien«, »Weder-noch« – diese Definitionen hört man seit langem von denjenigen russischen Intellektuellen, die immer nach Westen schauten, die das Umsetzen der fremden Kultur in den unaufgeklärten heimischen Boden erzwingen wollten, um ihre eigene Existenz zu legitimieren. Für die Slawophilen hingegen war Rußland ein heiliges Land und das russische Volk – das heilige Volk. Diese beiden ideologisch geprägten Vorstellungen drückten mit gegensätzlichen Bildern eine verborgene Wahrheit aus: Rußland – oder genauer: das russische Imperium – war Entwicklungsland, das über keinen eigenen Motor der Modernisierung verfügte. Es hat in den letzten 300 Jahren mehrere Versuche gegeben, dieser Sackgasse zu entkommen: die petrinischen Reformen und die Aktivitäten aus der Frühzeit Katharinas II, die Dekabristen-Aufstände und die Reformen Alexanders II, die Revolutionen von 1905 und 1917 und schließlich die Perestroika. Doch alle diese Versuche scheiterten. Warum?

Eine erschöpfende Antwort ist nicht leicht zu finden, aber sie wird eifrig gesucht. Begriffe machen die Runde, die das Problem der russischen Geschichte für den Westen *übersetzen* sollen. Man spricht von *abortiver Kultur* und meint damit eine sich wiederholende Abtrennung der Innovationen und der sie tragenden Eliten. Interessant ist auch der Begriff der *traditionalisierenden Modernisierung*, der bedeutet, daß das Neue nur dann verinnerlicht und verarbeitet werden kann, wenn es dem Gewöhnlichen angeglichen wird. Diese Ideen erwecken den Eindruck, die russische (sowjetische) Gesellschaft sei bis heute ein zutiefst traditionalistisches Gebilde. Selbst nach der Niederlage der ersten russischen Revolution von 1905 haben sich die sensibelsten Intellektuellen beklagt, es bewege sich nichts in Rußland. Sie redeten über den Teufelskreis der russischen Reaktionen, über die sich ewig wiederholenden Rückschritte, wenn ein Aufbruch ins Neue immer wieder im noch Älteren endete. Auch heute, nachdem fast alle Traditionen der sozialen Klassen, alle Religionen und Eigentumsformen der alten zaristischen Gesellschaft längst abgeschafft worden sind, ist das Land fast genauso vormodern wie vor 80 Jahren. Und Gorbatschows Modernisierungsversuche haben nicht weniger starke Erschütterungen in der Bevölkerung verursacht als die Ereignisse Anfang des Jahrhunderts. Anders gesagt, es gibt eine Tradition der Traditionslosigkeit. Das ist kein platter Sophismus. Vielleicht stehen wir vor dem Phänomen, daß die einzig mächtige Tradition in der Entwicklung Rußlands die Abtreibung des Neuen bei ständiger Sehnsucht nach diesem Neuen ist. Gewiß, das ist keine selbstverständliche These. Aber als Arbeitshypothese kann sie hilfreich sein. Heute, wo sich die alten sowjetischen Strukturen, von den Machtstrukturen bis zu den Bewußtseinsstereotypen, in Auflösung befinden, zeigt sich eine Chance, mit dieser Tradition endlich Schluß zu machen. Das geht nicht von heute auf morgen. Das braucht Zeit, umso mehr, als das Staatsgebilde nicht uniform ist, sondern aus verschiedenen nationalen, räumlichen und sozialen Ungleichzeitigkeiten besteht. Wenn diese Vielfältigkeit früher eine Bedingung der Stabilität war, so ist sie heute eher ein Unsicherheitsfaktor, eine zusätzliche Last.

Die jüngsten Ereignisse im Baltikum, die Gefahr eines Militärputsches und der Machtübernahme durch die Militärs erschrecken die Weltöffentlichkeit. Doch es wäre naiv zu glauben, und das ist der Öffentlichkeit auch bewußt, daß ein so erfahrenes Ungetüm sich ohne Gewalt auflösen ließe. Man sollte sich jedoch genauer ansehen, wie die »Rettungsmaßnahmen« durchgeführt werden. In Wilna und Riga wurden Menschen erschossen, aber Auslandskorrespondenten haben die Ereignisse gefilmt und der Welt bekannt gemacht. Das Zentralfernsehen zeigt den tendenziösen Film über die Heldentaten des Militärs, doch Mitarbeiter des Starreporters, der den Film gedreht hat, verlassen aus Protest sein Team – eine früher kaum vorstellbare Situation. Gorbatschow erklärt, er habe nichts gewußt, aber der russische Präsident Jelzin fordert die russischen Soldaten und Offiziere auf, das Schießen zu verweigern, und vierzig Soldaten folgen ihm. Jelzins Aufruf war verfassungswidrig. Doch es gibt jetzt mehrere Verfassungen in den verschiedenen Republiken, und de facto sind die Unionsgesetze nur noch Anlaß für Gewaltanwendung. Auf jeden Schlag folgt ein Gegenschlag. Wie lange dieses Gleichgewicht zwischen der neuen demokratischen Öffentlichkeit mit ihren noch schwachen Strukturen und den alten Machtstrukturen, zu denen in erster Linie der Militärkomplex und die Zentralministerien gehören, währen wird, ist schwer vorherzusagen. Die zitternden Knie des Regimes sollten uns nicht verleiten, zu optimistisch zu sein: nicht nur die alten Strukturen, sondern die alten Menschen tragen die Last der Tradition. Am deprimierendsten ist die Rolle der Intellektuellen, die überwiegend für die traditionalisierende Modernisierung plädieren und dabei unausweichlich auf die Haltung der Liberalen am Anfang des Jahrhunderts zurückfallen. Der Wille zur Restauration der sogenannten abgebrochenen Traditionen im gesellschaftlichen und kulturellen Leben ist keine Eigentümlichkeit der russischen Intelligenz: auch in der Tschechoslowakei, in Ungarn, im Baltikum füllen diese unfruchtbaren Ideen den von der kommunistischen Ideologie befreiten Raum aus. Man kann nicht im Ernst Zwischenkriegsregime für das Ideal der bürgerlichen Gesellschaft halten. Es hat nie eine bürgerliche Gesellschaft gegeben. Und die Verfechter der Restauration, sowohl der geistigen als auch der gesellschaftlichen, werden eine schwere Niederlage erleiden. Aber noch weniger kann man im vorrevolutionären Rußland einen Bewahrer der Werte sehen. Woher ist denn die Revolution gekommen? Vom Weltjudentum? Die Aufrufe zur Reue und Selbstreinigung, der unerträgliche Moralismus, die platte Vergötterung des Westens und die tränentreibende Liebe zur Kirche – im Verein mit dem Lauern auf den günstigsten Augenblick für die Verbesserung der eigenen Position – zeigen eindeutig, daß aus diesem Milieu die Rettung nicht zu erwarten ist.

Trotzdem gibt es Anzeichen dafür, daß langsam und mühsam Verschiebungen stattfinden. Was bisher davon an die Oberfläche dringt, erschreckt das Publikum und das »Gewissen der Nation« am meisten: wachsende Kriminalität, Antisemitismus, Machtvakuum und nationale Konflikte. Aber die Kriminalität, die tatsächlich seit dem Anfang der Perestroika gewachsen ist, bleibt in letzter Zeit stabil. Sie wird nur öfter gezeigt und mehr diskutiert. Der Antisemitismus, der im Westen viel Empörung hervorgerufen hat, läßt

nach den neuesten Analysen sogar nach, aber es gibt auch in diesem Fall Personen und Organisationen, die das Thema in den Medien aufheizen, wobei sie auch eigene Interessen verfolgen. Der Oberste Sowjet der Union war unfähig, ein eindeutiges Gesetz über Eigentum an Grund und Boden zu verabschieden. Doch wird schon den ersten Bauern im Leningrader Gebiet und in den hintersten Winkeln des Riesenreichs Land zugeteilt. Die Stimmung in der Bevölkerung ist schlecht: Gewalt, Aggression, Apathie sind Alltagserscheinungen. Aber viele geben ihre Berufe für sinnvollere Tätigkeiten auf: *Die Blaue Bewegung*, der Betrieb der kleinen Taten, wurde neulich in Moskau gegründet, und das ist heute wichtiger als die Gründung neuer Parteien. Pluralismus des Alltags ist bedeutsamer als politischer Pluralismus, weil die Parteien aus Menschen des Ancien régime bestehen: die neuen Menschen reifen langsamer. Die Medien berichten darüber nur in Kurzmeldungen, in den Rubriken »Verschiedenes«. »Verschiedenes« aber verbessert die Voraussetzungen der Erneuerung.
Die nationalen Konflikte, so schrecklich sie auch für die Betroffenen sind, schaffen die Chance für die Autonomisierung der Regionen, auch in Rußland selbst. Daß die erste Phase dieses Prozesses als Atomisierung erscheint, spricht nicht dagegen. Im Gegenteil, ein Zusammenwachsen ist nur dann möglich, wenn der Raum der menschlichen Aktivität überschaubar wird. Im zentralisierten Riesenland, im Rußland von Brest bis Wladiwostok, verschwinden die Bemühungen der einzelnen Menschen. Die Notwendigkeit der Föderalisierung, der Schaffung von starken, handlungsfähigen örtlichen Selbstverwaltungen wird zunehmend erkannt. Aber das ist nur dann möglich, wenn das zentralistische Ungetüm aufgelöst wird, das heute, wie man nicht ohne Empörung beobachtet, um sein Überleben kämpft.

Rußland gehört nicht zu Europa, das muß man endlich sehen. Es ist ein eigentümliches Gebilde, das, vom westlichen Samen befruchtet, schon mehrmals Zivilisationsfrüchte hervorbrachte, die aber niemals zur Reife gelangten. Gebildete Russen hatten immer eine »Sehnsucht nach Europa«, umso stärker, je weniger die europäischen Werte im realen Leben vorhanden waren. Doch auch Europa hatte Sehnsucht nach etwas, was dem europäischen Bewußtsein zu fehlen schien. Beide versuchten, die fremde Kultur in die eigene Sprache zu *übersetzen*. Vielleicht ist jetzt die Zeit gekommen, einander zu *verstehen*. Die Geschichte bietet verschiedene Optionen – das Warten auf ein Wunder bringt dieses nicht näher. Den hier aufgezeigten Teufelskreis zu durchbrechen ist eine schwindelerregende Aufgabe. Und der Westen, der mit diesem eigentümlichen Gebilde in einem Boot sitzt, muß dabei helfen. Man kann nur hoffen, daß die europäischen Werte, die zum Aufbau der Wohlstandsgesellschaft beigetragen haben, heute nicht zu bloßen Funktionen des Wohlstands geworden sind. Wie sinnvoll die Hilfe des Westens ausfällt, hängt auch davon ab, wie tief er das Problem erfaßt.

In der Auflösung der alten Konstellationen und in der Sammlung der frischen, jungen Kräfte liegt die einzige Chance Rußlands, die Tradition der Selbstvernichtung zu überwinden. Das ist nur durch einen Generationswechsel möglich, also nicht in unmittelbar absehbarer Zeit.
Doch vielleicht folgen auch diese Gedanken noch der Bahn der alten Denktradition.

Hubertus F. Jahn
Mein letzter Abend in Leningrad

Dies ist keine Abschiedsgeschichte. Aus Rußland verabschiedet man sich nicht. Man muß sich losreißen, hoffen, daß die Seele irgendwann folgt, aber auch riskieren, daß sie für immer zurückbleibt, behütet von guten Freunden. Ich versuche also, einen letzten Abend vor der Abreise in den Goldenen Westen zu beschreiben, einen Abend, für den die Russen das Wort *otwalnaja* gebrauchen, vom Verb *otwalit*, das abstoßen, auch ablegen eines Schiffes bedeutet. Eine eher träge Angelegenheit somit, voller Strudel und Wirbel, Abschweifungen ohne klare Linien und Richtung. Schließlich feiern alle, was keiner will – die Abreise eines Freundes.

Der Schauplatz: eine Petersburger Wohnung im Zentrum Leningrads. Bausubstanz spätes 19. Jahrhundert im Originalzustand. Hohe Decken mit abbrechendem Stuck, lose hängenden Fetzen von Farbe, bewegt im warmen Aufwind des Zimmers. Die Röschentapeten, geerbt von Vormietern, verraten Spießbürgertum der Stalinzeit. Jetzt sind sie rissig und fleckig, Ruhestätte für die hier so zahlreichen Stechmücken. Das Mobiliar ist zusammengesucht oder selbstgemacht, zweckorientiert. Aus den Fünfzigern ein Klappsofa, ein Kasten aus Kirschholz, ein volles Bücherregal: Höhlenmalerei, Literatur aus den Zwanzigern in neuen Ausgaben, eine neue russische Bibel. Wackelige, gefährlich brüchige Stühle vom Müll, Schleudersitze, aus denen man aber nur auf den Boden fällt. Der Tisch in der Mitte des Raumes ist Schreib-, Arbeits- und Eßplatz zugleich. Jetzt sind seine Brandmale, Teeflecken und Farbenkleckse festlich mit weißem Papier bedeckt. An den Wänden hängen an langen Nägeln leere Rahmen, ungeordnet, oft mehrere übereinander, ein Hammer, ein schlapper roter Luftballon, Trophäe der letzten Feier zu Ehren der »Großen Sozialistischen Oktoberrevolution«, Klebestreifenrollen aus dem Westen, unerwartet und unpassend an dieser Stelle. Aber was paßt noch in Leningrad?

Die hochprozentige Glühbirne in der Mitte des Zimmerwürfels, schrille Töne, grelle Farben, scharfe Formen, die Tumulte der Revolutionszeit – aber nein, das hatten wir doch schon, die Geschichte wiederholt sich doch nicht! Unser Hausherr ist Künstler, seine Farben sind gedämpft, erdig, seine Art ruhig und freundlich. Nennen wir ihn Walja. Wie einige andere Maler hat er sich in einem Abbruchhaus eine Wohnung von einer Kooperative gemietet. Eine Art Künstlerkolonie im Zentrum der Stadt. Vor der Revolution wohnten in dem Haus Staatsräte, Filmschaffende und wohltätige Ladies (zum Newski-Prospekt sind es nur zwei Minuten). Dann das Intermezzo vor der Röschentapete. Jetzt *kapital'nyj remont*, Generalrenovierung, aber doch nicht sogleich. Ein Zwischenraum tut sich auf – Künstler, Computer-Freaks und Joint Ventures mieten sich ein. Auch eine Milizstation, zum Schutze (= zur Kontrolle) der freien Mietwirtschaft im Rahmen der strengen Petersburger Architektur: Ein Durchgangshof, gefaßt in Gelb, ein Schacht zum ... aber wie beschreibt man diesen Himmel, dessen Blau durch die Umgebung noch blauer wird? Lange graue Glaskästen an den Hauswänden, Aufzüge verbergend, führen den Blick zielstrebig hinauf. Die Regelmäßigkeit der Kreuzbalken-Fenster, die Schärfe der Dachkanten weisen freilich zurück auf den Hof, zu den katzendurchwühlten Müllhaufen neben westlichen Autos mit Leningrader Nummern. Hinter den dick vergitterten Fenstern der Computer-Kooperative flackert das fahl-blaugrüne Licht der Monitore, krächzen die Matrix-Drucker ...

Die Vorbereitungen für den Abend: Walja und ich gehen Besorgungen machen. Was immer bisher verwunderte Westler von überladenen Tischen russischer Gastfreundschaft geschrieben haben, keiner machte sich wohl wirklich eine Vorstellung von den logistischen Umständen eines solchen Tisches. Das blieb ein Geheimnis der Gastgeber, irgendwie kriegen »die Russen« das halt immer hin. Diesmal war ich auch Gastgeber, Westmensch mit Westgeld und einem russischen Freund, für den Geld = Rubel keine Rolle spielte. Wir begannen eine Woche vorher, die Augen offenzuhalten. Ganz selten gibt es plötzlich auf der Straße oder auch in Geschäften unerwartete Okkasionen, Bananen etwa oder geräucherten Lachs. Die obligate Umhängetasche blieb diese Woche aber leer. Nichts Außergewöhnliches im minimalen Angebot. Oder die Schlange war zu lang. Vier, fünf Stunden für ein paar Bananen, die Gespräche in der Schlange, ob es denn noch für alle reiche, das Kommen und Gehen der in mehreren Schlangen gleichzeitig Anstehenden: »Sie, ich geh' mal schnell weg, vor mir war eine Frau mit blauem Hut, vor der ein Mann mit braunem Schal. Bleiben Sie stehen, halten Sie uns die Plätze?« – Schlangen sind hier immer viel länger, als es den Anschein hat, und viele Passanten stehen eigentlich in einer Schlange, auch wenn sie gerade zielstrebig ihres Weges gehen.
Ich blieb nicht stehen. Nach drei Stunden bewegungslosen Wartens erklärte ich meinem Hintermann, für wen er die Plätze halten solle, und ging. Es

war Zeit, an die Getränke für den Abend zu denken. Mit Bananen allein kann man *hier* keine Fête feiern. Bier konnte jederzeit im Valutaladen besorgt werden. Wodka und Schampus wollten wir für Rubel organisieren. Das geht entweder über bestochene Kellner in Westhotels oder auf dem Schwarzmarkt: ein altes Haus, unweit des Moskauer Bahnhofs, Wohnung soundsoviel. Eine uralte Frau öffnet. Was wir denn bräuchten. Hier gibt es Wodka zum doppelten Ladenpreis und einheimisches Bier, das nichts taugt. Für den Schampus besuche ich ein mir bekanntes Hotelrestaurant. Nicht nur für eilige Tischreservierungen empfiehlt es sich, Kellner in einschlägigen Etablissements zu kennen. Die Mafia, von der alle reden, hier ist sie, und sie funktioniert vortrefflich. Alle geschäftlichen Transaktionen spielen sich dabei auf einem finanziellen Niveau ab, das die Möglichkeiten eines Normalbürgers weit übersteigt. Die Kehrseite: Eine alte Frau steht im Brotladen vor uns in der Schlange. Der Kasten mit dem billigsten Brot ist bereits leer. Für das noch vorhandene reicht ihr Geld nicht aus. Walja will es für sie kaufen. Sie lehnt ab.

Eine Zweiklassengesellschaft ist entstanden. Auf der einen Seite die neuen Reichen, die *Nepmeny*, wie die Gewinner, die »Männer der Neuen Ökonomischen Politik« in den Zwanzigern genannt wurden, auf der anderen das Riesenheer schlecht bezahlter Berufstätiger und Rentner, die mit 70 bis 250 Rubel im Monat gar nicht daran denken können, sich für 30 Rubel ein Kilo Tomaten auf dem freien Bauernmarkt zu leisten (anderswo gibt es Salat und Gemüse so gut wie nicht mehr). Westgeld mit seinem hohen Schwarzmarkterlös oder westliche Waren sind der Schlüssel zum Wohlstand. Unter anderem gerät man daran durch Verkauf von Sowjetramsch an dumme Touristen, durch Prostitution, eine bohemistisch verklärte Modeerscheinung in einigen Kreisen der Jugend, durch Straßenraub und Geldumtausch. Dabei wechseln oft die merkwürdigsten Währungen den Besitzer. Hauptsache, die Aufschrift ist kyrillisch. Und welcher Pauschalreisende kennt schon das Aussehen der echten Rubelscheine oder versteht die fremdartigen Buchstaben zu lesen? Orte dieser Handlungen sind traditionell das Herz der Stadt, der Newski-Prospekt, und die von finnischen Alkoholtouristen bevölkerten Hotels.

Andere gehen weiter weg fürs Geschäft. Westreisen, und sei's nur bis Polen, sind zu wichtigen Einkaufsfahrten für *Kooperativniki*, die neuen Kleinunternehmer, geworden. An ihren Verkaufsbuden rund um die U-Bahn-Stationen drückt sich die jüngere Generation die Nasen platt nach unerschwinglichem Moderamsch von westlichen Wühltischen. Ein Renner: grellfarbige Schnürsenkel, gedacht für Joggingschuhe, einzeln verkauft als

Bändiger von Zöpfen und Pferdeschwänzen, immerhin fünf Rubel das Stück. Die *Kooperativniki* sind nicht sehr beliebt. Ihre Preise und Profite erscheinen vielen zu hoch. Machen sie ein Geschäft mit der Not, oder nutzen sie nur geschickt die neuen Marktnischen?

Auch Walja fährt jetzt öfters in den Westen. Er stellt dort seine Bilder aus, verkauft auch einige. Vor ein paar Jahren noch war er Künstler im Untergrund, Mitglied einer inoffiziellen Vereinigung Leningrader Kunstschaffender, die Ausstellungen in Wohnungen organisierte und sich als Gruppe gegen staatliche Repressionen zu schützen suchte. Damals traf ich ihn nur heimlich, Westkontakte waren gefährlich. Er hatte eine normale Existenz mit Job, kleiner Wohnung, Familie, die es zu bewahren galt. Nach einiger Zeit, ich lebte damals in Washington, der Anruf einer Galeristin aus San Francisco: Walja kommt nach Washington, ich möge ihn am Flugplatz treffen und ihm ein Ticket nach Kalifornien geben. Ein merkwürdiges Zusammentreffen, unerwartet, freudvoll, Schampus, Zigaretten, Erregung über den historischen Moment. Nach drei Stunden flog er bereits weiter. Ich staunte hinterher ...

Die Reiselust greift um sich. Die Küchen der Intelligenzija, vormals Drehscheiben des geistigen und sozialen Lebens, stehen immer öfter leer. Man trifft sich im Ausland auf internationalen Konferenzen und Ausstellungen (oder in den Wartehallen der Moskauer und Leningrader Flugplätze). Für den westlichen Besucher ein Novum: Kaum einer der Freunde ist in der Stadt, alle ausgeflogen. Die Anwesenden haben wenig Zeit, schreiben, malen, dichten, forschen, was das Zeug hält. Die Gemütlichkeit der geregelten Unterdrückung ist weg, Aufholbedarf, der frische Wind anscheinend unbegrenzter Möglichkeiten und Anforderungen regt zu Höchstleistungen an.

Walja hat Probleme mit dem Herzen. Seit einem Jahr ungefähr. Der Streß. In den letzten drei Jahren war er viermal in den USA, hatte drei Ausstellungen in Deutschland und einige in Leningrad. Das heißt, neben seiner schöpferischen Arbeit und der täglichen Jagd durch die Geschäfte: endloses Organisieren von Ausfuhrgenehmigungen für seine Bilder bei diversen Kulturbehörden, das Auftreiben von Transportmöglichkeiten, die Beschaffung von Tickets, das Warten auf ein Visum. Die Schlangen vor dem deutschen und dem amerikanischen Konsulat in Leningrad sind aberwitzig lang. Ohne Beziehungen steht man da mehrere Monate an, mit Beziehungen und Geld geht es schneller. Junge Männer in feschen Daunenjacken haben für »Dringlichkeitsfälle« Plätze am Kopf der Schlange zu verkaufen. 500 Rubel soll der letzte Kurs sein, mehr als ein Monatslohn also. Eine Schande ist die Warterei allemal. Schließlich sind die meisten Wartenden Touristen oder Leute mit Einladungen von Freunden, die weder einwandern noch Asyl beantragen wollen, sondern nur von den neuen Reisemöglichkeiten Gebrauch machen. Gemeinsam mit dem überforderten Konsulatspersonal sind sie das Opfer der Personalpolitik des Auswärtigen Amtes.

Inzwischen haben wir die meisten Dinge für den Abend zusammen. Fisch fand sich in einem Kooperativgeschäft mit kurzer Schlange und hohen Preisen. Auch ein Stück luftgetrockneten, scharf gewürzten Fleisches aus Armenien, Basturma genannt, gab es da für einen Wochenlohn. Das erste Mal in sechs Monaten, daß ich diese Köstlichkeit in Leningrad auftreiben konnte, und ein purer Zufall. Frische und in Salz eingelegte Gurken, Dill, Korianderkraut, Petersilie und Äpfel erstand ich für meine beiden letzten 25-Rubel-Scheine auf dem Bauernmarkt in der Kusnetschny-Gasse, neben Dostojewskis Wohnhaus, für den Strauß Blumen nahm die Verkäuferin »natürlich« auch D-Mark. Wo ich denn her sei, München, ach nett, und schaun's doch wieder 'mal rein – unerwartete Höflichkeit freier Mark(t)-wirtschaft.
Der Tisch ist endlich übervoll, einzig das Brot stammt aus staatlichen Läden, der Rest wurde irgendwie organisiert. Oleg kommt als erster. Er muß gleich wieder weiter. Als Redakteur eines großen Verlages hat er zur Zeit alle Hände voll zu tun. Es gilt viel nachzuholen, zu publizieren, was jahrzehntelang nicht veröffentlicht werden konnte. Dabei geht es ihm nicht gut, er leidet am Magen. Einst sprachen wir viel über alte Bücher, die er sammelt, und er zeigte mir Ikonen aus dem russischen Norden. Nun bedrücken ihn sein Leiden und der neue Arbeitsstreß immer mehr. Als er noch im heimatlichen Sibirien lebte, da hätten sie viel zu fett gegessen, das würde sich jetzt rächen. Und überhaupt erinnert er sich auch noch an Zeiten, in denen man hier in Leningrad abends bis um neun Fleisch im Laden habe kaufen können. Mittlerweile gebe es gar nichts mehr zu fressen, seine Diät könne er so unmöglich einhalten, und die Ärzte improvisierten an ihm herum, ohne die nötigen Medikamente und Gerätschaften zu haben.

Der Zerfall ist allgemein. Er setzt sich vom System in den menschlichen Körper fort. Eine frühsowjetische Sozialutopie, das Aufgehen der Person im neuen Staat, erfüllt sich in unerwarteter Form. Der Staat geht zugrunde und nimmt die Leute mit sich. Der Kreislauf beschleunigt, vertieft sich zur Spirale: weniger Essen, weniger Vitamine und Nährstoffe, weniger gesunde Luft und Wasser, weniger Kraft, weniger Gesundheit. Medizinische Hilfe ist kaum mehr möglich, Arzneimittel sind fast nicht erhältlich. (Inzwischen ist Oleg operiert. Ohne westliche Hilfe und Arzneisendungen wäre er wohl nicht mehr am Leben.)

Die Annäherung an das Existenzminimum zwingt jeden zu Veränderungen, fordert Entscheidungen. Gehen oder bleiben, aktiv werden, abwarten? Oder ganz abschalten? Viele junge Leute gehen heute den letzteren Weg. Zum Beispiel Lena aus der Bibliothek, die für einige Zeit vorbeikommt. Sie beteiligt sich an keiner politischen Diskussion, hat eine tiefsitzende Aversion gegen alles Politische, auch gegen Gespräche über die Zukunft, welche doch die ihre ist. Ihr kleines Zimmer in einer Kommunalwohnung, das sie mit ihrer jüngeren Schwester teilt: Musikerplakate an den Wänden, Boris Grebenschtschikow und Aquarium, Viktor Zoje und seine Gruppe Kino sowie Nautilus Pompilius aus Swerdlowsk und die Leningrader Band Awia. Das sind die *real super stars* der jüngsten Rock-Generation. Und während draußen im Flur die achtzigjährige Kriegsveteranin vom Zimmer gegenüber mit gespitzten Ohren in die Küche schlurft, ziehen wir uns die Videoclips einheimischer und westlicher Bands rein, die ein Kanal des Leningrader Fernsehens bis in die frühen Morgenstunden sendet ...

Die Flucht ist perfekt. Der Hyperhit der Saison ist Lambada. Das geile Strandvideo dazu läuft alle halbe Stunde in der Glotze. Dick vermummte Passanten stehen im Schnee bei minus 30 Grad vor Bauzäunen und U-Bahn-Ausgängen und lesen handgeschriebene Zettel, auf denen Lambadakurse von Privat angeboten werden. In den Restaurants, in denen in Rußland immer auch getanzt wird, bemühen sich ältere Musiker redlich um den neuen Song, während die Tanzfläche vom temperamentvollen Schieber bis zur erotischen Akrobatik alles bietet. Man spürt, dies ist ein Land, in dem der Tango bis heute nie vergessen wurde, wo er seit seinem Auftauchen 1914 ein fester Bestandteil der Popkultur geblieben ist. Die große Geste, das Loten nach Freude in Schmerz und Untergang, der Ausbruch aus der nördlichen Verfaßtheit, dem Elend des realen Sozialismus – das ist und war der Tango in Rußland. Der Lambada kopierte es für einen Winter.

Anderen ist das zu wenig. Hardrock und Heavy Metal, Punks und Street Gangs sind die Antwort der Industriestadtjugend aufs System. Ein besonderer Gag: Jugendliche in Uniformen der »Weißen« aus der Bürgerkriegszeit. Die graubraunen Filzmäntel, organisiert in Leningrader Filmstudios, erinnern mich an ein »rotes« Propagandaplakat Dmitri Moors aus den Zwanzigern: »Wrangel ist noch lebendig«. Nur, wer erledigt ihn jetzt? Er geht in Gruppen auf dem Newski spazieren, unter dem Beifall der Passanten. Ein Zitat der Geschichte, Jux der Gegenwart. Die Ästhetik des Trotzes, das Auskramen alter Symbole hat Konjunktur.

Neueres gibt's im Leninsportpalast beim Siegespark im »Moskauer« Stadtteil. Die Miliz ist weiträumig verteilt. Bereits in der U-Bahn treffen sich die Fans, nervös, angeheizt. Der Weg zum Stadion führt durch den verschneiten Park. Pavillons und Statuen im alten Stil, immer wieder Rutschbahnen aus Eis am Wege, wie bei den Volksbelustigungen im alten Petersburg. Dann ein freies Feld, Flutlicht mit Schneegestöber, Milizabsperrung, Kartenschwarzmarkt im beißenden Wind. Dahinter der Koloß des Sportpalasts, ein Raumschiff kurz vor dem Start – die Crew: Viktor Zoje mit Kino sowie 10000 verrückte Fans.

Seit dem Kultfilm »ASSA«, der eine ganze Reihe Leningrader Szene-Idole in einem Thriller zusammenführte – etwa den jungen Afrika, einen »wilden« Maler aus Waljas Haus, und den Rockbarden Grebenschtschikow –, ist Viktor Zoje zum Symbol für Teens und Twens geworden. Er tritt in der Schlußszene des Filmes als arbeitssuchender Musiker auf, der nach einem biederen Vorstellungsgespräch in einem Bonzenhotel auf der Krim einen fetzigen Song über die totale Veränderung losläßt. Die Dramaturgie des Films löst sich auf in ein konzertantes Happening der Null-Bock-Generation. Schwarzes Leder, aggressiv-traurige Gesten des asiatischen Gesichts, Powermusik in depressiver Tonlage – »Mach' die Tür hinter mir zu, ich hau ab«, »Erde, Himmel, zwischen Erde und Himmel – Krieg«, »Mutter, ich weiß, alle sind wahnsinnig«, »Wünsche Mißerfolg« – gekotzt über die Rampe, mit viel Schlagzeug und kompromißlosen E-Gitarren. *No future* ist hier ernst gemeint, täglich erfahrene Realität, nicht bloß modische Anti-Phrase. Vor mehreren Wochen ist Zoje bei einem Autounfall ums Leben gekommen. Er wurde zum Jessenin der Rock-Generation: Eine Selbstmordwelle unter Jugendlichen setzte ein.

Das Konzert: Lena trifft noch ein paar ihrer Freundinnen, ganz normale brave Mädchen. Im Raumschiff alles nüchtern, Garderobieren nehmen die Mäntel entgegen, junge Leute in normaler Alltagskleidung stehen in Gruppen zusammen, viele Rotarmisten in Uniform sind dabei. Durchschnittsalter etwa 18. Kein Alkohol zu sehen, nur vereinzelt Limonade. Das könnte auch ein Pionierstreffen werden, denke ich. In der Arena eine wundersame Verwandlung: Es wird unheimlich eng, viele der Uniformierten haben ihre Hemden ausgezogen. Plötzlich fällt mir ein starker Alkoholgeruch auf. Auch Marihuana liegt in der Luft. Ein rohes Geschiebe halbnackter Kurzgeschorener hin zur Bühne beginnt. Ich denke an die biederdeutsche Furcht vor den »asiatischen« Horden und an westliche Fußballmassaker und versuche, mit den Mädchen der Gefahr zu entkommen. Die Musik setzt ein, es wird etwas weniger geschoben, dafür fliegen Feuerwerkskörper auf die Bühne. Auf meinen Schultern inzwischen der neunjährige Bruder einer Freundin, der in der Masse nichts sehen konnte. Jetzt grölt er die Texte mit und schwenkt sein rotes Pionierhalstuch, steckt mich an, wir werden zum tanzenden Leuchtturm in der wogenden Menge. So hatte ich mir mein

erstes Zusammentreffen mit der Roten Armee nicht vorgestellt. Rundum Wunderkerzen und Feuerzeuge. Alle rauchen, trinken, die Miliz ist nirgendwo zu sehen. Latente Aggressionen entladen sich im Rhythmus der Show. Am Schluß herrschen depressives Chaos, Hysterie, feierliche Zusammengehörigkeit.
Dann die Rückverwandlung: Das Licht geht an, die Miliz kommt, die Fans verschwinden zu den Garderobenfrauen in ihren blauen Mänteln und den obligaten Kopftüchern. Durchsagen über Lautsprecher dirigieren die Massen zu den Ausgängen. In fünfzehn Minuten ist alles vorbei. Keine Kneipen, die man jetzt aufsuchen könnte, nichts als tiefverschneite Stadt, kalte Straßen. Wer kann, geht zu Freunden und trinkt Tee oder Härteres, die meisten gehen heim. Für den Aufstand ist es noch zu früh.
Lena bäckt Blini, kleine Pfannkuchen aus Mehl und Kefir. Der Spuk der Rocker ist vorbei, die Welt so weit wieder normal. Weicher Schnee im gelblichen Licht der Straßenlaternen verhüllt vieldeutig die Schönheit der alten Stadt, schmückt die Denkmäler der Zaren, fällt aus dem Buch der Klischees vom alten Petersburg. Nach Mitternacht ist die Stadt besonders. Lautlos ist sie, schallgedämpft im weißen Mantel, unbeweglich die Leere ihrer Straßen zwischen den Kulissen der Häuser. Um diese Zeit war ich immer unterwegs, ein Taxi erjagend, einen »letzten Trolleybus« (Bulat Okudschawa). Zwischen dem Kirow-Theater und dem Platz der Arbeit stets das gleiche nächtliche Déjà-vu: die irrwitzig rasende Trambahn auf wackeligen Schienen, vorbeifliegend als sich schlängelnder Donnervogel, inwendig zittrig beleuchtet, Schnee aufstäubend. Nikolai Gumiljow hat diese Szene 1921 in ein Gedicht gefaßt: »Die verirrte Tramway«. Dann der klapprige Trolleybus auf der Wassili-Insel, weich und samtig, schmutziggrau wie ein Elefant mit seinem Stromabnehmerrüssel. Gemächlich schleicht er durch die leeren Straßen, bei jeder Oberleitungsweiche ein groteskes Feuerwerk entfachend. Drinnen hinter Eisblumen ein Liebespaar, vorne im selbstgeschmückten Fahrerhaus, einsam, der Chauffeur mit seinen Schaltern, Blinklichtern, Aufklebern westlicher Firmen. Solange der öffentliche Transport noch funktioniert, heißt es, sei das Land noch nicht ganz zusammengebrochen und man könne hoffen.

Die Gäste sind vollzählig. Der erste Trinkspruch wird ausgebracht. Lew, Schriftsteller und früherer politischer Gefangener, wünscht mir und uns meine baldige Rückkehr nach Piter, wie die Stadt von ihren Verehrern liebevoll genannt wird. Ich sollte ihn schon bald in München wiedersehen. Als Stipendiat einer deutschen Forschungseinrichtung hatte er das Glück, einen Mittelweg zwischen Gehen und Bleiben einschlagen zu können: den

temporären Auslandsaufenthalt, das Überwintern im sicheren Westen. Wird er das Land endgültig verlassen? Er weiß nicht. Er will noch nicht entscheiden, möchte erst sehen, wie sich die Dinge entwickeln. Abwägen zwischen wachsender Straßenkriminalität und den neuen Möglichkeiten zu veröffentlichen, zwischen der Gefahr, für einen Laib Brot erschlagen zu werden, und den nun ungestüm treibenden Wurzeln der eigenen Kultur – als er noch im Lager war, schien vieles klarer: Nichts wie weg aus diesem Land der Unterdrückung. Jetzt ist er frei, kann reisen, schreiben, reden und ist rehabilitiert. Doch wie tagtäglich überleben? In Lews Küche läuft jetzt ständig der Fernseher. Anstatt wie früher zu vorsichtigen Gesprächen voller Andeutungen serviert Olga, seine Frau, jetzt Wodka, Gurken und das übrige Erjagte zur täglichen Schreckensprosa der Abendnachrichten: Streiks hier, Engpässe da, Schießereien dort, und das alles im eigenen Land. Wann kommt die Gewalt in die eigene Wohnung? Wie lange noch, bis sich die Menschen um die letzte Brotkrume die Köpfe einschlagen?
Fernsehen ist zur Droge geworden. Eine lokale Nachrichtensendung fegt täglich die Straßen leer. »600 Sekunden«, abends zehn vor zehn gesendet, hält der Stadt den Spiegel vor, betreibt Nabelschau, stürzt sich in moralisch-existentielle Abgründe des Fünf-Millionen-Molochs. Die Aufmachung ist denkbar einfach: Ein Moderator präsentiert die Sendung, hektisch gegen die im Hintergrund verrinnenden Sekunden anredend, verschwitzt, meist noch in der Lederjacke, gerade erst vom letzten Schauplatz des Geschehens kommend. Alexander Newsorow soll beste Beziehungen zur russisch-nationalen Szene haben; seine guten Kontakte zur Polizei sind allgemein bekannt. Szenenwechsel, Vorspann: Geldscheine, ein Revolver wird abgedrückt, die sachlich-harte Stimme Newsorows: *»Kriminalnaja chronika«* – Sex and Crime, Interviews im Knast mit schrägen Vögeln, Muttermördern, Kinderschändern. Nichts ist tabu, kein Detail zu grausam. Die Lust am Elend, der schauerliche Reiz des Abgrunds spricht aus krassen Bildern verstümmelter Opfer, aus vulgär-psychologisierender Neugier: »Was hast du dir gedacht, als du dem Penner mit der Flasche das Gesicht massakriert hast?« Dazu lange Kameraeinstellungen, Kanäle, Kellergänge, schlecht beleuchtet, voller Schatten und Unrat. Die Ästhetik freilich ist geborgt. »Petersburger Slums« und ähnliche Filme haben das bereits vor der Revolution mit großem Erfolg gezeigt, die Selbstbetrachtung der Gesellschaft in ihrem Untergang zelebrierend.
Die Skandale sind endlos, die Orte der Handlung austauschbar. Eine zentrale Wurstfabrik, die verdorbene Schweinekadaver verarbeitet hat, eine Wodkaschieberbande, die sich aus staatlichen Läden versorgte, zwei Prostituierte, die sich auf's Ausrauben besoffener Finnen spezialisiert haben, oder

ein junger Mann, der in einem Restaurant mit einer Handgranate aufgegriffen wurde, die er für wenig Geld vorher auf der Straße gekauft haben will. Dazwischen Kulturberichte, Ausstellungseröffnungen, die neuesten Meßwerte der radioaktiven Belastung des Finnischen Meerbusens und das Wetter. Für die Träger einiger am Anfang der Sendung verlesener Nummern dürften diese Informationen freilich von geringer Bedeutung sein: Es sind Menschen, die sich anonym einem Aids-Test unterzogen und ihre Ergebnisse nicht abgeholt haben. Alle testeten positiv: Sie sollten sich künftig dementsprechend verhalten und gefälligst bei ihren Ärzten vorbeischauen. Lews und Olgas Küche verschwimmt bei solchen Meldungen, das Eingemachte, der Tee aus alten Gläsern in den Silberhaltern, die Zigaretten der Marke »Aeroflot« werden zu Versatzstücken einer heilen Welt, die trügerisch erscheint. Die *facts* aus dem Kasten überwältigen die Realität, verwirren sich in ihrer Masse, verweben sich zu Angstbildern und apokalyptischen Visionen. Wie soll es weitergehen?

Die nächste Runde des Abends wird auf die Abwesenden getrunken. Früher waren das die Freunde im Lager. Heute sind es die, denen es gelungen ist, in den Westen oder nach Israel auszuwandern. Ich denke dabei freilich an eine Freundin, die nicht zur Feier kommen konnte – Natascha aus dem Museum, in dem ich zeitweilig arbeitete. Sie wohnt zu weit vom Zentrum entfernt, um abends auszugehen, in einer Trabantenstadt mitten auf dem Felde. Sozialistischer Realismus en gros, riesige Fertigbaublöcke, bröckelnd bereits, kein Baum weit und breit, vergessene Bauwagen, verrostete Maschinen, Starkstromleitungen. Irgendwo ein ausrangierter Trambahnwagen, umfunktioniert zu einem *Agitpunkt*, einem Informationsraum der Partei, jetzt verlottert, mit zerbrochenen Fenstern …
Ich war der erste ausländische Gast, der je Nataschas Wohnung besuchte. Alle waren ziemlich aufgedreht. Die kleine Tochter mußte mir auf dem Klavier vorspielen, die Oma kramte aus ihren Erinnerungen ein paar deutsche Wörter hervor, Eduard, der Hausherr, von Beruf Ingenieur, nutzte die Gelegenheit, mit mir die Hausbar zu leeren und wiederholte Male auf die deutsch-russische Freundschaft zu trinken. Ganz biedere Leute also, das, was man auf soziologisch »technische Intelligenz« nennen würde. Die Rollen noch wie üblich verteilt: Während die Frauen in der Küche das Essen zubereiteten, saßen Eduard und ich im Wohnzimmer – Schrankwand mit Büchern, Fernseher, Couch, Eßtisch – und gingen gleich ans Eingemachte: Wie wir Deutschen das nach dem Krieg nur geschafft hätten mit der Wirtschaft und dem Aufbau. Dabei seien sie selbst auch keine schlechten Arbeiter, aber die Partei … und dann ging es los: Er sei ja nie Mitglied gewesen,

nur die Dümmsten in seiner Arbeit seien dabei, und die kämen natürlich so ganz nach oben und würden da das Geld verpulvern. Ehrliche Entrüstung, Zorn, dabei Hadern, warum es wohl so gekommen sei, warum es im Westen alles und bei ihnen nichts gebe. Natürlich hätten sie sich das alles selbst eingebrockt. Ob das wohl am russischen Wesen liege, was immer das auch sei, oder an irgendeiner historischen Schuld? Fragen, die nicht zu beantworten sind. Und es gibt ja auch naheliegende Ursachen, über die sich leichter schimpfen läßt. Schnell kommt Eduard aufs Privateigentum zu sprechen. Gerade kürzlich erst hatte er Probleme mit ein paar alten Dachlatten, die er sich von einer Abbruchbaustelle für seine kleine Datscha, eine einfache Holzhütte, organisieren wollte. Die Latten würden doch eh weggeschmissen, aber da sie Volkseigentum seien, habe er nicht das Recht gehabt, sie zu nehmen. Und da gebe es tatsächlich noch genug Leute, die auf so etwas achten und einen an die Miliz verpfeifen würden. Kaufen kann man solche Latten natürlich auch nicht, also habe er sie nachts heimlich holen müssen. Wären sie nun das Eigentum irgendeiner Person gewesen, hätte er sie einfach legal erwerben können, ohne die Rache der Volksgemeinschaft befürchten zu müssen. Überhaupt das Volk. Die Dummheit der Masse sei ja an allem schuld ...

Viele sind so zornig und aggressiv wie Eduard, dabei zugleich apathisch, ohnmächtig und verzweifelt im allgemeinen Elend und der ideologischen Richtungslosigkeit. Das Feindbild ist verschwommen. Marktwirtschaft und Demokratie taugen schlecht als (mit)reißerische Ideologien. Konsens und Kompromiß sind für den Verhungernden wenig attraktiv. So ist der Dampf schon da, nur das Ventil muß noch gefunden werden.

Inzwischen, das Essen ist vorüber, hat Natascha das Eingemachte zum Tee serviert. Unmengen davon verwahrt sie in ihrer Küche, vor allem selbstgesammelte Beeren und Pilze. Ob es wohl über den Winter reicht? Letzten Winter wäre ihnen fast alles kaputtgegangen. Da setzten für ein paar Tage die Heizung und der Strom aus. Bei Kerzenlicht seien sie in Mänteln in ihrer Wohnung im 12. Stock gesessen. Zum Glück sei es nicht so kalt geworden, daß der Frost die Wasserleitungen und die Heizkörper zum Bersten brachte. Was dieses Jahr passiere, wisse niemand. Wenn es knapp werde mit der Energie, sei ein Hochhaus wohl der ungeeignetste Platz zum Überleben, ohne Kamin, an den man wenigstens einen kleinen Ofen anschließen könne. Alternativen? Die Tochter würden sie zur Oma in die Ukraine schicken, sie selbst wohl versuchen, bei Freunden zu übernachten. Kleine Welten brechen auseinander, Träume vom bürgerlichen Glück zerfallen mit der sozialistischen Bausubstanz. Natascha geht jetzt häufiger als früher in die Kirche, das helfe ihr in dieser Zeit der Ungewißheit. Eduard

wird wohl bald seine geklauten Dachlatten auf die Datscha nageln, dabei wie gewohnt feste schimpfen und hinterher mit den Nachbarn einen heben.

Der Abend neigt sich seinem Ende zu. Der Tisch ist gründlich verwüstet, die meisten Flaschen sind geleert. Da kommt Boris mit seiner Freundin Vera vorbei. Sie haben eine weite Reise hinter sich, von der Wassili-Insel sind sie ins Zentrum gekommen. Dort wohnen die beiden in einer Kommunalwohnung direkt beim Hafen, wo ich sie oft besucht habe. Abende des »Klubs der Idioten« waren das, eine kleine Gruppe von Leuten, die versuchen, das Leben nicht zu ernst zu nehmen. Eine große, schräg geschnittene Küche mit altem Büfett, kleinem Tisch zwischen zwei Fenstern, Herd, einer Badewanne und Wäsche, die zum Trocknen von der Decke hängt. In dieser Kommunalwohnung leben nur junge Leute, man verträgt sich, es gibt nicht die sonst üblichen Zwiste und Rangeleien zwischen unfreiwillig zusammengepferchten Mietern. Es ist heiß in der Küche, dampfig. Vera macht Blini gefüllt mit Moosbeeren, ich steuere Glühwein bei, die anderen rauchen, reden. Einige waren bereits zu Besuch im Westen, alle haben irgendwelche Bekannten in Deutschland oder Frankreich, sprechen mindestens eine Fremdsprache, sind oder waren auf der Universität. Vera ist Journalistin, Boris Geiger am Konservatorium. Hier wird durchaus politisiert. Die Veränderungen im Staate gingen nicht schnell genug, die alten Bürokraten müßten weg, junge Leute mit Ausbildung und Auslandserfahrung sollten ran. Freie Wahlen, offene Grenzen, Schutz der Umwelt seien die wichtigsten Ziele. Einige von ihnen stehen der Leningrader Grünen Partei nahe, haben gegen den Damm demonstriert, der die Stadt vom Meer abriegelt, das Abwasser staut und so das Trinkwasser immer mehr verseucht. Ob es denn außer Demos noch andere Möglichkeiten zur Erreichung ihrer Ziele gebe, frage ich. Da sieht es allerdings schlecht aus, ist die einhellige Ansicht. Die Bürokraten des Apparates würden alles blockieren, es sei zum Verzweifeln. Diese Betonköpfe werden wohl erst reagieren, wenn die Leute in Massen verhungern oder einen Aufstand beginnen. Was sie dann machen würden? Schulterzucken, Betretenheit. Ich weiß, daß Vera und Boris auswandern wollen. Darüber sprechen sie vor den anderen nicht. Themenwechsel. Die Blini sind fertig, der Glühwein heizt ein, Boris spielt Gitarre und singt dazu alte Lieder über die Ligowskaja-Straße, das berüchtigte Halbweltmilieu des alten Piter, und die Promenade von Odessa. Später kramt er seine Geige aus und improvisiert wild herum. Er wird wohl keine Probleme haben, im Westen in einem Orchester unterzukommen. Die Küche wird ihm freilich fehlen, und von der Ligowskaja will da wohl auch keiner etwas hören.

Die letzten Trinksprüche. Boris hat seine Geige ausgepackt und spielt traurige jiddische Lieder. Er hat sie noch von seinen Großeltern gelernt. Ein amerikanischer Freund, Professor in den späten Fünfzigern, mit langen grauen Haaren, einem Ohrring und der festen Absicht, heute abend als letzter zu gehen, tröstet mich: Er sei schon so oft von hier abgereist und doch immer wiedergekommen. Diese Stadt ist wie eine Droge, man entgeht ihr nicht, auch wenn man meilenweit von ihr entfernt ist. Sentimentalität eines »Veteran of the Cold War«, wie er sich scherzhaft nennt? Gewiß, aber nicht nur. Was bringt einen dazu, immer wieder in eine Stadt zu kommen, wo es kaum etwas zu essen gibt, in der winters der Tag um zehn Uhr beginnt und um drei Uhr endet, in der sich die Menschen auf dem Trottoir umstoßen, wo für alles in der Schlange gestanden sein will? Es ist vielleicht ein Hang zum Absurden, zum Schrägen, zu starken Bildern und wilden Gegensätzen, wie es sie in westlichen Ländern kaum gibt. Es sind die Menschen, die alle verrückt genug sind, diese Stadt zu lieben. Nach einer langen gemeinsamen Zeit ist Piter auch meine Stadt geworden. An einen Abschied ist nicht zu denken.

Rückblende 1: Silvesterabend bei Walja. Wir hören Mozart, sitzen zusammen am Tisch. Walja hat Angst vorm neuen Jahr, Angst vor der Kälte, dem Hunger, der Gewalt. Das Ende des halbwegs zivilisierten Lebens, das »Ende des Spiels« (so der Titel eines seiner Bilder) steht vor seinen Augen. Seit längerem beschäftigt er sich mit Höhlenmalerei, den einfachen, archaischen Formen, Grundbausteinen einer Zivilisation. Die Reduzierung auf das Ursprüngliche weckt Assoziationen mit prähistorischen Lebensweisen, Menschen als Jäger und Sammler in kalt-dunklen Großstadtschluchten, Wohnungen als eisige Höhlen, in denen das letzte Stück Nahrung verzehrt, das letzte Stück Holz verfeuert wird. So etwas gab es in Piter bereits früher, in den Zwanzigern, Jewgeni Samjatin hat es in »Die Höhle« trefflich beschrieben. So etwas gab es auch noch einmal später, wie Walja aus seiner Kindheit während der deutschen Blockade zu erzählen weiß. Aber die Geschichte wiederholt sich doch nicht ...

Rückblende 2: Die Neujahrsnacht mit Walja. Auf dem Newski wird getanzt. Babi, ein anderer »wilder« Maler aus dem Haus, bietet als Stadtindianer verkleidet und bemalt in einer Hauseinfahrt Schaschlik an. Barbecue-Düfte ziehen über die Prachtstraße. Mit Walja betrete ich ein um vier Uhr früh noch geöffnetes Geschäft für Miederwaren und alle möglichen anderen Dinge. Wir kaufen zwei grünlich verspiegelte Sonnenbrillen in altmodischen Rahmen von kichernden Verkäuferinnen, versehen die Bügel mit silbriger Weihnachtsdekoration und betreten so einen staatlichen Gemüseladen. Da gibt es zur Feier der Nacht und des Fortschritts Grapefruits aus dem Computer: Ein Bildschirm zeigt die Frucht im Zeichentrick, auf Knopfdruck erscheint sie in einem darunter befestigten Korb. Wir verlangen Ananas – nichts. Wir beschweren uns bei einer Verkäuferin, die spielt mit, sagt, der Computer sei wohl falsch programmiert, wir sollten noch ein bißchen probieren. Plötzlich plumpsen drei Grapefruits in den Korb. Sie gefallen uns nicht. Entrüstung. Bis sich eine Tür neben den Computern öffnet, eine ältere mißmutige Verkäuferin im weißen Kopftuch die Grapefruits nimmt und an ihrer Stelle andere von einer großen Palette durch die Öffnung unter den Monitoren in den Korb wirft.

HANSER

Ein Bekenntnis zum neuen Osteuropa

Jens Reich, einer der wenigen nicht-kompromittierten Intellektuellen der DDR, nennt die Probleme beim Namen, die auf das zusammenwachsende Deutschland zukommen. Er mahnt die in 40 DDR-Jahren gewonnenen Beziehungen und Erfahrungen mit Osteuropa nicht abzuschütteln, sondern sie in das geeinte Deutschland einzubringen. Daraus ergeben sich zukunftsweisende politische Programme, die weit über das persönliche Bekenntnis hinausgehen.

280 Seiten. Gebunden. DM 29,80

Viktor Toporow
Nach der Niederlage

Wo werden wir morgen sein? Will man darauf eine Antwort finden, bleibt einem nichts anders übrig als auszuloten, wo man heute steht. Dies nun wiederum heißt, sich bewußt zu machen, wo man gestern war. Ja, und nicht nur das, auch vorgestern. Das eben bedingt unser wachsendes Interesse an der neuesten Geschichte als einer sowohl wirklich ablaufenden wie auch alternativen (hypothetischen), daher rühren unsere Urteile über historische Entscheidungen und Abläufe, über Ereignisse, Wege und Sackgassen der jüngsten Vergangenheit und unsere Revisionen dieser Urteile, die wir entweder von moralischen Grundsätzen geleitet oder ganz und gar pragmatisch fällen. Daher auch nutzen wir gerne Informationen, die uns bislang nicht vollständig zugänglich sind, greifen zu Gerüchten, die sich meistens, ganz so wie in den Romanen Dostojewskis, als volle, ja im Überfluß sprudelnde Wahrheit herausstellen, was hin und wieder zum Entstehen einer kriminalistischen Version beiträgt. Daher die Auseinandersetzungen um die Führer, um die Schicksale des Landes und der Revolution. Daher dieser spontane Pluralismus und die Konjunktur der widerstreitenden Meinungen und Stimmungen. Daher die Irrungen und Wirrungen in Köpfen und Seelen.

An die Stelle der totalitären Entöffentlichung trat die autoritäre Publizität. Von Tag zu Tag mehr verschwinden die mit einem Tabu oder einem Veto belegten Themen und die a priori der Geheimhaltung unterworfenen Schlußfolgerungen daraus von der Bildfläche, dennoch bleiben sie existent. Von einer Sprachverschleierung im Stile Äsops wechselten wir zu einer anderen, unsere Sprache quillt nur so über vor lauter Euphemismen. Dennoch, wie gern wiegt man sich in dem Glauben, daß wir den gestrigen Tag nicht um des heutigen willen umschneidern, obwohl die Versuchung noch immer groß ist. Wir sezieren ein blutrünstiges Jahrzehnt nach dem anderen nach den Lehrsätzen der pathologischen Anatomie, um den Wurzeln der Krankheit auf die Spur zu kommen. Oder sind es gar Krankheiten? Wurzeln und auch Krankheiten spüren wir ohne Zahl auf – und dennoch: welches Leiden hat uns *zerstört*? Viele, sehr viele haben uns geschwächt,

ausgehöhlt, uns die Beine weggeschlagen. Welches aber entschied, vollendete des Schicksals Lauf und versetzte uns den Todesstoß?
Bewußt nehme ich hier Abstand davon, meine Sympathien oder Antipathien, meinen gerechten Zorn oder meine aufrichtige Anteilnahme bzw. irgendwelche anderen ethischen oder emotionalen Vorurteile zum Ausdruck zu bringen, da ich mir darüber im klaren bin, daß die Schockwirkung, die von meinen Überlegungen und Schlußfolgerungen ausgeht, damit nur erhöht wird. Zu wichtig ist der Gegenstand meines Diskurses, als daß hier auf rhetorische Aspirationen Rücksicht zu nehmen wäre. Möge wie in Nabokows *Einladung zur Enthauptung* der Verteidiger, der schlicht und einfach die Köpfung fordert, den Sieg über den als Conferencier agierenden Staatsanwalt davontragen.
Wir befinden uns in der Anfangsphase der Perestroika, die sich schon derart lange hinzieht, daß ihre katastrophalen oder doch beinahe katastrophalen Nebenwirkungen das eigentlich Positive der Veränderungen in unseren eigenen Augen kompromittieren oder einfach ersetzen. Die vielfältigen, sich ständig mehrenden Explosionen lassen sich nicht zuletzt wohl auch damit erklären, daß wir uns auf die Wiederherstellung eines Gebäudes eingelassen haben, das eher demontiert, einfach abgetragen werden müßte. Einer nach dem anderen brechen die Stützbalken, die Ecksteine reißt der rieselnde Sand mit sich fort, die schludrig zusammengeschusterten Baracken halten nicht einmal den schwächsten unterirdischen Erschütterungen stand. Ein Schachspieler würde es so ausdrücken: Opfert man einen Läufer, so rettet man den König für eine geraume Weile, nicht aber für die ganze Partie. Der Geist der Niederlage, ob nun erst im Begriff, sich unser zu bemächtigen, oder schon vorhanden, schwebt über allen.
Wo sind wir eigentlich angelangt: völliges Chaos, Zerrüttung, ökonomischer wie ökologischer Kollaps, soziale und nationale Spannungen, die nicht nur in einen Bürgerkrieg, sondern in ein sinnloses, allgemeines Abschlachten umzuschlagen drohen, das Unkraut der Anarchie, das wild die ersten, kläglichen Sprößlinge der Demokratie überwuchert, im ganzen Land Korruption und organisiertes Verbrechen, die moralische Zersetzung der Armee, politische Machtlosigkeit, Neureiche auf der einen und bestürzende zunehmende Armut auf der anderen Seite, und das angesichts eines rundherum anwachsenden Gruppenegoismus räuberischsten Typs. War es das, was wir wollten? Eine rhetorische Frage. Tauschen wir sie gegen eine andere aus: Warum sind wir hier angelangt? Und von wo aus?
Viele vermeinen die Ursache für die heutige Verwilderung und Verwesung im Triumph des administrativen Kommandosystems, im Stalinismus, im Totalitarismus zu erkennen; man spricht auch vom Sozialfeudalismus und

der altorientalischen Despotie, wobei man den Beginn der monströsen Ursachen entweder in das Jahr 1929 oder 1921, 1917 und sogar 1903 datiert. Man zaust Stalin mit Hilfe Bucharins, schält langsam, aber sicher, wenn nicht die Konturen, so doch das Profil Trotzkis heraus, bringt vorsichtig, doch beharrlich Andeutungen über Fehler Lenins in Umlauf. Zur heutigen Lage der Dinge gelangen wir über den Vektor der historischen Entwicklung – die Revolution, der Kriegskommunismus, die NÖP, die Kollektivierung und Industrialisierung, die Massenverfolgungen, die Territorialerwerbungen der Vorkriegszeit, der Krieg, die Entstehung des sozialistischen Lagers, neue Repressalien und der Genozid an den kleinen Völkern (die UNO betrachtet die Zwangsumsiedlung von Völkern als Variante des Völkermords), das Tauwetter in der Ära Chruschtschow, die Experimente mit der Wirtschaft, die gescheiterte Kossygin-Reform, die Paralyse der Breschnew-Zeit, die rätselhaften Vorhaben und Versuche Andropows –, doch diese Entwicklung erklärt nichts, rein gar nichts und schweigt sich erst recht über den weiteren Weg aus. Nichts auch darüber, wie weit er sein wird, dieser Weg. War es notwendig, die NÖP einzustellen? Was brachte die Kollektivierung? Welche Früchte trug die Expansion? Waren die Massenverfolgungen so unvermeidlich? Worüber stolperte Chruschtschow? Wo hinein fiel Breschnew? Was hinderte, die Zeit einmal ausgenommen, Andropow daran, spürbare Erfolge zu erringen? Warum begann die Perestroika, und aus welchem Grund sitzt sie heute fest?
Diese und viele andere Fragen bleiben nicht so sehr ohne Antwort, als daß man sie, so wie sie früher verschwiegen wurden, jetzt aufwirbelt. Die Geschichte zerfällt in sinnentleerte Bruchstücke, Lenin und Stalin erscheinen als absolute Gegensätze, das Volk wird entweder zum stummen Opfer unerhörter Greuel und schrecklicher Hinrichtungen oder zum blutrünstigen Teilhaber monströser Verbrechen, auch an ihm selbst begangener; wird zum sadomasochistischen Volk. Führer und Feldherren schmelzen vor unseren Augen zu einem Nichts zusammen (vgl. etwa die Umbenennungskampagne). Nationale und soziale Hysterie sind Gegenstand einer beständigen Eskalation.
Obwohl die rechtsorientierten Führer verbal jeden Pogrom-Antisemitismus ablehnen, werden sie nicht müde, auf die bedrohliche Rolle der Juden in der vaterländischen und der Weltgeschichte aufmerksam zu machen, um zwar nicht offen zur Rache, aber zu unerbittlichem Haß aufzurufen. In den Unionsrepubliken klagt die einheimische Bevölkerung in lauten Tönen über die geschändete Souveränität, während die Antwort der »Migranten« als mächtige Streikwelle ausfällt. Die Liberalen bauen auf die Demokratie und fürchten die Ochlokratie wie den Tod; die einen träumen vom Diktator, die

anderen von einer geheimnisvollen und schier unmöglichen »starken demokratischen Gewalt«. Die Volkswirtschaftler erarbeiten Maßnahmen und Reformen, die von vornherein zum Scheitern verurteilt sind. Die »Afghanistankämpfer« und die »Kooperatoren« versuchen, jeder aus seiner Ecke, einander zu überschreien, man habe sie verraten. Alles strebt nicht etwa danach, irgendwo einzutreten, sondern aus irgendetwas herauszukommen, alle fühlen sich mehr oder weniger benachteiligt, die Parteibosse nicht ausgenommen. Eine neue Welle der Emigration setzte ein und nimmt an Tempo zu: Floh man in den Siebzigern auf der Suche nach einem besseren Los, so treibt einen heute die Angst davon. Ziel ist nicht nur das Ausland, sondern auch Moskau. Natürlich enthält dieses Knäuel historischer und situationsbedingter Widersprüche, der von jeder Seite, jeder Gruppe, jedem Land erhobenen Ansprüche auch ein Körnchen Wahrheit. Oder zumindest doch eine private Wahrheit, jene Wahrheit der Bruchstücke und Splitter, die sich nun einmal nicht zu einem Ganzen zusammenfügen lassen.

So sprechen wir vom wahren Sozialismus (den wir nun bereits in der Schweiz oder in den USA vermuten) und seiner Deformierung oder Entwertung (M. Kapustin), benutzen W. Seljunin als Sprachrohr, indem wir unsere Bereitschaft erklären, allen »Ismen« abzuschwören, wenn nur das Volk satt wäre, brandmarken die sich dem Umwandlungsprozeß verschließenden Bürokraten ebenso wie die auf ihrem Austritt beharrenden Balten, schelten die unersättliche Armee, platzen aus den Nähten und geben die Schuld daran den Klauern und Faulenzern, treten in die Volksfront und die Vereinigte Front der Werktätigen, in die Gesellschaften »Memorial« oder »Pamjat« ein, und in alledem liegt ein Körnchen Wahrheit, ein bißchen Berechtigung, so und nicht anders zu handeln; doch verstehen wir grundsätzlich nichts davon, was wir zu tun haben, was wir jetzt tun und was wir früher taten. In dieser historischen Partie ordnen wir die Asse nicht einmal den passenden Karten zu, wir halten uns an die Farbe: was wunder, wenn unsere Patience nicht aufgeht! Während wir den einen unsere Anerkennung ihres subjektiven Strebens nach allgemeiner Wohlfahrt versagen, den anderen aber ihre Unfähigkeit zu irgendeiner bestialischen Untat bescheinigen, lassen wir den einheitlichen und auf seine Weise folgerichtig verlaufenden Prozeß außer acht, der zur Durchführung eines erdumspannenden Experimentes führte, indem er die Voraussetzungen für die heutige Zerrüttung oder gar eine nicht mehr auszuschließende Apokalypse schuf und so den Ausgang unserer tragischen Geschichte bestimmte. Dieser Prozeß forderte uns eine ungeheure Kräfteanspannung und unzählige Opfer ab, brachte aber sonst außer Verbitterung und Enttäuschung nichts.

Ich spreche von der *sozialen, permanenten Weltrevolution*, die am 25. Oktober 1917 begann und gegen alle Widerstände bis in die letzten Jahrzehnte hinein fortgeführt wurde. Ich spreche von dem Glauben an den Endsieg des Kommunismus in der ganzen Welt und die Möglichkeit, dies auf gewaltsamem Wege durchzusetzen, einem Glauben, dem wir niemals abgeschworen haben und auch nicht abschwören werden. Das neue politische Denken umgeht höchst feinfühlig diese heikle Frage. Auch wenn das »Gespenst des Kommunismus« auf viele Völker eher abstoßend wirkt, bedeutet das noch lange nicht, daß wir es heute, so sich dazu eine Gelegenheit böte, nicht in irgendwelchen Prärien oder Steppen weiden ließen.

Es sei daran erinnert, daß es nicht um den »friedlichen Übergang zum Sozialismus« geht, der wohl zu den kuriosesten der von uns geschaffenen Mythen gehört. Das gewaltsame Abstoßen von Vermögen und Kapital im Verlauf einer sozialistischen Revolution schließt die Möglichkeit ihrer friedlichen Entwicklung von vornherein aus. Die Existenz der allein schon aufgrund der Vermögensinteressen antagonistisch eingestellten Klassen, woraus sich die Voraussetzungen zur Revolution erst ergeben, vereitelt solche Vorhaben. Bestenfalls vermag man auf die unblutige oder verhältnismäßig unblutige Variante einer solchen Wende zu hoffen.

Die Theorie der permanenten Revolution, die am eifrigsten von Trotzki verfochten wurde, aber bis zu einem gewissen Grad von allen Führern des Oktober vertreten worden ist, erhielt letztlich eine Abfuhr. Wenn auch schwankend und schweren Herzens, entschloß man sich zur Annahme der Leninschen Idee vom Aufbau sozialistischer Verhältnisse in einem Land. Sie wurde durch den Stalinplan zum Aufbau des Sozialismus in einem einzigen Land abgelöst und auch so praktiziert (was wir da unter dem Deckmantel des Sozialismus wirklich aufgebaut haben, ist eine Frage, die nicht hierher gehört).

Wir kennen das alles seit unserer Schulzeit – und es ist alles nicht wahr. *Nicht einen Augenblick lang haben wir der Theorie und Praxis der permanenten Revolution, der Religion der permanenten Revolution abgeschworen.* Die verbal abgewiesene permanente Revolution wurde – und das konnte auch gar nicht anders sein – zum Weg, auf dem das für den Marxismus wichtigste politische Postulat durchgesetzt werden sollte: der vollständige und endgültige Sieg des Kommunismus in der ganzen Welt auf gewaltsamem, revolutionärem Weg. »Die Tragödie unserer Gesellschaft, dieses Geschöpfes der Revolution, die nicht ohne Resonanz in aller Welt blieb – also doch permanent wurde! –, lag darin, daß sie ... alle ihre liebsten Glieder auffraß. Was dabei herauskam, ist die Vernichtung und wohl auch die Selbstvernichtung der Menschen wie der Ideen; vernichtet aber wurde hie und da das Beste, Begabteste und Markanteste«, schreibt in einem Beitrag mit dem programmatischen Titel »Was uns erwartet« der Philosoph M. Kapustin (*Oktober* 1989, Nr. 9). An anderer Stelle dieses Aufsatzes heißt es: »Und so schlug seinerzeit unsere große Revolution in ihr permanentes Extrem um – ein zügelloser Revolutionismus eskalierte zum Bürgerkrieg, später dann zum Krieg gegen das eigene Volk.« Mit Ausnahme des polemischen Gegensatzes von »großer Revolution« und »permanentem Revolutionismus« ist hier alles richtig. Das zweite folgte unvermeidlich aus dem ersten.

Die Idee von der Errichtung der kommunistischen Ordnung überall auf der Welt meint nichts anderes als die Durchsetzung der permanenten Revolution. Ihre Praxis schlug sich im Wirken der Komintern, in der Aufstellung und im Einsatz der Roten, der späteren Sowjetarmee, in der Tätigkeit von Tscheka, OGPU, NKWD und KGB nieder. Auch das »Beschränkte Truppenkontingent« in Afghanistan, die kubanischen Ratgeber in Angola, die sowjetischen in Ägypten und Äthiopien waren Bestandteil der permanenten Revolution. Das Bewußtsein einer eigenen moralischen Überlegenheit über die ganze übrige Welt und das daraus erwachsende Bedürfnis, fremde Schicksale zu »verbessern«, »Gott zu sein«, um ein Wort der Brüder Strugazki aufzugreifen – darin äußert sich die Religion der permanenten Revolution.

Aber auch Geiselerschießungen, Verbannung der Intelligenz, das Bauernlegen, Folter und Hungertod, Massenvernichtungen, Völkermord spiegeln das praktische Wirken der permanenten Revolution wider. Theorie und Praxis der permanenten Revolution im trauten Verein sorgten ebenso für die Erstickung noch so geringer Anzeichen eines Andersdenkens, wie sie die Umwandlung der einzigen erlaubten und zugleich herrschenden Partei in einen widerspruchslos gehorchenden Schwertträgerorden betrieben. Die permanente Revolution ist begleitet von Säuberungen, Abrechnungen mit »Abtrünnigen«, der Verteilung von Auszeichnungen und Privilegien an die »Getreuen«. Zur Religion der permanenten Revolution wurde der Kult um Führer und Partei bzw. eine »hauchdünne Schicht« innerhalb ihrer Reihen, auch wenn diese hin und wieder Einschnitte hinnehmen mußte, der Kult der unlegitimierten und aus keinerlei Wahlen gewonnenen Macht, die aber gerade aus diesem Grund als von oben gesandt erscheint.

Nicht genug damit, bedeutet die permanente Revolution auch Krieg. Per definitionem handelt es sich bei der permanenten Revolution um eine anhaltende Erscheinung, folglich verheißt sie den ununterbrochenen Kriegszustand.

Und eben diesen *Kriegszustand* erlebten wir vom Oktober 1917 bis zum April 1985 ohne absehbares Ende; wir führten diesen Krieg auf unterschiedliche Weise, sowohl an der inneren wie an der äußeren Front; wir führten ihn und vermochten erst in den letzten Jahren innezuhalten. Das neue Denken war nichts anderes als ein Havariebewußtsein. Aber vielleicht war auch das Havariebewußtsein das Neue. Seit Oktober 1917 gab es für uns nicht einen einzigen friedlichen Tag, geschweige denn ein friedliches Jahr (eigentlich bildet der August 1914 die Zäsur).

Das klingt paradox, klingt fürchterlich, und dennoch verhält es sich so. »Krieg ist Frieden«, heißt es bei Orwell. Der Friedenskampf, den wir in der ganzen Welt führten, brachte die Militarisierung der Sprache, des Denkens, der Ideale und der Lebensweise. Unser Leben glich einem Feldlager oder zumindest einem Biwak. Überall und immer proklamierte man eine frohe, obwohl nicht in jedem Fall aufrichtige und verantwortungsbewußte Opferbereitschaft zum Krieg. Man verkündigte die *Bereitschaft zum Krieg*, aber der *Krieg* wurde *geführt*!

Hier müssen allerdings zwei Einschränkungen vorgenommen werden. Wir neigen dazu, den äußeren Krieg als Methode der permanenten Revolution entweder im Sinne der Verteidigung der nationalen und staatlichen Souveränität oder als Erscheinungsform imperialer Ambitionen zu betrachten (das hängt vom politischen Geschmack desjenigen ab, der die Aussage trifft). Den inneren Krieg als alternative oder parallele Methode der permanenten Revolution hielten wir früher für einen Klassen- oder ideologischen Kampf, heute gilt er uns als Erscheinungsform einer persönlichen oder kastengebundenen Brutalität des Herrschers bzw. der Herrscher, als bestimmte Herrschaftsform, die unter dem Anschein der Volks- oder Klassenverbundenheit auf einer selbstsüchtigen, eigennützigen Politik beruht. Mir scheint, daß diese Vorstellungen zur Bestimmung der Phänomene einfach nicht ausreichen.

Ich beginne mit dem zweiten. Was eigentlich bezweckt selbst der blutrünstigste Diktator mit seiner Grausamkeit? Stalin! Hitler! Pol Pot! Die eigene Macht zu erhalten und auszubauen? Natürlich, aber das wäre als Erklärung zu primitiv und im Grunde unzutreffend. Ehrgeiz und Machthunger, die politische Variante zum erstgenannten? Diese Eigenschaften behindern per se ihren Besitzer mehr, als daß sie ihm dienlich wären. Viele wohl fänden sich bereit, mit dem Teufel einen Pakt zu schließen; aber der Teufel ist wählerisch. Wie sagte doch ein scharfsinniger Pole: ein Kompromiß mit dem Schicksal fällt in der Regel einseitig aus. Wie jeder beliebige Führer giert ein Diktator nach der Macht, um die Welt zu verändern (bzw. jenen Mikrokosmos, jenes soziale System, in dem er die absolute Oberhoheit beansprucht). Die Rechtfertigung für jedes auch noch so unmoralische Mittel, das ihn seinem Ziel, der Weltrevolutionslenker oder der Abteilungsleiter in irgendeinem unnützen Amt zu werden, auf daß alles seinen geregelten Gang gehe, näherzubringen vermag, liegt im edelmütigen und hehren Charakter jener Person selbst begründet, gewinnt sie doch daraus auch die Kraft, die Erfolg verheißt und für diese übermenschliche Energieleistung erforderlich ist. In diesem Sinne können wir sagen: der von Lenin geforderte und durchgesetzte »massenumspannende Terror«, die millionenfach angewendeten Repressalien Stalins, die aus den Blutopfern anderer erwachsenen Heldentaten des Marschalls Schukow und die Tätigkeit, nun, sagen wir Andropows, der an der Spitze des »Amtes für Angst und Schrecken« Hunderte unschuldiger Menschen in Gefängnisse und Nervenheilanstalten sperrte – zwischen diesen Fällen bestehen durchaus im einzelnen wichtige Unterschiede, sie können aus unserer Sicht auch nicht moralisch über einen Leisten geschlagen werden, aber sie sind, wie mir scheint, doch von ähnlichen, wenn nicht übereinstimmenden grundsätzlichen Überlegungen inspiriert.

Etwas anders verhält es sich mit dem nach außen geführten Krieg. Es kann kaum ein Zweifel daran bestehen, daß in irgendeiner Phase des »friedlichen« wie im übrigen auch des militärischen Wettbewerbs mit dem Westen, nicht zuletzt wegen der immer geringeren Aussichten auf einen *baldigen* Sieg der Weltrevolution, die revolutionistischen Bestrebungen gegen imperiale Ziele ausgetauscht wurden, zumindest aber eine Verschmelzung beider stattfand. Wenn man schon nicht überall präsent sein konnte, wollte man wenigstens überall der erste sein. Wenn schon eine Großmacht, dann aber eine Supermacht. Wenn nicht als Weltbeherrscher, so doch als Mitherrscher.

Was aber bedingte dann die Extensivierung unseres Einflusses und unserer Weltpräsenz, die immer neuen Opfer und unerträglichen Belastungen einmal ausgenommen? All das heißt doch nichts anderes, als daß auch hier der anhaltende Kriegszustand nicht irgendwelchen Einzelzielen, sondern der vollständigen Vernichtung des Gegners diente. Die zwischen imperialen, revolutionären und missionarischen Zielen bestehende Dialektik konnte bereits in einigen Arbeiten überzeugend nachgewiesen werden, weswegen wir hier nicht näher darauf eingehen. Es sei lediglich festgehalten, daß westliche Staatsmänner, die unermüdlich die Aggressivität unseres Regimes anprangerten, zweifellos im Recht waren. Ähnlich wie Nazideutschland oder das faschistische Italien (aber im Gegensatz zum militaristischen Japan) führte die UdSSR *ideologisch* und in praxi einen beständigen Kampf um den Umbau und erst in zweiter Instanz um die Aufteilung der Welt.

Es ist fast gänzlich ausgeschlossen oder doch sehr schwierig, auf lange Sicht einen Zweifrontenkrieg zu führen. Also nach außen und nach innen. Auf

diese Weise brachen das zaristische Rußland und das kaiserliche Deutschland zusammen, die das revolutionäre Gären in den Massen nicht in den Griff bekamen. Deshalb lief der Dauerkrieg von 1917-1985 im Wechselspiel ab: als Bürgerkrieg und als Weltkrieg, doch jedesmal als Offensiv- und Vernichtungskrieg. Der bekannte Historiker Roi Medwedjew hat in seinem Buch »Frühjahr Achtzehn« nachweisen wollen, daß der Bürgerkrieg aus den Fehlern der Bolschewiken nach ihrem Machtantritt erwachsen sei. Die bolschewistische Regierung aber *suchte* förmlich den Bürgerkrieg, der nach Lenin »eine unabdingbare Voraussetzung und Begleiterscheinung der sozialistischen Revolution« ist. Es gehört heute zum Allgemeingut unserer Erkenntnisse, daß Stalin in Friedenszeiten mit Bürgerkriegsmethoden geherrscht und den Krieg gegen das eigene Volk eröffnet hat. Umstritten ist lediglich die Bezeichnung dieser Zeit als »friedlich«.
Die öffentlich verworfene, insgeheim aber als einzig akzeptable Konzeption zum Aufbau des Sozialismus (in einem Lande, in zwei – mit der Mongolei usw.) proklamierte permanente Weltrevolution hat nicht einen einzigen Tag lang aufgehört, sie veränderte höchstens ihre Formen. In einem groben Schema sähe das so aus: auf den Bürgerkrieg (1917-1939) folgte der Zweite Weltkrieg (1939-1945) und auf diesen der Dritte (1946-1985). Am Ende des Zweiten Weltkrieges und zu Beginn des Dritten entzündete sich ein zweiter Bürgerkrieg (1944-1953). Beide Bürgerkriege haben wir (der Staat) gewonnen, den Zweiten Weltkrieg gewannen wir teilweise, den Dritten Weltkrieg haben wir verloren. Der seit 1985 laufende Prozeß bedarf noch der Klärung: er könnte der Prolog zu einem neuen Bürgerkrieg sein (wenn wir die Niederlage im Dritten Weltkrieg entweder nicht akzeptieren oder nicht begreifen können), er könnte aber auch zum Abbau des gesamten, auf der Grundlage der permanenten Revolution errichteten politischen Systems führen (wenn wir die Niederlage eingestehen).
Natürlich muß jede hier gemachte Angabe kommentiert werden. Meiner Auffassung nach wäre es richtig, den Beginn des Bürgerkrieges auf den 25. Oktober 1917 zu datieren: die bewaffnete Machtergreifung, die Errichtung einer Diktatur der Minderheit, die Auflösung der demokratisch gewählten Konstituierenden Versammlung, massenhaftes Auflodern anarchischer Gewaltakte, Aufruhr und Erhebungen, eine Politik und Praxis der Enteignung, die Ausschaltung politisch Andersdenkender.
In jedem Fall hat der Frieden von Brest-Litowsk, der die deutsche und die ungarische Revolution von vornherein zum Scheitern verurteilte, gezeigt, daß die strategische Wende hin zu einem inneren Krieg, einem Bürgerkrieg vollzogen war. Der sich am Ausgang des Bürgerkrieges anbahnende Krieg mit Polen diente als Versuchsballon für den Export der permanenten Revo-

lution nach außerhalb, doch zeigte die uns durch Pilsudski beigebrachte Niederlage, daß die Zeit noch nicht reif, der Versuch zu früh gestartet war.

Als man den Kurs der Neuen Ökonomischen Politik einschlug, um auf die Bauernerhebungen und den Kronstädter Aufstand zu reagieren, bedeutete das keineswegs das Ende des Bürgerkrieges bzw. einen ernstzunehmenden Waffenstillstand: Die scheinbare Ruhe, die an den Fronten eingetreten war, ermöglichte eine Umgruppierung der Kräfte, um zu neuen Schlägen auszuholen. Unter solchen Voraussetzungen braucht der Dauer der NÖP, die heutigen Auffassungen zufolge von Stalin voreilig beendet worden sei, gar keine prinzipielle Bedeutung beigemessen zu werden. »Rückzug – wirklich und auf lange Sicht« heißt keineswegs, Frieden zu schließen oder zu erbitten, schon gar nicht, wenn man die ebenfalls nicht zufällige Militärsprache berücksichtigt. »Wir müssen, um der Partei Seele, Glauben und Kampfeswillen zu erhalten, ihr die Rückkehr zu der auf Tauschbeziehungen beruhenden Wirtschaftsform vorgaukeln ... so als handle es sich um eine kurzfristige Abweichung. Wir selber aber müssen klar erkennen, daß der *Versuch gescheitert ist* ... Man könnte es natürlich auf eine Kraftprobe ankommen lassen und die *Bevölkerung gewaltsam in eine neue Ordnung zwingen*, doch scheint es mir nicht sicher, ob wir in diesem allrussischen Fleischwolf die Macht behaupten können« (ich zitiere aus dem oben erwähnten Aufsatz von M. Kapustin).

Die Zuweisung dieser Äußerungen an Lenin vermag noch immer eine gewisse Skepsis zu wecken. Wichtiger erscheint mir die Vertiefung in ihre Dialektik: entweder die in edelster Absicht erfolgende Täuschung der einfachen Parteimitglieder, die einer Kapitulation im Bürgerkrieg gleichkommt, oder die Entschlossenheit zu dessen Fortsetzung im Bewußtsein des wachsenden Risikos einer Niederlage. Vielleicht aber doch Rückzug, oder eine abenteuerliche Offensive? Lenin ist unentschlossen.

Wie auch immer, 1929 flammte der Bürgerkrieg, ein Krieg der Macht gegen das Volk, mit unverminderter Kraft und wachsender Brutalität wieder auf. Die Macht gewann den Krieg 1939, nachdem sie alle ihre wahren und potentiellen, aber auch eine ungeheure Zahl vermeintlicher Gegner physisch vernichtet und endgültig zerbrochen hatte. Nun konnte man daran denken, den Weltkrieg zu beginnen, den man in all diesen langen Jahren vorbereitet hatte (der Aufbau eines militärischen Potentials, die Komintern und ein Agentennetz, die militärische Kraftprobe in Spanien), und man begann ihn: in Polen, Finnland, dem Baltikum und Bessarabien. Die permanente Revolution hatte die Grenzen der UdSSR überschritten.

Auf die Frage, wer nun eigentlich den Zweiten Weltkrieg ausgelöst hat, findet sich heutzutage nicht mehr eine so eindeutige Antwort wie einst. Besser gesagt: Aus dem Dunst der halben Wahrheiten, ungeschminkten Fälschungen, Geschichtsklitterungen und politischen Kombinationen schälen sich hinter den Kulissen, gewissermaßen vor dem allgemeinen Hintergrund einer ganz und gar nicht würdevollen Haltung aller am künftigen Konflikt beteiligten Seiten, völlig anders gelagerte Eindeutigkeiten heraus: Den Zweiten Weltkrieg haben die Aggressoren – Nazideutschland und die UdSSR – begonnen, indem sie ein Bündnis miteinander schlossen und sich gemeinsam über Polen hermachten. Die in Zielsetzung, Politik und Ideologie übereinstimmenden Wesensmerkmale von Nationalsozialismus und Stalinismus sind verschiedentlich eingehend untersucht worden. Der Nationalsozialismus und der Klassensozialismus strebten gleichermaßen die Weltherrschaft an, und zwar, wie es sich für sie gehört, zum Wohle der »Kleinen«. Die Veröffentlichung der Geheimprotokolle und anderer Akten brachte es nur nochmals an den Tag: Verborgen vor der Welt hatten die UdSSR und Deutschland einen *militärischen Angriffspakt abgeschlossen und den Welteroberungskrieg begonnen.* Sie schlossen den Pakt, um anzufangen, und nachdem sie ihn geschlossen hatten, fingen sie auch an. Die Zurückhaltung, die sich England und Frankreich im September 1939 hinsichtlich einer Kriegserklärung an unser Land auferlegten, zeigt nur die Unentschlossenheit der damaligen Regierungen dieser Länder. Was wohl wäre geschehen, wenn sie anders gehandelt hätten, wie wäre dann die Weltgeschichte verlaufen? Deutschland und die UdSSR hätten Schulter an Schulter, einem öffentlichen Zwang folgend, den Kampf gegen die bürgerlich-demokratischen Staaten aufgenommen und diesen Krieg gewonnen; erst dann wäre es zu dem entscheidenden Zweikampf um die gegenseitige Vernichtung gekommen. Stalin hat im nachhinein der verpaßten Gelegenheit zu einem Bündnis mit Deutschland nachgetrauert.

Der Wechsel von Gegner und Bündnispartner im Zweiten Weltkrieg brachte keinerlei prinzipiellen Wechsel in seinen Zielsetzungen mit sich, in jedem Fall oblag es den kommunistischen Ideen und der kommunistischen Praxis, die ganze Welt in ihren Bann zu schlagen. Der (buchstäblich) wortbrüchige Überfall Deutschlands auf die UdSSR und die damit ausgelöste Umwandlung des Weltkrieges in einen (von uns aus gesehen) Großen Vaterländischen Krieg verwischte das ganze Bild und schönte es natürlich, aber nicht mehr. Auch in diesem Krieg gewannen wir schließlich die Oberhand, doch der Sieg war nicht vollständig, nicht endgültig: Das Lager des Sozialismus war zwar entstanden, aber ein weltumspannender Triumph des Kommunismus blieb vorerst aus, obwohl die aus dem unter großen Blutopfern errungenen Sieg gezogenen moralischen, territorialen und politischen

Gewinne gewaltig waren. Möglicherweise hat uns allein die Hiroshima-Bombe auf unserem Marsch nach Westen aufgehalten. Dennoch ließen unsere Politik in Österreich und Griechenland (aber auch in den Ländern der entstehenden »sozialistischen« Gemeinschaft), die an Jugoslawien gerichteten Drohungen und vieles andere keinen Zweifel daran aufkommen, daß der T-34 seinen Vormarsch nur zeitweilig drosselte. Aber auch die westlichen Politiker des harten Kurses zeigten im Besitz der Atombombe nur wenig Neigung, unsere sich permanent vermehrenden Ansprüche zu dulden. Das alles schuf die besten Voraussetzungen für den dritten Weltkrieg, an dem auf der einen Seite unser Land mit seinen Satellitenstaaten, auf der anderen Seite die en bloc handelnden bürgerlichen Demokratien teilnehmen würden. Er begann mit dem Ende des Zweiten Weltkrieges. Churchills Fultonrede lüftete lediglich das Geheimnis.

Wie oben dargelegt, ist ein Zweifrontenkrieg als Welt- und Bürgerkrieg zu gleicher Zeit nur sehr schwer zu führen. Aus diesem Grunde mußte der in der UdSSR und den Volksdemokratien zwischen 1944 und 1953 tobende Bürgerkrieg mit seinen neuen Massenverfolgungen den Machthabern schließlich lästig erscheinen, was zum Verzicht auf Repressalien und zur Rehabilitierungswelle (also einer Unterbrechung des Bürgerkrieges) in der Chruschtschow-Zeit führte. Stalins Nachfolger sah sich aber außerstande, den Dritten Weltkrieg zu beenden oder sein Tempo zu vermindern, obwohl er, wenn auch mehr aus seiner Natur heraus als irgendwelchen politischen Erwägungen folgend, danach strebte.

Der zweite Bürgerkrieg – die Abrechnung mit den ehemaligen Kriegsgefangenen und Kriegsverschleppten, der Völkermord an den Krimtataren, den Moldawiern, einigen kaukasischen Völkerschaften und der halbe Völkermord an Armeniern und Balten, die Vorbereitung eines Völkermordes an Juden, die »Leningrader Affäre«, die Jagd auf die »vaterlandslosen kosmopolitischen Gesellen«, die brutalen Übergriffe in den Volksdemokratien –, all dies zeigt nur allzu deutlich die panische Angst Stalins und seiner Umgebung vor einer Niederlage im Dritten Weltkrieg (unter den Bedingungen einer zunehmenden Rückständigkeit bei Nuklearwaffen) und den darum wohlbegründeten Wunsch, das Zentrum der permanenten Revolution auf heimatlichen Boden zu verlegen, aus dem Weltkrieg wieder einen Bürgerkrieg zu machen. Durch spätere Erfolge der Physiker und Raketenspezialisten wurden diese Befürchtungen zerstreut und die Pläne von der Tagesordnung gestrichen. Die Errichtung eines keineswegs stabilen militärischen Gleichgewichtes an den Fronten des Dritten Weltkriegs erklärt sich durch die nationale Befreiungsbewegung, die viele Gebiete der Welt erfaßt hatte, und durch den Zusammenbruch des Kolonialsystems, da sich hier die

Kräfte des Westens aufsplitterten und seine moralische Überlegenheit stark erschüttert wurde.
Den Dritten Weltkrieg pflegt man als Kalten Krieg zu bezeichnen. Das ist im Grunde falsch. Gewiß, die Lokalkonflikte (Korea, Vietnam, Naher Osten, Afghanistan) schienen wegen ihrer großen Blutverluste zu seinem verhältnismäßig unblutigen Verlauf einen starken Kontrast zu bilden. Ebenso gewiß wurden Phasen unverhohlener Gegnerschaft am Rande eines Nuklearkonflikts (Berlinkrise und karibische Krise, der Zwischenfall mit dem südkoreanischen Flugzeug) von Perioden relativen Tauwetters in den internationalen Beziehungen immer dann abgelöst, wenn Staatsoberhäupter sich auf internationalem Parkett trafen und einander zulächelten, wenn man Verträge unterzeichnete (und nicht einhielt), kulturelle und gesellschaftliche Beziehungen aufnahm und nach Kompromissen suchte. Selbstverständlich ist diese vierzigjährige Periode gekennzeichnet durch die ständige Furcht vor einem neuen Weltkrieg (eben einem »heißen«, einem Nuklearkrieg, der die ganze Menschheit auszulöschen drohte) und ein Leben in der Erwartung seines Ausbruchs, was uns auch dazu bewog, ihn im Gegensatz zum wirklichen Krieg den kalten zu nennen. Und dennoch, es war ein Krieg, ohne einen einzigen Tag Unterbrechung, der in der Hauptsache, aber nicht ausschließlich als thermonukleares und Raketenwettrüsten geführt wurde. So und nicht anders hat es sich abgespielt. *Es war nicht das Wettrüsten zum Zweck der Kriegsvorbereitung, sondern das Wettrüsten als Form der Kriegsführung*, das allein im Atomzeitalter einen endgültigen Sieg ohne größeres Risiko für das Leben auf der Erde bzw. eine erhebliche Verminderung dieses Risikos zu gewährleisten imstande war. Das Ziel des Wettrüstens bestand in der Erschöpfung des Gegners, der wirtschaftlich zugrundegerichtet werden sollte (in diesem Sinne wäre es mit der Blockade einer belagerten Stadt vergleichbar, obwohl die »Blockade« hier gegenseitig stattfände), und jede einseitige Einstellung dieser Rüstungen hätte den Verlust der Verteidigungsfähigkeit nach sich gezogen und damit politische Abhängigkeit bedeutet. Wie Andrei Sacharow nachweisen konnte, hat das Wettrüsten zu einer solchen Anhäufung von Massenvernichtungsmitteln geführt, daß damit das Leben auf der Erde viele Male vernichtet werden könnte. In gewissem Sinn symbolisch, wenn auch recht belastend wirkte die Widerspiegelung dieses unblutigen Krieges in Form des in den Kosmos verlagerten Wettbewerbes. Wir erwiesen uns hier als zäher, die Amerikaner als stärker. Eine der Seiten würde sich schließlich – das zeichnete sich mit zunehmender Deutlichkeit ab – derart übernehmen, daß es einer Niederlage im Krieg gleichkäme. Es würde eine Niederlage sein, zu der ein Suizid im Geiste der japanischen Kamikaze die einzig mögliche Alternative bildete.

Zeitweilig errangen wir durchaus beachtliche Erfolge, gewannen »Gefechte« von lokaler Bedeutung. Gab es aber für uns je eine Chance, den letzten Sieg zu erringen, den durch unsere Macht gebannten Westen möglichst ohne einen einzigen Schuß in die Knie zu zwingen (nicht ohne Absicht setze ich die *moralische Seite* dieser Frage in Klammern)? Wohl kaum. Die ewige Bereitschaft zum Einsatz »um jeden Preis« geriet schließlich in Widerspruch zu unseren realen Möglichkeiten. S. Kondraschow stellte in der Zeitschrift *Nowy Mir* (Nr. 8, 1989) Überlegungen zur »Lastenverteilung beim Wettrüsten« an und nannte folgende Zahlen: »Die Bevölkerung der USA und anderer NATO-Staaten kann mit etwa 650 Millionen Menschen beziffert werden, die der UdSSR und der Staaten des Warschauer Paktes mit annähernd 400 Millionen. Das Bruttosozialprodukt aller NATO-Länder beträgt das Vierfache des Bruttosozialprodukts der Staaten des Warschauer Paktes ... Der Anteil der Vereinigten Staaten an den Ausgaben für gemeinsame militärische Aktionen der NATO in Europa liegt beträchtlich unter dem, was die Sowjetunion bei entsprechenden Unternehmungen im Warschauer Pakt beisteuern muß.« Daraus läßt sich nach Kondraschow erkennen, »wie schwer und unerträglich die Bürde ist, die wir zur Herstellung der Parität auf uns genommen haben, um militärisch mit den Vereinigten Staaten und Westeuropa Schritt halten zu können«.
Schwer und unerträglich ... Eine erdrückende Last muß abgeworfen werden, will man nicht zugrundegehen: Nihil tertium est. Sind sich die Führer von Partei und Regierung dessen bewußt? Ich denke schon. Es war doch wohl diese Erkenntnis, die jene historische Wende, die uns heute als Perestroika geläufig ist, einleitete.
Wir haben uns übernommen. Den Dritten Weltkrieg haben wir verloren. Verloren keineswegs deswegen, weil unser System im Vergleich mit dem kapitalistischen weniger perfekt wäre. Obwohl so unvollkommen, taugt gerade unser System zur Führung eines sich lange hinziehenden, eines permanenten Krieges, weil es ganz und gar darauf eingerichtet ist. Verloren aber haben wir den Krieg – und wie konnte es auch anders sein – wegen der von Anfang an bestehenden und sich stets vergrößernden Ungleichheit der Mittel und Kräfte. Selbst wenn wir das Wettrüsten einseitig drosseln, die Armee verringern und die »Verteidigungskosten« senken, vermögen wir der desolaten Situation in der Wirtschaft nicht Herr zu werden. Die Notwendigkeit außerordentlicher Maßnahmen wurde von allen begriffen. Unverstanden blieben die Ursachen der eingetretenen Lage: nämlich die *militärische* Niederlage in einem ungleichen Zweikampf mit dem Westen. Unverstanden oder ungenannt? Man tut sich schwer, einen solchen Tatbestand einzugestehen: sowohl politisch wie psychologisch. Die Welt von gestern

war Krieg, und wir haben ihn verloren. Allein der diplomatische Charme unserer heutigen Führer und die traditionelle Gesprächsbereitschaft des zum Aushandeln und Feilschen so befähigten wie stets bereiten Westens (was einen starken Hang zu Kauf und Verkauf involviert), nicht zuletzt aber auch die uns immer offenstehende Möglichkeit, eine Atombombe auf unserem Bauch zu zünden und die ganze Welt auszulöschen (als Möglichkeit natürlich mehr dem Terrorismus als dem Großmachtdenken zuzuordnen), das sind die Faktoren, die die Kapitulationsbedingungen nach außen nicht allzu schmählich erscheinen lassen. Das neue politische Denken kommt in dieser Kapitulation noch nicht vorbehaltlos zum Ausdruck, denn wir verfügen noch immer, wenn nicht über die Macht, so doch über den Stolz, dafür zu kämpfen. So paradox es klingen mag: das eben ist es, was uns schadet. Heil und Rettung liegen für uns einzig und allein in einer *bedingungslosen Kapitulation.*

Alles, was mit dem Übergang von der Doktrin der Parität zu einer Doktrin der ausreichenden Verteidigungsmittel zu tun hat, also die energische Kursänderung in der Innen- und Außenpolitik, die Publizität, der Verzicht auf militärische, politische und ideologische Konfrontation, auf Vorherrschaftsansprüche in anderen Regionen der Welt, die teilweise Entmilitarisierung, die Kürzung des Militärhaushaltes, alles das kann uns nicht mehr wirksam helfen, weil sich die Doktrin zum Zeitpunkt ihres Inkrafttretens bereits selbst überlebt hat. Wir beabsichtigen, uns gegen jemanden zu verteidigen, sagt Kondraschow im oben zitierten Aufsatz, der gar nicht daran denkt, uns zu überfallen – aber das ist nur die halbe Wahrheit. In Wirklichkeit zielt die Verteidigung auf denjenigen, der uns bereits besiegt hat!

Das wäre doch wohl ein zu großer Luxus. Und obendrein ein sinnloser. Oder wollen wir uns gegen jemand anderen verteidigen? Aber gegen wen? Es gibt nirgends in der Welt Kräfte, die etwas Böses gegen uns im Schilde führen, Kräfte, die es auf unsere Vernichtung abgesehen haben. Uns vernichten können nur wir selbst.

So steht es bei uns und um uns *nach* unserer Niederlage. Es gab Zeiten, da war es nicht so. Als Präsident Reagan unser Land als das »Reich des Bösen« brandmarkte und zum Kreuzzug gegen den Kommunismus aufrief, hat er wohl kaum einen Scherz machen wollen. Als Präsident Kennedy uns seinerzeit einen »heißen Sommer« versprach, den er dann nicht mehr erlebte, war ihm wohl ebensowenig nach Späßen zumute. Der Westen hat sich eben verteidigt und in dieser Verteidigungshaltung den Sieg davongetragen! So ist es um diesen Krieg bestellt.

Die Wahl, vor der wir jetzt stehen, ist verständlicherweise nicht leicht und entbehrt angesichts unserer Opfer nicht der Tragik. Und dennoch gibt es

keine Alternative: Entweder fahren wir mit der permanenten Revolution fort, indem wir ihren Schwerpunkt erneut ins Innere verlegen, was einen Bürgerkrieg in Form bewaffneter Konflikte zwischen den einzelnen Völkern und Massenverfolgungen der mittlerweile recht kecken und stark verwilderten Bevölkerung nach sich zöge, ferner die Errichtung einer Militärdiktatur, die für die Niederwerfung der Streikbewegung, der Bürgerinitiativen und anderer Formen freiheitlichen Lebens und Denkens sorgen würde, erneut gäbe es der übrigen Welt gegenüber den Eisernen Vorhang mit einem nuklearen Vorhängeschloß, aber dieses Mal ohne Hoffnung auf etwas anderes als den Beginn neuer »dunkler Jahrhunderte« – oder wir akzeptieren die militärische Niederlage der permanenten Revolution und verzichten nicht nur auf sie, sondern auf alle damit verbundenen Prinzipien.
Der zweite Weg ist doppelt schwer: In uns allen ist noch immer die Psychologie des Siegers wach, und wir sind daran gewöhnt, die Armee und die Rüstungsindustrie für jene Sphären zu halten, in denen – unter unsäglichen Entbehrungen – eine gewisse Parität mit dem Westen durchgesetzt werden konnte. Unseren herzerwärmenden Glauben bemühten sich auch die Vertreter der amerikanischen Rüstungsindustrie zu nähren, da er ihnen lukrative Rüstungsaufträge verhieß. Die alljährlich in den USA veröffentlichten Vorträge zum Thema »Die militärische Macht der UdSSR« – der letzte erschien im September 1989 – versetzen den Westen in Schrecken, schmeicheln uns und verzerren die wahren Verhältnisse bis zur Unkenntlichkeit. Aber man muß nicht unbedingt General oder Politiker sein, um zu begreifen, daß ein Land, das sich beispielsweise außerstande sieht, die Probleme einer Dampfheizungshavarie zu lösen, das sich weder mit Seife noch mit Getreide versorgen kann, von Fleisch oder Computertechnik ganz zu schweigen, einfach nicht in der Lage ist, einen Krieg zu führen.
Weil der Dritte Weltkrieg unblutig, gewissermaßen unsichtbar und unspürbar verlief, der alles verseuchenden Radioaktivität nicht unähnlich, blieb der militärische Charakter unserer Niederlage im *Verborgenen*. Daher mag das Gerede von der Notwendigkeit einer Kapitulation ketzerisch erscheinen. Dennoch hat es eine Kapitulation gegeben, aber sie wirkt, weil sie verstohlen geschah, halbherzig und inkonsequent. Diese Halbherzigkeit kann die dramatischsten Folgen zeitigen, vor denen das psychologische und politische Drama des Eingeständnisses einer Niederlage verblassen muß.
Von der Idee der permanenten Revolution geleitet, von der wir niemals auch nur einen Fußbreit abwichen, nahmen wir am 25. Oktober 1917 einen Krieg auf, den wir um die Mitte der Achtziger verloren. Wir alle, mit Ausnahme vielleicht der Funktionäre, Schieber und Gauner, die Millionen zählende Armee unserer Besitzlosen, unsere Kranken, die von niemandem

und durch nichts Heilung erfahren, unsere Alten, um die sich keiner kümmert, unsere Kinder, denen es an Nahrung und ausreichender Schulbildung fehlt, unsere Jugend, die weder Obdach noch Kleidung hat, wir alle wurden Opfer dieses in den letzten Jahrzehnten beinahe unblutig verlaufenen Krieges. Von seinen Abermillionen *Opfern* gar nicht zu reden. Schrecklich war er, ein in seinen Ausmaßen unvorstellbarer Krieg, dessen Folgen zu überwinden wir noch manches Jahrzehnt brauchen werden. Wollen wir aber, daß uns in Regeneration und Neuaufbau Erfolg beschieden sei, so müssen wir, ob uns das paßt oder nicht, den Weg solcher Staaten beschreiten, die ebenfalls eine vernichtende Niederlage erlitten haben.
Sie können auseinanderfallen, wie seinerzeit Österreich-Ungarn im Jahr 1918. Sie können völlig vom Erdboden verschwinden und anderen staatlichen Neubildungen Platz machen. Sie können manchmal, erfüllt vom Rachegelüst, den Versuch unternehmen, den Nationalstolz wiederherzustellen, indem sie dem eindringlichen Werben der Nationalisten und Militaristen nachgeben – und eben das führt zum Faschismus.
Jene aber, denen es gelingt, sich wirtschaftlich und moralisch aufzurichten, wählen den einzig richtigen Weg. Sie verzichten auf hegemoniale und andere aggressive Anwandlungen. Sie verzichten auf territoriale Ansprüche. Sie verzichten auf gewaltsame Konfliktlösungen und legen das in ihrer Verfassung nieder. Sie rüsten ab und lösen die Armee unter Beibehaltung eines höchstens symbolischen Waffenkontingents auf. Sie brechen vollkommen mit der unseligen Vergangenheit, nennen die Schuldigen beim Namen und richten sie für das, was sie dem Land angetan haben. Sie verkünden und verwirklichen die Demokratie. Sie gewährleisten gleiches Recht für alle und geben allen Völkern das Recht auf Selbstbestimmung in der von ihnen gewählten Form. In ihrer ganzen Tätigkeit lassen sie sich vom Zusammenwirken der Interessen des Einzelnen und der Gesellschaft als Ganzes leiten. Sie verzichten auf jede Form von Hochmut, den nationalen eingeschlossen, sie belehren nicht mehr alle anderen, sondern lernen selbst.
Anfänglich betrachtet man sie mit Schadenfreude, dann mit Bedauern, später mit Neugier und schließlich mit Bewunderung. Das ist der Augenblick, da man beginnt, von ihnen zu lernen.
Das westdeutsche Wirtschaftswunder stellte sich nach einer militärischen Niederlage ein. Das japanische Wirtschaftswunder ebenso. Wird es ein sowjetisches Wunder geben? Oder entfesseln wir den Bürgerkrieg, um uns für den nächsten Weltkrieg zu wappnen?

Aus dem Russischen von Bernd Funck

Beate Rausch
Moskauer Winter

Was hält hier eigentlich den Laden am Laufen, frage ich mich nun schon seit Jahren. Ob ich es hören will oder nicht, jeder erklärt mir, dieses Land werde, wenn nicht morgen, so sicherlich übermorgen endgültig zusammenbrechen. Katastrophenmeldungen allenthalben, jeder zaghafte Versuch, ein kleines bißchen Optimismus zu verbreiten, wird zunächst belächelt – diese naiven Westler! – und dann im Keim erstickt. Nichts, aber auch gar nichts, was zu Hoffnungen Anlaß gebe, sei weit und breit in Sicht.
Es scheint eine neue Art Wettbewerb im Gange zu sein: wer verbreitet am meisten Pessimismus? Doch der Alltag geht weiter. Irgendwie geht es eben doch weiter. Nur weiter abwärts. Wer glaubt, es könne nur noch besser werden, wird belehrt: es wird noch schlimmer kommen, und das ist auch ganz natürlich und normal, denn die Natur der Russen ist nun mal so – sie stürzen sich selbst mit Genuß ins Unglück. Man möchte meinen, die Russen seien beinahe stolz auf ihr Unglück. Oder sind sie bloß stolz auf ihre Überlebenskraft? Fragt man aber einen Russen geradeheraus, ob vielleicht dem russischen Nationalcharakter ein masochistischer Zug eigen sei, wird erschrocken abgewehrt: Was heißt hier Masochismus, man möge sich doch nur umschauen und begreifen, daß die Lage objektiv hoffnungslos ist, nicht mehr lange, und die Menschen würden wirklich Hungers sterben oder sich gegenseitig umbringen. Auf Schritt und Tritt Pessimismus, Depressivität, Gleichgültigkeit, Aggressivität, Lethargie. Zynismus und schwarzer Humor, schwärzer als der weltberühmte englische, sind noch die erträglichsten Äußerungen, denen man begegnet.
Die Lage ist tatsächlich finster, denke ich manchmal, wenn ich durch meterhohen Matsch und knietiefe schwarze Pfützen stapfe, wenn ich schon zum drittenmal an einem Tag in der hoffnungslos überfüllten Metro zusammengestaucht werde, ohne zu wissen wofür, oder eine Verkäuferin mich angiftet, nachdem sie zunächst sehr lange und gründlich durch mich hindurchgeschaut hat. Wer weiß, ob ich nicht morgen schon notgedrungen den Heimweg antreten muß. Es gibt Tage, an denen mir mit solcher Macht die Finsternis entgegenschlägt, daß ich mich frage, warum sich die Russen nicht

längst wie die Lemminge in ihre Wolga gestürzt haben. Woher kommt eigentlich noch ihre Kraft zum Durchhalten? Eine unverwüstliche Natur? Oder eine Leidensfähigkeit, die gefährliche selbstzerstörerische Züge trägt?
Es gehört hier zum guten Ton, alles Russische (mit Ausnahme von Puschkin selbstverständlich) in Grund und Boden zu stampfen, mit Schimpf und Schande zu überschütten und im selben Atemzug alles Westliche zu überhöhen. Die Bewunderung des angeblich goldenen Westens hat inzwischen einen makabren Höhepunkt erreicht, wie mir aus Berlin berichtet wird: die Rote Armee verscherbelt nicht nur ihre Mützen, das letzte Stückchen Selbstwertgefühl gegenüber dem Westen hat sich in Luft aufgelöst, der Sieger ist kein Sieger mehr, und ausgerechnet die haßgeliebten Deutschen werden zum Vorbild schlechthin. Der Meinung waren wir Deutschen ja schon immer: der Iwan ist faul, unfähig und dumm. Bei den Deutschen muß die Welt neuerdings wieder in die Lehre gehen. Zu dieser Einsicht scheinen nun endlich auch viele Russen gekommen zu sein.

Vor einem Hotel bemühe ich mich um ein Taxi. Ein freundlicher Mittvierziger steigt aus einem schwarzen Wolga und fragt mich, wo ich denn hinwolle und was ich bereit sei zu zahlen. Nachdem ich ihm mein Fahrtziel und meinen Preis genannt habe, entschuldigt er sich für einen Moment, um sich mit dem Fahrer des Wagens zu beraten, der wiederum, nachdem er sich höflich bei mir entschuldigt hat, ich möge einen Moment warten, im Hotel verschwindet. Fünf Minuten später kehrt er zurück und erklärt sich einverstanden, mich für den genannten Preis zu fahren. Der andere seinerseits fragt mich, ob ich was dagegen hätte, wenn er mitfahre. »Wenn Sie nichts Interessanteres zu tun haben ...« Ich habe nichts dagegen. Während der Fahrt kommen wir, der freundliche Beifahrer und ich, ins Gespräch, während der Fahrer weniger aufs Plaudern aus ist. Es stellt sich heraus, daß es sich um eine Art hoteleigenen Dienstwagen handelt, der Fahrer sich wie so viele andere auf diese Weise sein notwendiges Zubrot verdient und der andere als zweiter Installateur im Hotel angestellt ist. Ob er dort denn nicht dringend gebraucht werde, frage ich ihn. Ob ich mir ein Bein ausreißen würde für einen Lohn, von dem man erstens ohnehin nichts kaufen kann und der einem zweitens sowieso sicher ist, egal ob man sich nun kaputtmacht oder Däumchen dreht, ist seine Gegenfrage. Dieser Gesprächspartner ist eher gutgelaunt als miesepetrig, ein Businessman sowjetischer Bauart, ein Halsabschneider der sympathischen Sorte, einer, der sich notgedrungen seine Nische in dieser Mangelgesellschaft geschaffen hat. Nicht zum ersten Mal höre ich hier die Meinung, daß es sinnlos und dumm sei, am eigenen Arbeitsplatz etwas ändern zu wollen. Und auch, wenn er die Möglichkeit hätte, das Hotel zu kaufen und einen schwungvollen Laden daraus zu machen, würde er es nicht tun. »Wissen Sie, die Russen arbeiten nicht gern, und deswegen wird niemals etwas aus uns«, sagt er ziemlich fröhlich. Er hat eben sein Eckchen gefunden, in dem er existieren kann – ohne sich ein Bein auszureißen.

Und die junge, die Perestroika-Generation (die sich mit Händen und Füßen gegen eine solche Bezeichnung wehren würde)? Die einen haben sich den nötigen Zynismus zugelegt, glauben an nichts mehr und am wenigsten an ihre Eltern. Andere sind irritiert und ratlos, daß sie so plötzlich nicht mehr an die Hand genommen werden. Kaum einer erinnert mich an die Studenten der siebziger Jahre, die noch fleißig und ohne nach links oder rechts zu schauen studierten und brav ihre Marxismus-Leninismus-Vorlesungen besuchten. Die heutigen Studenten wollen davon nichts mehr wissen, einige von ihnen waren gar im goldenen Westen, wo ihre kühnsten Erwartungen übertroffen wurden. Kapitalismus ist gleichbedeutend mit Freiheit, darum heißt das Sesam-öffne-dich ja auch ›freie‹ Marktwirtschaft.

Aber auch kritische Stimmen bekomme ich zu hören; diejenigen, die erste Erfahrungen mit den Machern dieses ersehnten Systems hinter sich haben, sind vorsichtig geworden – sie haben die unmenschliche Seite des Paradieses handfest zu spüren bekommen. Einige meiner Studenten, zukünftige Dolmetscher und Übersetzer für Deutsch und Englisch, die schon während des Studiums Gelegenheit haben, sich in ihrem Beruf zu üben, wurden bei einer mir einigermaßen suspekten Veranstaltung mit deutschen Wirtschaftsexperten eingesetzt. Sie fühlten sich dort behandelt wie Tiere, erzählten, wie sie herumkommandiert wurden und zusehen durften, wie sich die Herren Wirtschaftsexperten, auf die das gesamte Land so große Hoffnungen setzt, vollaufen ließen.

Dumm sind sie wirklich nicht und auch nicht auf den Mund gefallen, was sie deutlich von den Studenten alten Schlages unterscheidet. Sie weigern sich, »in die Kartoffeln« zu fahren, weil sie nicht bereit sind, »die Fehler dieser Regierung auszubaden«. Da will weder Gruppengefühl noch Lagerfeuerromantik geschweige denn Idealismus aufkommen, Werte, die ihnen ihre Lehrer – die Elterngeneration – aufzuschwatzen versuchen. Sie wollen auch nichts davon wissen, daß sie ihr neues Selbstbewußtsein einem verdanken, dem im Westen ein Heiligenschein verliehen wurde – »euer Gorbi«, für den haben sie nur noch Spott übrig. No future? Viele heften sich dieses nun auch unter sowjetischen Jugendlichen in Mode gekommene Etikett an, und sie sind stolz auf sich, auf ihren Zynismus, doch dann sind sie wieder ganz brav und studieren fleißig – ein Relikt aus der Vergangenheit? – und schauen nach Westen, wo ja alles funktioniert, wo jeder, der sich nur anstrengt, jeder, der nur den nötigen Willen hat, es zu was bringt. Sie haben eine ungeheure Energie, und man möchte meinen, damit ist dieses Land noch zu retten. Aber auch das wollen sie nicht hören, zuviel Optimismus. Hier bringt es keiner zu was, das geht nur dort, im Land der unbegrenzten Möglichkeiten – hier stellen sich auch dem Energischsten, dem Begabtesten unüberwindliche Hindernisse in den Weg. Und da beginnt wieder der Pessimismus. Wollen sie denn das Land verlassen, die neuen Hans-im-Glücks? Nein, das nun auch wieder nicht.

Das kann doch alles nicht wahr sein, denke ich mir, es muß inzwischen dank Perestroika auch Russen geben, die sich nicht mit Schmutz bewerfen, sondern genug Selbstbewußtsein haben, daß sie auszubrechen versuchen aus diesem Teufelskreis. Ein Freund von mir (einer der wenigen aus dem Westen Zugereisten, die sich ihre Sympathie für das Land erhalten haben und weit entfernt sind vom Kolonialistengehabe so vieler westlicher Ausländer) arbeitet seit fünf Jahren in Moskau für eine westeuropäische Firma, die Kontakte zwischen westlichen und sowjetischen Betrieben vermittelt; er zerstört meine letzten Illusionen. »Wenn es nach mir ginge, hätte die Firma hier längst dicht gemacht. Alle diese westlichen Firmenvertretungen sitzen doch nur in den Startlöchern – jeder will der erste sein, sollte das Wunder doch passieren und sich hier ein enormer Absatzmarkt auftun.«
Bei der neuartigen Spezies der »Bisnessmeny« (Plural von sowj. »Bisnessmen«) grassiert offenbar die Kehrseite dieser Krankheit, die ich Selbsterniedrigung nennen würde – die Selbstüberschätzung. »Sie benehmen sich, als hätten die ehemals verachteten westlichen Kapitalisten nur darauf gewartet, mit ihnen Geschäfte machen zu dürfen, sie stellen die absurdesten Bedingungen, und das kann nicht nur an ihrer Unkenntnis marktwirtschaftlicher Beziehungen liegen. Dabei haben sie nichts anzubieten, so gut wie keiner der in den letzten Jahren abgeschlossenen Verträge zur Zusammenarbeit von Betrieben ist erfüllt worden. Vielleicht haben sie ja eine Ahnung von der eigenen Unprofessionalität, und das kippt auf einmal um in maßlose Selbstüberschätzung. Angriff ist nun mal besser als Verteidigung. Die Leute hier müssen sich erstmal über das Ausmaß ihrer Unfähigkeit klar werden. Das ist bis heute noch nicht geschehen, und das wird erst dann möglich sein, wenn diese Wirtschaft tatsächlich und unwiderruflich kaputt ist.« Keine besonders originelle These – etwas Neues kann nur da entstehen, wo das Alte zerstört wurde. Wie gern hätte ich gehört, daß sich der endgültige Absturz doch noch vermeiden läßt.

Und dann gibt es noch die alten Idealisten, diejenigen, deren Verzweiflung mich immer wieder anrührt. Sie schauen auf ihr Land und begreifen, daß sie sich mit ihrem Idealismus nicht einmal die nötigen Brötchen kaufen können. Man möchte ihnen Mut machen, sie darin bestärken, daß es außer den Brötchen noch Wichtigeres gibt und daß es für die Brötchen im übrigen allemal reicht, aber ach – auch sie werden korrumpiert, aus purer Not, und das Schlimmste ist, sie wissen es. Das Leben ist gnadenlos und es geht über jeden hinweg, der nicht bereit ist, sich mit den Realitäten zu arrangieren. Wer zu spät kommt, den bestraft das Leben ... Wer was zwischen die Zähne haben will, dem gehen die hehrsten Ideale flöten. Und wenn man diesen Realitäten nicht mit der gewissen Portion Masochismus begegnet, bleibt man einfach auf der Strecke. Hier haben Utopien nichts mehr verloren, und ich verstehe, daß Idealismus ein Luxus ist, den man sich leisten können muß.

»Helft Rußland!« Eine bundesrepublikanische Tante fragte mich nach Adressen von russischen Freunden, doch ich konnte mich nicht entschließen, sie ihr zu schicken. Ich hatte Angst, man könnte mich mißverstehen. Nur eine weitere Erniedrigung. Care-Pakete aus Deutschland, wie entsetzlich. Oder ist die Lage so ernst, daß sich solche Skrupel nur ein sattgefressener Westmensch leisten kann? Es gibt Zyniker, die noch weiter gehen – diese Hilfsaktionen verlängerten nur das Siechtum.
Meine älteste Leningrader Freundin rief mich an. Sie lebt mit Mann, Kind und Mutter in einer alten Petersburger Zweizimmerwohnung, Parterre, mit Blick auf die Müllcontainer. Ich fragte sie, ob sie irgendwas von der West-Hilfsaktion bemerkt habe. Sie erzählte, daß sie mit ihrer Mutter, die sich um zwei arme alte Omis und einen Haufen streunender Katzen kümmert, einen Besuch bei einer der beiden Omis gemacht habe, die in ihrer Anwesenheit ein deutsches Päckchen öffnete. Meine Freundin konnte die Tränen nur schwer unterdrücken.
Ich habe meine Moskauer Wohnung diesmal mit einem ziemlich flauen Gefühl im Magen hinter mir abgeschlossen. Das erste Mal habe ich Angst, Moskau vielleicht nicht so schnell wiedersehen zu können. Am Abend vor meiner Abreise rufen mich russische Freunde an: »Schalte den Fernseher ein – Schewardnadse hält seine Abschiedsrede vor dem Kongreß der Volksdeputierten.« Entsetzte Reaktionen von allen Seiten. Einer der ganz wenigen der alten Perestroika-Garde, die noch eine Art Respekt bei der Bevölkerung genießen, hat das Handtuch geworfen. Von drohender Diktatur ist die Rede, nur weiß noch keiner, wer der Diktator sein wird. Spekulationen über die Hintergründe dieses Rücktritts überschlagen sich. Der Taxifahrer,

der mich zum Flughafen bringt, scheint weniger beunruhigt. Ich frage ihn, was er über Schewardnadses Rücktritt denkt. »Ach, da wird sich schon ein Ersatz finden ... Wir haben schon andere überlebt. Und überhaupt, warum fragen Sie gerade mich? Was kann ich dazu schon sagen?«
Kurz vor meiner Abreise treffe ich noch einen russischen Bekannten, der mir einen Brief mitgeben will – die Post ist oft wochenlang unterwegs oder kommt überhaupt nicht an. In Ermangelung eines ›normalen‹ Treffpunkts – in einer ›normalen‹ Stadt würde man sich in einem Café treffen – verabreden wir uns bei einem Hotel. Bis heute kommen mir solche Verabredungen irgendwie lächerlich konspirativ vor. Ich weiß, dort gibt es ein sogenanntes Büfett, wo man vielleicht einen Moment sitzen kann. Kein angenehmes Publikum, Touristen, die üblichen Schwarzhändler und Prostituierten, aber was bleibt einem übrig. Mein größeres Problem ist, zusammen mit meinem Bekannten an den Hoteltürstehern vorbeizukommen, die gewöhnlich keine Russen ohne Hotelausweis einlassen. Ausländer werden eher toleriert, und in solchen Fällen kehre ich notgedrungen die Ausländerin heraus. Ich möchte meinen Bekannten nicht in die unangenehme Lage bringen, abgewiesen zu werden. Das ist eine der zahllosen erniedrigenden Situationen, denen sich meine russischen Freunde freiwillig nicht aussetzen. Wir passieren aber dieses Hindernis überraschenderweise ohne Probleme und nehmen an einem Tisch Platz, nachdem wir von der strengen Dame am Büfett einen Kaffee, eine Limonade und ein Mineralwasser bekommen haben. Der Fernseher brüllt sowjetische Popmusik. Mein Bekannter hat ein Fläschchen Kognak mitgebracht, er entschuldigt sich für die schlechte Qualität. »Die Russen sind Masochisten«, sagt er. Er hält sich selbst für einen solchen. »Die Russen haben so viele Jahre gelernt, ihre Wünsche und Träume zu unterdrücken, man hat ihnen eingetrichtert, daß sie kollektive Wesen sind, das Bewußtsein von Individualität ist von Grund auf zerstört. Sie haben sich daran gewöhnt, ein Nichts zu sein, und schließlich haben sie gelernt, sich selbst zu unterdrücken. Man muß ja mit dem leben, was erreichbar ist, da gibt es keinen Platz mehr für Hoffnungen oder gar Utopien.«

Meine Gedanken erscheinen mir plötzlich nur noch zynisch und abgestanden. Die Krise in diesem Land ist ernster, als ich es wahrhaben will. Es ist eine menschliche Krise. Die Menschen trauen einander nicht und sich selbst nichts mehr zu. Es gibt auch nichts mehr zu lachen.

Viktor Jerofejew
Der russische Riß

Das Geheimnis des Russen besteht darin, daß er einen Riß hat. Oder ein Loch. Oder ein Leck, um einen Begriff aus der Seefahrt zu verwenden. Jedenfalls hat er mit Sicherheit nichts Hermetisches. Kein Bewußtsein von sich selbst als Ganzheit, als abgeschlossene, vollendete Form. Wo ein Riß ist, da ist auch Gespaltenheit, Zerschlagenheit und Entleertheit. Wenn man anklopft, klingt es nicht hell, sondern seltsam, dumpf und eigenartig. Eine ganzheitliche Sache wirft nicht so viele Fragen auf. Sie ist da. Gut oder schlecht, sie existiert, und basta. Doch hier: wer hat den Riß verursacht? wann? zu welchem Zweck? oder hatte der Russe von Anfang an, von Natur aus einen Riß? Die Antwort fällt schwer.

Schlimmer noch, die Rettung fällt schwer. Mit einem Riß, mit einem Leck ertrinkt man unbedingt. Der Russe ist ein ewig Ertrinkender. Jedoch kein Ertrunkener. Im Grunde ist er ein nicht zu ertränkender Ertrinkender. In gewissem Sinne ist er ein *Wassermann*, der nie schwimmen gelernt hat. Man wirft ihm einen Rettungsring zu, Panik, man packt ihn bei den Haaren und schleppt ihn unter großer Anstrengung ans Ufer. Man hat ihn hingelegt, man macht Wiederbelebungsversuche. Der Russe ist schüchtern. Es ist ihm unangenehm, daß man Mühe mit ihm hat. Es ist ihm peinlich, daß er nackt ist, schlecht rasiert und überhaupt kein sehr ästhetischer Anblick. Es gefällt ihm nicht, wenn er nicht gefällt. Er wird mißtrauisch und aggressiv und zieht sich in sich zurück. Man wird ihm kein Wort der Dankbarkeit entlokken können. Er hat eine angestrengte, säuerlich-bittere Aura.

Hat er lange genug im Sand gelegen, erhebt er sich, bedenkt seine Retter mit einem trüben Blick und steigt langsam, mürrisch und unbeirrt ins Wasser. Um erneut zu ertrinken und sich zu quälen. Unversehens steigt der Verdacht auf: der ist ja besoffen, der Hund! Nicht ausgeschlossen. Obwohl er vielleicht auch nüchtern ist. Das ist nicht der Punkt. Der Punkt ist, daß er einen Riß hat – das stichfeste Alibi des Narren.

Mit einem Riß kann man unmöglich normal leben. Mit einem Riß kann man nicht fleißig arbeiten, sich über den Alltag Gedanken machen, sich eine glückliche Familie anschaffen und Seidenkrawatten kaufen. Mit einem Riß baut man keine Straßen ohne Löcher und wird nicht Apotheker. Einen Riß kann man verstecken, wie ein Hund seinen Schwanz einklemmt. Einen Riß kann man schlimmstenfalls zukleben. Aber der Klang wird trotzdem nicht der erwünschte sein: er bleibt dumpf und eigenartig. Man kann nur so tun, als ob nichts wäre. Mit List und Tücke. Doch List hin, Tücke her, irgendwie hat man eine unwiderstehliche Lust, Tapeten abzureißen oder zu beschmieren!

Der Riß ist der große Vorzug des Russen. Daß er das Beste ist, was Gott schuf, hat der Russe, und auch der bescheidenste und sanfteste, Tschechow inklusive, niemals bezweifelt. Daß er »ein Scheiß« ist, bezweifelt er ebenfalls nicht im geringsten. Die ganze russische Philosophie ist bei dieser völlig unvermuteten Polarität steckengeblieben. Die ganze russische Literatur ergötzte sich an der seelischen Weite ihrer Helden. Auch die Ausländer waren voller Bewunderung, in ihrer gesegneten Ahnungslosigkeit. Und wie sollten sie das auch verstehen, wo bei ihnen alles dicht ist, wo sie nicht den kleinsten Riß haben?

Man sieht den Russen mit scharfem Blick an. Er sieht einen mit scharfem Blick an. Und alles ist klar, und es braucht keinerlei Worte. Eben das geht nicht mit einem Ausländer. So vernünftige Überlegungen stellte zu Beginn des 20. Jahrhunderts Wassili Rosanow an.

Durch den Riß ist die russische Seele mit bloßem Auge zu sehen. Man kann sie mit dem Finger berühren oder gar ein wenig kitzeln. Wenn die russische Seele vom Kitzeln lacht, ist das ein Gelächter aus Leibeskräften. Die russische Fröhlichkeit ist eine überspannte Angelegenheit, die oft in Heulen und Zähneklappern oder in eine Schlägerei übergeht. Zuviel gekitzelt. Die russischen Lieder sind ebenfalls überspannt. Schwer und klagend. Und die russischen Märchen sind mal süßlich, mal wundervoll zynisch. Da werden Vernunft und Arbeit mit Verachtung behandelt. Da triumphieren Betrügerei und Wunder. Da regiert ein Fürst – der dumme Iwanuschka. Er mag seine Brüder nicht besonders: die ehrlich arbeitende Intelligenzija der Folklore.

Nicht umsonst fühlen sich die Theologen zum Russen hingezogen: er ist metaphysisch, die mystische Substanz der Seele hängt aus ihm heraus wie ein Schnupftuch aus der Tasche. Bei all ihrer rituellen Pompösität hat die russische Orthodoxie ebenfalls einen Riß. Bei all ihren farblich erstaunlich kraftvollen mittelalterlichen Ikonen ist sie schwarz-weiß, sie kennt keine Schattierungen. Sie ähnelt einem platten Reifen. Er liegt gewichtig und rollt schlecht. Es ist wunderbar, auf diesem Reifen zu sitzen, in den Sternenhimmel zu schauen und über die russische Gastfreundschaft nachzudenken. Der Wodka ist wohl das einzige geweihte Wasser, das, sosehr man sich auch anstrengte, im alten Rußland niemals ausging. Wunderbar, nirgendwohin fahren zu müssen.

Durch den Riß beobachtet die russische Seele unmittelbar, ohne das banale menschliche Sehvermögen zu Hilfe zu nehmen, die Welt und kommuniziert direkt mit Gott. Diese Erfahrung ist einzigartig. Nicht aus der Sicht der Ewigkeit, sondern des Risses. Diese Erfahrung ist das Gut der russischen Kultur. Glück und Stolz. Der vergangenen Kultur und der zukünftigen. Sie wird niemals arbeitslos sein. Im Gegensatz zur deplazierten russischen Zivilisation.

Was die Zivilisation angeht, sind die Russen empfindliche Imitatoren, besessen von dem paradoxen Gedanken, sie hätten alles früher und besser als die anderen erfunden, wären aber auf dem Jahrmarkt der Ideen von Juden und Ausländern beklaut worden. Nehmen wir ein Beispiel aus meiner Familie – mein eigenartiger entfernter Verwandter Popow hat das Radio vor Marconi erfunden. Das weiß in der UdSSR jeder Schüler. Auch ich bin selbstverständlich davon überzeugt.

Der französische Reisende Marquis de Custine, Autor des Buches »Rußland im Jahre 1839«, bemerkte, das Unglück der Russen bestünde nicht darin, daß sie Europa imitieren, sondern darin, daß sie es schlecht imitieren. 150 Jahre nach Custines Buch, das bis heute nicht vollständig veröffentlicht ist, da man irgendwie beleidigt war, ist die russische Seele immer noch nicht zu definieren: wer ist sie – eine Europäerin, eine Asiatin oder etwas ganz Spezielles? Die größten russischen Denker zerbrechen sich über dieser Frage den Kopf. In Wirklichkeit ist die russische Seele archaisch. Sie fürchtet alles »Fremde«, Coca-Cola nicht ausgeschlossen. Ihr scheint, daß dieses »schwarze Wasser« – eine Erfindung fremdländischer Hexenmeister – sie ihrer Keuschheit beraube. »Fremde« Kleidung erschreckt sie ebenfalls. Keine Potjomkinschen Dörfer der sowjetischen Mode, wie etwa die Kollektionen von Wjatscheslaw Saizew, können sie davon überzeugen, daß es sich um eine gottgefällige Angelegenheit handelt. Keine politische Neuerung kann sie aus dem Konzept bringen: sie verehrt Stärke und verachtet Schwäche. Sie ist Monarchistin und keine Pluralistin. Sie ist frei in ihrem versklavten Urzustand.

Der Riß ist der Hauptgrund für die ewige russische Unzufriedenheit, für Unersättlichkeit, Genügsamkeit, Unbescheidenheit und Trägheit. Das beste, schon legendäre Abbild der russischen Seele ist der Gutsbesitzer Oblomow, der hübsch und korrekt ein ganzes Leben verschlief. Er versuchte, sich zu verlieben – das klappte nicht. Die Liebesenergie war durch den Riß entschwunden. Durch den Riß entschwindet die ganze Lebensenergie. In den Riß dringt der ganze Müll der Welt ein. Um Energie zu bewahren, muß man lange schlafen. Die russische Seele braucht Ruhe. Die russische Seele wird niemals Ruhe finden.

Das Bauernvolk, vor beinahe tausend Jahren aus der freundlichen Sonne des von Steppenvölkern überfallenen und verwüsteten Kiew in die Taiga und den Schlamm des Nordostens geflohen, ahnte nicht im geringsten, daß dort, im Sumpf, eine neue Gemeinschaft von überhaupt nicht gemeinschaftlich gesinnten Menschen geboren würde – mit verletzlichen Seelen, die unter der Launenhaftigkeit des Klimas, dem widrigen Boden und dem unerträglichen, durch den Winter erzwungenen Müßiggang leiden.

Der im Westen unbekannte russische Historiker Kljutschewski, der sechs Jahre vor der bolschewistischen Revolution starb, war weitaus präziser als der weltweit bekannte Dostojewski, indem er nicht Konziliarität und Kollektivismus der russischen Seele, sondern ihre ewige Einsamkeit aufzeigte: »... Der Großrusse arbeitet besser allein, wenn ihm niemand zuschaut, und gewöhnt sich nur schwer an einträchtiges Tun mit gemeinsamen Kräften. Überhaupt ist er verschlossen und vorsichtig, geradezu scheu, brütet immer was eigenes aus, ist unkommunikativ, besser für sich als unter Menschen, besser zu Beginn einer Aufgabe, wenn er sich seiner selbst und des Erfolgs noch nicht sicher ist, und schlechter am Ende, wenn er schon einen gewissen Erfolg erzielt und Aufmerksamkeit auf sich gezogen hat: Mangel an Selbstbewußtsein spornt seine Kräfte an, Erfolg untergräbt sie.«

Der ungeduldige Halbgebildete und sensible Politiker Lenin, der Kljutschewski kein Gehör schenkte, verwandelte die russische Revolution in eine permanente Folter für die russische Seele. Doch wer wird ernsthaft bestreiten, daß das kommunistische Ideal in vielem dem russischen »Riß«-Bewußtsein entsprach? Daß Marx nur der Anlaß und nicht die Grundursache jener Leidenschaft für Gleichmacherei und Mißgunst gegenüber dem wohlhabenderen Mitmenschen war, die der durchschnittliche russische Charakter mit seiner »Riß«-Entropie ausschwitzt?

Heute bringen unerhörte Veränderungen die russischen Hirne zum Schmelzen. Nach Peter dem Ersten und Alexander dem Zweiten tut sich zum dritten Mal in der russischen Geschichte die Chance auf, aus dem Sumpf herauszuspringen. Der dritte Versuch im Laufe von drei Jahrhunderten. Der letzte. Springt, ihr Teufel!

Der Riß wird sich doch nicht schließen, als sei's eine Wunde?

An einem kalten Märzmorgen des Jahres 1990 brachte mich einer dieser älteren, geschwätzigen Taxifahrer zum internationalen Flughafen Scheremetjewo. Als er hörte, daß ich nach Paris fliege, fragte er mit unbeholfener Neugier:

»Stimmt das, was die Leute sagen, daß in Paris alle weiße Hosen tragen?«

Ich hatte das Gefühl, wir sind beide nicht bei Trost. Wie oft schon ist mir bei ähnlichem Unsinn angst und bange geworden um die neuen europäischen Pläne, um die russische Intelligenzija, die sich an parlamentarischen Spielchen zu orientieren sucht, um die Moskauer und Leningrader Jugendlichen, die heute ohne jede Bevormundung durch die Partei aufwachsen, um die Kaukasier, Litauer und nun um uns beide. Durch den Riß ist ein Jahrtausend an Zeit entschwunden. Wieder stand der Uhrzeiger auf russischer Ewigkeit. Die zutrauliche, listige und schmuddelige Seele, die von Dollars und Stalin träumt, sah mich fröhlich durch den Riß hindurch an. Es gab keinen Grund zur Verzweiflung.

Aus dem Russischen von Beate Rausch

Lew D. Gudkow
Die Dämmerung der Freiheit

Max Weber hat einmal gesagt, daß die bürokratische Herrschaft erst mit dem Zusammenbruch der ganzen Gesellschaft ende. Die Ereignisse in Osteuropa scheinen das nicht zu bestätigen, die kommunistischen Regime, die naturgemäß auf einer totalitären Bürokratie fußen, vollziehen den Übergang zu einem neuen politischen Zustand verhältnismäßig geordnet und fließend. Auch in der UdSSR hielt sich, allen früheren Erfahrungen zum Trotz, bis in die letzten Monate die leidenschaftliche Hoffnung, daß ähnliche Prozesse wie in Osteuropa in Gang gesetzt würden und daß der Wahlsieg der demokratisch gesinnten Kräfte genügen werde, um die Reformen unumkehrbar zu machen.

Rußland aber ist nicht Ungarn oder Polen. Die ehemaligen Vasallen des kommunistischen Imperiums können sich weder in den »Dienstjahren«, die sie hinter den Zäunen des sozialistischen Lagers verbrachten, noch im Tiefgang der vollzogenen Transformationen mit dem messen, was sich in der Sowjetunion zugetragen hatte, und sind deshalb nicht mit ihr vergleichbar. Es gibt keinen Zweifel daran, daß die Erfahrungen dieser Länder mit einer Rückkehr nach Europa wichtig und wertvoll sind; in der UdSSR studiert man sie mit wacher Aufmerksamkeit. Aber man kann sie eben nicht schülerhaft mechanisch auf die frühere Metropole übertragen. Zu groß sind die Unterschiede dieser Länder hinsichtlich der Kultur, der Institutionen und der geschichtlichen Wurzeln, die das Bewußtsein der Menschen noch heute prägen.

Es käme der Realität näher, würde man für das, was sich jetzt in der Sowjetunion vollzieht, nicht die Begriffe »Reform«, »Übergang«, »Transformation« verwenden, sondern die Kategorien »Zusammenbruch«, »Einsturz«, »Zerfall«. Selbstverständlich gab es auch früher schon manche, die das Scheitern des kommunistischen Systems voraussagten. Ein Beispiel ist A. Amalriks Buch »Wird die UdSSR das Jahr 1984 erleben?«. Doch sollten wir das Fragezeichen im Titel dieses Werkes, das immerhin vor fast zwanzig Jahren geschrieben wurde, nicht außer acht lassen. Für die überwiegende Mehrzahl der Intellektuellen, der Dissidenten oder einfach der denkenden

Menschen besaß die Vorstellung vom Niedergang des Sozialismus eher die Bedeutung eines Glaubensbekenntnisses, einer irrationalen und verschwommenen, aus ethischen Überzeugungen stammenden Hoffnung, als daß sie auf vernünftigem Kalkül oder analytischen Erkenntnissen gründete. Es versteht sich von selbst, daß man zu allen Zeiten untrügliche Anzeichen für den Niedergang der Gesellschaft, für das Versagen von Wirtschaft und Verwaltung entdecken konnte, sogar in Hülle und Fülle. Doch lassen sich daraus eben keine konkreten Prognosen ableiten, keine Fristen ablesen. Niemand vermochte mit Gewißheit zu sagen, wann das Ersehnte eintreten werde, ob in dreihundert oder in fünfzig Jahren; ob es den heute Lebenden noch vergönnt sei, mit eigenen Augen die kommunistische Ära enden zu sehen.

Anfänglich begegnete man den von Gorbatschow eingeleiteten Veränderungen nicht ohne Skepsis. All das hatten wir doch schon mal erlebt: An die Stelle der alten trat eine neue Clique. Dann stellte sich heraus, daß das totalitäre Regime zu einer Erneuerung aus sich selbst einfach nicht mehr fähig war. Entgegen der Absicht der Parteiführung konnte man es nicht bei einer bloßen politischen Reform oder einer kosmetischen Reparatur bewenden lassen. Die dumpfe, diffuse, bislang durch Alkoholismus, Witze und Gleichgültigkeit kompensierte Unzufriedenheit ließ sich auch durch die Angst vor Repressionen nicht länger zügeln und drohte sich gegen die Träger der Macht, die Autoritäten des Regimes zu richten.

Für den unaufhaltsam voranschreitenden Prozeß des Zerfalls lassen sich drei Grundsymptome anführen. Da ist erstens bei den Unions- und autonomen Republiken der Trend, sich für souverän zu erklären, was nichts anderes bedeutet als den mehr oder weniger offenen Aufruhr gegen die totalitäre Bürokratie und ihr symbolisches Zentrum, die zentralisierte Unionsverwaltung mit dem Oberkommando über Armee und Staatssicherheit. Äußerlich gegen das Diktat der Unionsministerien und -ämter gerichtet, deren Basis der militärisch-industrielle Komplex ist, zielt dieser Trend in Wahrheit auf die Vernichtung des Monopols der in Partei und Wirtschaft verankerten Bürokratie als der Hauptstütze des Sowjetimperiums. Solange es allein um das Baltikum ging, blieb die Zentralgewalt unerschüttert. Mit den die ganze Union erfassenden Streiks der Bergarbeiter, den Unabhängigkeitserklärungen der Ukraine und Rußlands, die an das Fundament des Systems rührten, änderte sich die Situation jedoch schlagartig.

Der Zerfall zeigt sich zweitens an einer Lähmung des Machtapparats, denn die erlassenen Gesetze und gefaßten Beschlüsse kommen auf der Unionsebene so wenig wie auf der staatlichen und kommunalen Ebene zur Anwendung. Bis zum heutigen Tag waren weder die ehemalige Partei- und

Unionsobrigkeit, die in allen großen Städten, aber auch in einigen Republiken (in Litauen, Lettland, Estland, Georgien, Armenien und teilweise in Moldawien) Wahlniederlagen hinnehmen mußte, noch die Neulinge in den Räten in der Lage, eigene Beschlüsse durchzubringen oder gar durchzusetzen, da von beiden Seiten Widerstand geübt wird, in gleicher Stärke. Die Lähmung der örtlichen Behörden gründet darin, daß es der neuen Macht an Kompetenz und Beziehungen mangelt und auch an dem Vermögen, den alten Apparat für sich arbeiten zu lassen. Die neuen demokratischen Abgeordneten sind unfähig, die Mechanismen des schwerfälligen Verteilungssystems zu bedienen, dem nun eine wichtige Komponente fehlt, nämlich die Knute der Partei. Ohne die mit einem entsprechenden Zwangsapparat ausgestatteten Parteiorgane erwies sich die Amtsgewalt der Räte als arbeitsunfähig, ein rein demagogischer Zierat. Wenn auch im eigenen Interesse, so haben die Parteiorgane doch durch den Einsatz von Druckmitteln die Koordinierung der einzelnen Teile des Gesellschaftsganzen erzwungen. Unter den heutigen Verhältnissen jedoch sieht sich die KPdSU samt allen ihren Einrichtungen – Armee, KGB, die Nomenklatur der Rats-, Wirtschafts- und Gewerkschaftsorgane – einer überaus heftigen Kritik ausgesetzt, die praktisch von allen neuen Bewegungen geübt wird. Das Ansehen der KPdSU ist auf den Nullpunkt gesunken. Nur jene Bevölkerungsgruppen, die wegen ihrer gesellschaftlichen Passivität, ihrer mangelnden Bildung und niedrigen sozialen Stellung auf der untersten Stufe stehen, also an den laufenden Prozessen einen minimalen Anteil haben, bewahren ihr ein gewisses Maß an Vertrauen. Außerhalb des Verwaltungsapparats findet die Partei nur noch bei einem Teil der Landbevölkerung, bei den Rentnern und den Militärs, die 10 bis 11 Prozent der Gesamtbevölkerung ausmachen, einige Unterstützung.

Das dritte Zerfallssymptom ist der tiefe Einbruch, der in den wirtschaftlichen und funktionalen Beziehungen zwischen den einzelnen Republiken, Gebieten, Zweigen und Betrieben zutage tritt. Höchst beunruhigt verweisen die Volkswirtschaftler auf das Wirtschaftschaos, das wegen der gänzlich desorganisierten Verwaltung unaufhaltsam voranschreitet. Die Fälle von Naturalientausch mit eigenen Erzeugnissen mehren sich in erschreckendem Maße. Das frühere, an seiner Überzentralisierung leidende bürokratische System ist unter den Bedingungen der Inflation und des allgemeinen Mangels an praktisch allen Waren, seien es Industrie- oder Konsumgüter, im Handumdrehen in seine Einzelteile zerfallen, als es sich seines wichtigsten Instruments, des außerökonomischen Zwanges, beraubt sah. Mit Ausnahme Rußlands haben heute alle Republiken den Warenexport untersagt, Zollstationen und Kontrollpunkte errichtet, also Zuflucht bei einem

Mittel gesucht, das schon im 17. Jahrhundert obsolet war. Gegenseitig verhängte Sanktionen, Blockaden und ökonomisch motivierte Drohungen erhöhen natürlich noch die Anspannung und Nervosität, die im Lande herrschen.

Eine nicht mehr zu kaschierende Verschlechterung der Lebensqualität, das Verschwinden selbst der einfachsten Waren des täglichen Bedarfs und die allgemeine Unsicherheit, was der morgige Tag bringen werde, schaffen – im Verein mit den von den alten Kräften geschürten Ängsten, den Gerüchten über eine drohende Hungersnot – eine Bürgerkriegsstimmung im Land, zugleich eine irrationale Atmosphäre der Erwartung im Glauben an übermächtige mystische Kräfte, die in der Gesellschaft wirken: die »Mafia«, eine Verschwörung der Bürokraten, der Spekulanten, der Drahtzieher der Schattenökonomie, der nationalistischen Extremisten usw. Selbst wenn man die parapsychologische Hysterie, die fast die Hälfte der Bevölkerung erfaßt hat, diesen Glauben an Zauberer, Heiler, Sterndeuter, Wahrsager und andere Wundertäter (erstaunlich für ein »atheistisches« Land, das siebzig Jahre lang den »religiösen Aberglauben« bekämpft hat!), wenn man all dies beiseite läßt, bleibt doch nichts anderes übrig als einzugestehen, daß die Gesellschaft der UdSSR krank ist, schwer krank.

Nur infolge der jahrzehntelang aufgezwungenen Dressur und dank der erst kürzlich erworbenen Fähigkeit zur Selbstorganisation kann der Haß gegen das System, die Macht, den Apparat einigermaßen im Zaum gehalten werden. Besonders scharfe Formen nehmen die Konflikte an den Rändern des Imperiums an (wo die kultivierte Schicht hauchdünn und der zivilisatorische Standard höchst zerbrechlich ist): es kommt zu Pogromen, zur Besetzung von Gebäuden der Partei oder der Miliz, zur Plünderung von Geschäften und Kooperativunternehmen; es kommt auch zu kollektiven Ausschreitungen gegen Menschen anderer Nationalität. Nicht irgendwelche Vorstellungen von einer besseren Zukunft oder einer neuen Sozialordnung bestimmen den Ablauf der Ereignisse, sondern die negative Einstellung zur Vergangenheit. Außer bei einigen kleineren Gruppen und den winzigen radikalen Parteien, die sich alltäglich konstituieren, vereinen und wieder trennen, orientiert sich das Bewußtsein der Gesellschaft nach rückwärts. Man wendet sich ab von einer unbestimmten Zukunft, voll des Schreckens vor einer immer noch lebendigen Vergangenheit. Und dies praktisch ohne eine Orientierung an Werten. Sowohl die Publizisten als auch die einschlägigen soziologischen Untersuchungen konstatieren einen scharfen Bruch in den Vorstellungen von der nächsten Zukunft. Die jahrzehntelang betriebene Kastration der intellektuellen und moralischen Eliten der sowjetischen Gesellschaft führte unvermeidlich zu einer Schwächung des kulturellen und historischen Bewußtseins, zur Überbetonung pragmatischer und relativistischer Verhaltensnormen und Handlungskriterien sowie zu einem konstanten Syndrom der Selbsterniedrigung und des Nihilismus.

In einer Gesellschaft mit solcher Vergangenheit ist die Schwäche der konstruktiven Einbildungskraft und des Vorstellungsvermögens keineswegs zufällig. Man könnte die russische Geschichte der letzten 150 Jahre auch als eine Geschichte der abortiven Modernisierung darstellen. Während der zweiten Hälfte des 19. und zu Beginn des 20. Jahrhunderts lag die Modernisierung im Interesse einer Erweiterung und Stärkung des Imperiums, also der zentralisierten Bürokratie, die sich in Opposition zur konservativen Ständearistokratie befand, und war ausschließlich durch eine autokratisch herrschende Regierung bestimmt. Stellvertretend für diese Politik können hier die Bemühungen des Grafen Sergei Witte und anderer Minister genannt werden, die sich vor allem um die Entwicklung der Schwer- und der Rüstungsindustrie und den Bau von Eisenbahnen kümmerten, gleichzeitig aber entsprechende Reformen in der Landwirtschaft, im sozialen Bereich und in der Ausbildung der bürgerlichen Gesellschaft zu verhindern wußten. Nirgendwo gab es eine so hohe Industriekonzentration wie im vorrevolutionären Rußland, insbesondere bei jenen Unternehmen, denen das Interesse des Kriegsministeriums galt und denen die intensive Kolonisierung der Randgebiete des Reiches oblag.
Eine weitere Sphäre der russischen Modernisierung hatte symbolischen oder ideologischen Charakter, denn als ihr Träger verstand sich die Intelligenzija, der daran gelegen war, die Widersprüche zwischen dem archaischen, traditionalistischen Volkskörper und der ihm übergestülpten europäischen Kultur hervorzukehren. Für sie war »der Westen« kein geographischer oder politischer Begriff, sie verstand darunter vielmehr eine Bildung, die gesellschaftliche Werte wie Wohlstand, Selbstbestimmung, bürgerliche Rechte und Freiheiten mit einschloß. Den »Westen« dachte man sich als etwas Unverrückbares, Ideales, ganz ohne die ihn kennzeichnenden dramatischen Widersprüche und Konflikte. Im Meinungsstreit jener Zeit (und bis in unsere Tage) bildete somit der »Westen« – als weltliches Surrogat religiöser Werte – ein Identifikationsmodell für eine Kultur, die auf der Suche nach dem Volkssubstrat, nach den Ursprüngen herumirrte zwischen der Mystik von Blut und Boden und der hautnah erlebten Rückständigkeit einer quasi patriarchalischen Gesellschaft. Ein zur Schau getragenes Christentum und die orthodoxe »Ritengläubigkeit« vermochten die Last eines gewohnheitsmäßigen, fast noch heidnischen Traditionalismus ethisch nicht zu rationalisieren. Die weltlich und radikal gesinnte Intelligenzija, in Oppo-

sition sowohl zur Reichsbürokratie als auch zum konservativen Landadel, untergrub durch ihr kritisches Verhalten systematisch die Legitimität der patrimonialen Sozialordnung. Man diskutierte die Instrumentarien eines intensiv betriebenen Fortschritts, die Aneignung westlicher Errungenschaften in Wissenschaft, Industrie, Bildung usw.; unberücksichtigt und unverstanden blieb hingegen die wertebezogene geistige und kulturelle Motivation, ohne die jene Errungenschaften kaum mehr als äußere Attribute wären.

Die eigentlichen Grundlagen einer bürgerlichen Gesellschaft entstanden erst zu Beginn des 20. Jahrhunderts in den großen städtischen Zentren Rußlands, die als Enklaven des modernen Lebens gelten konnten. Sicher ließe sich endlos darüber streiten, welchen Weg das Land gegangen wäre, wenn man andere Mittel zur Kanalisierung der Spannungen hätte finden können. Eines jedoch bleibt unumstritten: Die russische Gesellschaft mit ihren sozial rückständigen Randgebieten, einem gut drei Viertel der Bevölkerung ausmachenden halbfeudalen Bauerntum einerseits und dieser kritischen, aufrührerischen, an modernen Trends orientierten Intelligenzija und einem ebensolchen liberalen Bürgertum andererseits wäre unter der Bürde des imperialen Systems zusammengebrochen.

Es handelt sich bei den einschneidenden Ereignissen wie etwa dem Ersten Weltkrieg, den periodisch wiederkehrenden revolutionären Erschütterungen, dem Bürgerkrieg oder dem zum Zwecke der Kollektivierung und Industrialisierung eingesetzten bolschewistischen Terror ja nicht einfach um irgendwelche Episoden im Ablauf einer sozialen und historischen Katastrophe, vielmehr um eine Reaktion der gegen die Modernisierung angetretenen Kräfte auf die bisherigen Anpassungsversuche. Die Repressalien der zwanziger bis vierziger Jahre sollten nicht nur die traditionalistischen Grundlagen der alten Gesellschaft zerstören, sondern auch laufende Prozesse wie die soziale Differenzierung und die gesellschaftliche Integration blockieren. Das totalitäre Regime, das sich im Interesse seiner eigenen Legitimation vieler Elemente der Modernisierungsideologie bediente, gab sich keineswegs mit dem Monopol auf die Verwaltungsmedien, das System der nichtökonomisch begründeten Ressourcenverteilung und die Informationskanäle zufrieden, es beanspruchte auch die unumschränkte Herrschaft über die Mechanismen der soziokulturellen Reproduktion, wodurch es ihm gelang, sämtliche innovativen Impulse lahmzulegen. So gesehen erscheint der Stalinsche Sozialismus als Abart eines erschreckenden Neotraditionalismus – ein urbanisiertes »Polynesien«, ein soziales System, das seiner kommunikativen Medien und seiner Differenzierungsmechanismen beraubt wurde. Bloße Gewalt aber genügte nicht, um den neuen Primitivismus zu stützen.

Deshalb setzte bereits Mitte der dreißiger Jahre eine gegenläufige Rezeption der Symbole der imperialen Großmachtsideologie ein: man griff erneut zur erprobten Mythologie eines russisch-imperialen Nationalismus, der sich in nicht unbeträchtlichem Ausmaß bis heute zu behaupten wußte.

Auch heute noch bildet der Glaube an die Macht, die Identifizierung mit dem Staat als einziger integrierender Kraft die Grundlage der Sowjetmentalität (in dem Maße nämlich, in dem man vom Homo sovieticus sprechen kann). Im gesellschaftlichen Verkehr der einzelnen Völker miteinander dient die Sprache der Gewalt und Aggression auch weiterhin als einziges, gewissermaßen offizielles Verständigungsmittel. Aus der Sicht eines passiv konsumierenden, nicht leistungsorientierten Subjekts, dem ein ausgeprägter Sinn für Individualität und somit auch das Streben nach persönlichem Erfolg und das Gefühl persönlicher Verantwortung abgehen, tritt der paternalistische Staat (selbst in seiner negativen Gestalt) als Quelle aller existentiellen Mittel und Möglichkeiten auf. In mancher Hinsicht gehen die gegenüber der Zentralgewalt erhobenen Ansprüche im Verein mit dem ständig wachsenden Negativismus darauf zurück, daß sie sich als außerstande erwiesen hat, frühere Versprechen einzulösen, die ja nicht nur auf dem Papier standen, sondern sich teilweise schon – freilich mehr schlecht als recht – im Stadium der Verwirklichung befanden. Es ist also keineswegs so, daß der totalitäre Staat per se als Quelle des Bösen und der Unfreiheit gegolten hätte.

Solche Einstellungen kennzeichnen vor allem die in den Gebieten mit Mischbevölkerung siedelnden Russen, wo sich ein Maximum an Russifizierung (Sowjetisierung) einstellen konnte und die Großmachtideologie ihre höchste Entfaltung erfuhr. Bis in die jüngste Zeit hinein bestand zwischen der unionsbezogenen, imperialen Symbolik und ihrem russischen Pendant de facto kein Unterschied: Ihre Vermittlung und Ausbreitung erfolgte über das Medium Schule und Ausbildung, über die Armee, die Massenkultur der Druckmedien – sie alle feierten die imperialen Werte. Darin unterscheidet sich der heutige russische Nationalismus prinzipiell etwa vom lettischen oder estnischen.

In den baltischen Ländern wurde infolge einer Jahrhunderte währenden Fremdherrschaft – durch Deutsche, Schweden, Russen – die Familie zum Hort nationaler Gefühle und Traditionen sowie der Pflege der Muttersprache. Außer während einer kurzen Periode der Unabhängigkeit in den zwanziger und dreißiger Jahren hatten diese Völker niemals Gelegenheit, die Eigenstaatlichkeit oder öffentliche Institutionen wie Kirche, Bildung, Rechtspflege als Grundbestandteile ihrer Nationalkultur zu erleben. Dank

der Sprachbarriere gelang es aber der Familie, der Dorfgemeinde, zeitweilig auch der Schule, nicht allein die Volksbräuche, sondern auch die Idee einer nationalen Zusammengehörigkeit und Souveränität am Leben zu erhalten. Unabhängig von dem, was sich in den höheren Rängen der Politik und Verwaltung tat, lief das Leben »unten«, dort, wo man unter seinesgleichen war und die gemeinschaftlichen oder persönlichen Beziehungen auf seine Weise regelte, weiter – trotz aller Repressalien und Verfolgungen. So konnte es geschehen, daß bei den ersten Anzeichen von Schwäche, bei den ersten Rissen im Gebäude des Totalitarismus das Baltikum sich mit aller Gewalt aus den Fängen des Sowjetsystems zu befreien begann. Im Gegensatz zu den russischen und ukrainischen Verhältnissen, wo der Samisdat eine große Rolle spielte, hatte sich hier kein Kommunikationsnetz illegaler Verbindungen gebildet. Die Bewegung der national und demokratisch gesinnten Kräfte entwickelte sich seit 1987 gänzlich im Rahmen der Legalität, inspiriert von einer bodenständigen Intelligenz, die sich von Kindesbeinen an auf die Stärkung aller nationalen Kräfte und die Übernahme einer entsprechenden politischen und kulturellen Führungsrolle eingestellt hatte. Treffend charakterisiert dies die bei einer Umfrage gegebene Antwort, im Baltikum sei die Sowjetmacht »wie Schorf abgefallen«. Die Differenzierung der Sozialstruktur vollzog sich daher mühelos nach nationalen Merkmalen. Es war die russischsprachige Bevölkerung, zumindest jener Teil, den die Leitungsorgane der Unionsbehörden und des übrigen Machtapparates aufgewiegelt hatten, die dieser Bewegung Widerstand entgegensetzte. (Die nichteinheimische Bevölkerung ist mehrheitlich in der Rüstungsindustrie und mit ihr verbundenen Wirtschaftszweigen beschäftigt, während die einheimische Bevölkerung die soziale Infrastruktur trägt, also Landwirtschaft, Dienstleistungen, örtliche Industrie, Wissenschaft, Kultur usw.)
In Mittelasien, Kasachstan und anderen östlichen Randgebieten des einstigen Imperiums schlägt die nationale Konsolidierung ganz andere Wege ein. Der Schaufenstercharakter der Sowjetmacht als Verwaltungsinstanz verdeckt lediglich die tief verwurzelten und weitverzweigten traditionalen Stammesbeziehungen. Ein auch nur oberflächliches Verständnis des modernen Kasachstan oder Usbekistan ist ausgeschlossen, wenn man die Konkurrenz der wichtigsten Stammesorganisationen unberücksichtigt läßt, die untereinander um Einflußsphären kämpfen und intern über Machtkompetenzen, Ämter- und Güterverteilung wachen. Hier gewinnt das Nationalgefühl eine Schutzfunktion gegenüber den mächtigen Cliquen und Clans, die mit dem Partei-, Wirtschafts- und Staatsapparat versippt und verschwägert sind. Von oben unterstützte Unabhängigkeitsbewegungen dienen hier nur der Verfestigung der totalitären, halbfeudalen Strukturen, die sich viel von

den ehemaligen zentralen Organisations- und Kontrollformen angeeignet haben.
So ist es keineswegs zufällig, daß Teile der nationalen Intelligenz sich zur inneren Opposition sowohl gegen die örtlichen, durch und durch korrumpierten Behörden als auch gegen das Unionszentrum gedrängt sehen. Im übrigen betrifft die proklamierte Unabhängigkeit der mittelasiatischen Republiken vom Zentrum nur die administrativen Belange der Verwaltung, da diese Gebiete, die wirtschaftlich vor allem als Konsumenten in Frage kommen, unter den gegenwärtigen Bedingungen sich kaum selbst versorgen können. Dies gilt besonders dann, wenn man die dem islamischen Traditionalismus geschuldete Verschlechterung der demographischen Situation und die daraus folgende wachsende Verarmung in Betracht zieht. Deshalb müssen wir in dem erst jüngst geschaffenen Block der mittelasiatischen Republiken unter kasachischer Führung eine rein konservative Reaktion gegen die in Rußland, der Ukraine und den baltischen Republiken laufenden Demokratisierungs- und Liberalisierungsprozesse sehen.

Bei den Russen zeitigte die Krise der Macht im Gegensatz zu anderen Völkern gewissermaßen eine Schockwirkung, da sie sich mehr als die anderen mit den Machtstrukturen der Union identifiziert hatten. Die das Reich erschütternden Zerfallsprozesse führten bei ihnen zu einer tiefen, sich ständig verstärkenden sozialen und kulturellen Frustration, ja zum Verlust der Identität. Soziologische Untersuchungen zeigen, daß der Index der Massenfrustration in den letzten zwei Jahren von 7 auf 48 Prozent anstieg.
Als das Großmachtbewußtsein zerfiel, trat ein breites Spektrum von Varianten des russischen Nationalbewußtseins zutage; es reicht vom aggressiven Neostalinismus bis zu romantisch-konservativen Blut-und-Boden-Utopien und einem orthodox-monarchistischen Chauvinismus. Mit Ausnahme des passiven Typs eines gemäßigten Großmachtbewußtseins, der, insbesondere unter dem zunehmenden Einfluß von Demokraten, zu Toleranz und Liberalität neigt (denn für Demokraten ist die nationale Frage nur bedingt von Bedeutung), erscheinen alle übrigen Spielarten des russischen Nationalismus als krankhafte oder infantile Reaktionen mit einer starken Tendenz zum russischen Isolationismus (dessen Grundthesen als erster, schon in den sechziger Jahren, Solschenizyn formulierte; erst kürzlich wiederholte er sie in seinem Manifest »Rußlands Weg aus der Krise«, dessen Botschaft übrigens fast ungehört verhallte). Das Selbstbewußtsein der Russen ist infolge der Diskreditierung, die sich die Sowjetmacht auf allen Ebenen einhandelte, und des Verlusts ihrer symbolischen Werte in dem Maße angeschlagen, wie die Symbole imperialer Macht, die Rolle des Siegers im

Weltkrieg, die Position des Großen Bruders für die Länder des sozialistischen Lagers und in der Dritten Welt früher alles Denken und Streben beherrscht hatten. Diese Krise der kulturellen Identität, die Züge einer kollektiven Neurose trägt, hat mittlerweile nicht nur die eigentlichen Machtstrukturen, sondern auch die mit ihnen verbundenen – in der totalitären Gesellschaft ist alles miteinander verquickt und verkettet – Institutionen erfaßt, von der Schule bis zum Gesundheitswesen und zur Wissenschaft.
Erschwerend kommt hinzu, daß die intellektuelle Elite, die Entwicklungsalternativen aufweisen und die Erfahrungen anderer Länder rezipieren könnte, in der Gesellschaft keine maßgebliche Rolle spielt und durch ihr früheres Seilschaftsverhältnis zur Partei belastet ist. Die »Elite« war – und bleibt teilweise auch jetzt – ein Bindeglied im Dienstleistungs- und Sicherheitssystem des totalitären Regimes. Unter den gegenwärtigen Bedingungen erweist sich ein großer Teil der geisteswissenschaftlichen Intelligenz nicht nur als impotent, unfähig zur Innovation, zur Artikulierung der vielfältigen Interessen, zur Schaffung neuer Wertorientierungen, Handlungs- und Denkmuster, sondern sie erweist sich auch als viel konservativer und ideologisch aggressiver denn die Technokraten und die Vertreter der angewandten und der Naturwissenschaften. Aus diesem Grunde sind die von den Demokraten proklamierten sozialpolitischen Projekte westlichen Zuschnitts und die Programme für den Übergang zur Marktwirtschaft, zum demokratischen Parlamentarismus usw. von einer oft peinlichen Plakativität – romantische Politrhetorik. Indem ihre Verfasser diese oder jene Thesen und Slogans zur Modernisierung vortragen, versäumen sie es – zum wievielten Mal schon? –, die den realen Bedingungen entsprechende gesellschaftliche Kräfteverteilung im Land, die zu erwartenden Widerstände, die Gegner und deren Interessen zu berücksichtigen, weshalb sie nicht damit rechnen können, daß ihre Vorstellungen und Ziele Unterstützung finden und sich durchsetzen lassen werden. Diese Programme leben in hohem Maße von dem für Dissidenten so typischen Pathos einer ethischen Bereitschaft zum Widerstand gegen die Diktatur, sind aber selten vom pragmatischen und rationalen Denken des Politikers geprägt. Im Bewußtsein der Massen findet der kritische Eifer der demokratischen Führer einen größeren Widerhall als ihre ökonomischen und politischen Zielsetzungen.
Doch auch mit der intellektuellen Energie und Überzeugungskraft der Ideologen des russischen Nationalismus ist es nicht weit her. Im Grunde nützen sie jenes Gefühl der Erniedrigung, Scham und Desorientierung für sich aus, das sich mit dem Zusammenbruch des Imperiums einstellte. In der Gesellschaft vermögen sie ihren Status nur mit dem fragwürdigen Argument zu untermauern, daß sie zur Klärung der jetzigen Krise durch die

Aufrichtung eines Feindbildes beitragen können. Den Feind, der Rußland und das russische Volk bedroht, finden sie nicht in den Sphären der Macht, nicht im Sowjetregime; vielmehr sind es die Träger der Innovation in jedem Bereich, vor allem die der nationalen Frage neutral gegenüberstehenden Anhänger einer Modernisierung nach westlichem Vorbild, die zu Gegnern werden müssen. So kann der Feind, jene mystische Kraft, die das russische Volk ins Unglück stürzt, von ganz verschiedenem Aussehen sein und in höchst unterschiedlicher Gewandung auftreten: vom »Juden«, »Freimaurer«, »Ausländer« bis zur westlichen Kultur, der Rockmusik, dem industriellen Fortschritt ist alles möglich, die kommunistischen Ideologen und Revolutionäre selbstredend nicht ausgenommen.

Gemessen an den Traditionen des russischen Konservativismus, der niemals durch besondere Raffinesse oder Ideenreichtum glänzte, nehmen sich die russischen Nationalisten von heute wie Epigonen aus. Nicht zuletzt aus diesem Grund fanden ihre Auffassungen vor allem im Milieu der provinziellen und ziemlich ungebildeten Intelligenz, besonders in der großrussischen Schreiberzunft, bei Lehrern, Journalisten, kleinen Partei- und Wirtschaftsfunktionären, kurz bei all denen Anklang, die sich in ihren Minderwertigkeitsgefühlen, ihrer Konkurrenzscheu, dem Bewußtsein ihrer Drittklassigkeit, gemessen an der hauptstädtischen Nomenklatur, miteinander verbunden wußten. Der Zusammenschluß der antikommunistischen Nationalisten mit den Partei- und Armeebürokraten scheint nur auf den ersten Blick paradox. Die ihnen gemeinsame aggressive Ablehnung der eingeleiteten Veränderungen und der ihnen drohende Abtritt von der gesellschaftlichen und politischen Bühne kettet sie aneinander und zwingt sie zur Verteidigung des Reiches und der es verewigenden nationalistischen Ideologie.

Wegen der dem Nationalismus inhärenten Unfähigkeit, ein positives Programm aufzustellen und Werte aufzurichten, die im Volk Anklang finden, weil sie seine Interessen und Erwartungen widerspiegeln, erfreut sich der russische Nationalismus keiner besonderen Beliebtheit. Anhänger findet diese Bewegung höchstens bei einem Fünftel der russischen Bevölkerung und dürfte, nach Ergebnissen der Meinungsforschung zu schließen, mit der Zeit stark zurückgehen. Die logische Falle, in der sich der nationalistische Konservativismus immer wieder fängt, scheint unvermeidbar zu sein: Indem er ein Feindbild beschwört, ruft er auch nach der Macht, die diesen Feind vernichtet. So stattet er die Macht gewissermaßen mit einer neuen (richtiger: mit der traditionell imperialen) Legitimation und Legitimität aus, was ihn hart mit der allgemeinen Ablehnung der Macht in ihrer jetzigen Form konfrontiert.

Der Zustand, in dem sich der »kleine Mann« in der Sowjetunion befindet, wäre demnach nicht nur als der des Unterdrücktseins schlechthin zu umschreiben, sondern auch mit dem Begriff der Anomie zu definieren. Angesichts des Bankrotts der Macht oder, wie man heute zu sagen pflegt, des »Systems« scheint es unausweichlich zu sein, mit den vergangenen 73 Jahren das finstere Bild eines nationalen Kannibalismus, der Selbstzerstörung, grausamer und sinnloser Opfergänge zu verbinden. Was einst allen als lichte Zukunft galt, der zuliebe unvorstellbare Entbehrungen, Angst, Hunger, der Verlust menschlicher Werte gerechtfertigt erschienen, stellt sich heute als Qual, als die Ausgeburt einer krankhaften Psyche, als nebulöses Phantombild dar. Nicht einmal der Trost, der in den anderen Republiken die Euphorie der nationalen Befreiung und Wiedergeburt bietet, bleibt den Russen, da sie sich nicht vorstellen können, von wem sich Rußland, die Basis der Sowjetunion, denn befreien sollte.

Die Folgen eines langfristigen Anpassungsdefizits mit pathologischen Veränderungen in der Psyche und im Verhalten von Häftlingen, demobilisierten Soldaten und Patienten nach längerem Klinikaufenthalt haben die Sozialpsychologen beschäftigt. Sie beschrieben Zustände von Unsicherheit, infantiler Abhängigkeit, Verlorenheit, Entscheidungsschwäche, Verantwortungsscheu, eine Verengung der eigenen Wirkungsräume und Bedürfnisse, ein gestörtes Verhältnis zu den anderen, normalen und freien Menschen. Diese Zustandsbeschreibung paßt heute für die gesamte Sowjetgesellschaft. Schon unter Breschnew trug das Land die Züge eines alten, abgewohnten, verwitterten, dahindämmernden Konzentrationslagers, in dem Häftlinge und Bewacher den früher vorhandenen festen Glauben an die Notwendigkeit dieser Einrichtung längst verloren hatten. Das »Lager« funktionierte nach seinen brutalen Gesetzen, obwohl es in jener Talsenke hinter Stacheldraht schon lange keine Erschießungen mehr gab. Zwar wurden mit dem Anbruch der neuen Zeit die Lagertore geöffnet, die Wachhunde entfernt, der Strom in der Umzäunung abgestellt – aber niemand hat auch nur die leiseste Ahnung, wie man die Barackenbewohner und die Lagerleitung von einst der Gesellschaft zivilisierter Menschen anpassen, wie man dem »Arbeitslager« von einst eine normale, alltägliche Produktionsatmosphäre geben könnte.

Es geht hier keineswegs um das Gefühl einer verfluchten Bindung an das Lager, jene paradoxe existentielle Dankbarkeit, von der nicht nur Solschenizyn zu berichten wußte und die entfernt an die »Liebe zur Bombe« erinnert, die R. Lifton 1945 bei Einwohnern von Hiroshima beobachtete. Eine solche Bindung mag vielleicht bei einem kleinen Teil der von patriotischen Gefühlen beflügelten Intelligenz zu finden sein, nicht aber in der breiten

Bevölkerung. Ich denke mehr an das im Massenbewußtsein fest verankerte Bedürfnis nach Gerechtigkeit, das alle übrigen Werte und Handlungsmotive verdrängt. Dieses Bedürfnis äußert sich in einer breiten Skala von Wunschvorstellungen; sie reichen von historischer Rache an den Kommunisten (dem moralischen Gericht über Lenin und die ganze Partei) bis zur Gleichstellung aller Mitglieder der Gesellschaft, der Wegnahme von Privilegien, Vorteilen, Pfründen usw. Die an die Führung, die Regierung, die Machtorgane gerichteten hartnäckig-ungeduldigen Rufe »Her damit! Her damit! Her damit!« übertönen alles andere. Unter denen, die fordern, sind alle vertreten: Rentner, Grubenarbeiter, Erdölmechaniker, Kulturfunktionäre, Ärzte, Agrarbürokraten, Lehrer, die Miliz. Da fehlen nur die in der Rüstungsindustrie Beschäftigten – kein Wunder, denn ihnen fließt der Löwenanteil des Sozialprodukts zu.

Gerade in diesem Verlangen nach materieller Gerechtigkeit muß heute einer der Hauptfaktoren der von den Konservativen ausgehenden Behinderung der sozialen Dynamik erkannt werden. Die Abhängigkeit von der paternalistisch strukturierten, die Verteilung dirigierenden Macht blieb im Massenbewußtsein bei allem Haß auf die Führung unangetastet, da es diese Macht trotz ihres augenfälligen Scheiterns verstanden hat, selbst den Gedanken an eine andere Lebensweise auszumerzen und jede Regung individuellen Unternehmertums zu unterdrücken. Der Alltagsmensch reagiert auf jede Art von egalitärer Armut, Erniedrigung und Vergewaltigung bemerkenswert unempfindlich, nimmt jedoch jeden sichtbaren Erfolg mit Intoleranz wahr, besonders dann, wenn dieser und der daraus erwachsende Wohlstand mit Mitteln erzielt wurden, die für das sowjetische Vorstellungsvermögen ungewöhnlich sind: durch Unternehmergeist, Handel, Initiative. Ein auf Gleichmacherei orientiertes Neidbewußtsein stellt wohl das größte Hindernis auf dem Weg zur Marktwirtschaft dar. Für seine Beseitigung bedarf es eines längeren Zeitraums, da jener Neid während der ganzen Sowjetperiode gehegt und gepflegt worden ist und überdies Wurzeln in der russischen Kultur besitzt, die sich stets der Entfaltung des Unternehmergeistes in den Weg gestellt hatte. Der Bürgerkrieg und die systematisch betriebenen Repressalien der zwanziger und dreißiger Jahre haben die ökonomisch motivierten Schichten vernichtet und an ihre Stelle die allmächtige Bürokratie gesetzt, die um eines für die Zukunft verheißenen Überflusses willen allen das Armutsgelöbnis abforderte. Infolgedessen wurde sehr bald das überlieferte Gratifikationssystem erschüttert und die Möglichkeit des sozialen Aufstiegs beschnitten – der Wert der Privatinitiative, der Selbstachtung und des Selbstvertrauens fiel rapide. Die Pervertierung der fundamentalen Rollenstrukturen der Gesellschaft, die eine normale soziale Reproduktion gewährleisten, erzeugte ein im heutigen russischen Bewußtsein dominierendes Gefühl der Erniedrigung, der Frustration und des Verlusts der persönlichen Würde. Die Repressionen zielten in ihrer mildesten, nicht-tödlichen Form der post-stalinschen Epoche nicht eigentlich auf abweichendes Verhalten, politisch oder ideologisch verstanden, sondern trafen nur den Motor der sozialen Motivation, die Gratifikationen, die Karriere. Sie sicherten einerseits ein gewisses Grundpotential an menschlichen Ressourcen (die nach den Kriterien der Anpassungsfähigkeit, des Konformismus, der Faulenzerei und Pfuscherei sowie der Inkompetenz ausgewählt wurden, wenn es Stellen zu besetzen galt) und förderten andererseits den Ersatz der herkömmlichen Werte Erfolg, Anerkennung, Belohnung durch kompensatorische Mechanismen wie den weit verbreiteten Alkoholismus und die verschiedenen Formen der Entspannung einschließlich dessen, was als Apathie und Gleichgültigkeit erscheint, zudem die vielfältigen Phänomene sozialer Pathologie, etwa eine diffuse Alltagsaggressivität oder kriminelles Verhalten, wie sie im Westen nicht anzutreffen sind.

Ganz im Gegensatz zu den Ereignissen in Osteuropa, wo der Niedergang des Totalitarismus Euphorien und Zukunftshoffnungen auslöste und zur nationalen Konsolidierung beitrug, führte die Machtkrise in der UdSSR zu einem Schwächesyndrom und einer sich ausweitenden Identitätskrise, zu Frustration und zum Verlust der nationalen Selbstachtung. Mit der Ausbreitung der sozialen Freiheit stellt sich langsam, aber mit steigender Tendenz eine negative Selbsteinschätzung ein, die zum Zerfall des Selbstbewußtseins und zu einem erheblichen Motivationsschwund führt. Falls es in der UdSSR nicht zu einem plötzlichen »Einfrieren« der Reformen als Folge eines militärisch-politischen Umsturzes kommt, werden sich die Veränderungen nicht als Anpassung der alten Mentalität an die neuen Bedingungen vollziehen, vielmehr werden jüngere Generationen die alten Denkweisen allmählich gegen neue austauschen, was längere Zeit dauern wird.

Vergleichende Untersuchungen zeigen, daß die Träger der sozialen Dynamik und der unternehmerischen Initiative aus den jüngeren Gruppen stammen, die auch der kommunistischen Ideologie freier und toleranter gegenübertreten. Es handelt sich hauptsächlich um Geburtsjahrgänge, die nach dem XX. Parteitag der KPdSU, mit dem der ideologische Zusammenbruch einsetzte, ins Leben traten. Die Hauptmasse der Bevölkerung aber, und zwar vor allem Russen, Weißrussen und die Bewohner der östlichen Randzonen, klammert sich an eine rigide, konservative, antiindividualistische Mentalität. Das Wirken spezifischer kultureller Mechanismen, die die Entwicklung, Differenzierung und Autonomisierung des Individuums behindern, aber die Loyalität zum bestehenden Sozialsystem fördern, in dem

persönliche Initiative und rationales Handeln als suspekt gelten, belegt eine auf der Selbsteinschätzung des Nationalcharakters basierende Analyse der nationalen Mentalität. Die Russen beschrieben sich in der überwiegenden Mehrheit als »einfach«, »offen«, »geduldig«, »friedlich«, »treu«, »zuverlässig«, »unpraktisch« und »verantwortungslos«, »erniedrigt und vergessen« usw. Die normativen Modelle der nationalen Identifikation enthalten also Muster einer gemeinschaftlichen, nicht-individualisierten Zugehörigkeit zu bestimmten Sozialstrukturen und Formen kollektiver Solidarität, hinter denen sich das Wechselspiel von Herrschaft und Unterwerfung, Willkür und Gewalt verbirgt, das durch die symbolische Autorität und das Prestige der tragenden Macht kompensiert wird. Läßt man einmal den psychologischen Aspekt der als »Schlichtheit und Offenheit« gekennzeichneten und hoch veranschlagten Eigenschaft beiseite und wertet sie als Fähigkeit zum sozialen Austausch, so schlägt sie um in die Wunschvorstellung einer so gut wie unstrukturierten Gesellschaft, in mangelndes Verständnis für komplizierte gesellschaftliche Prozesse, in Xenophobie, mündet gar in Hilflosigkeit und Abhängigkeit gegenüber der autoritären und realitätssetzenden Quelle der Macht.
Daraus resultieren Schwächen im sozialen Verhalten: verminderte Fähigkeit zu Kontakten und zu Kompromissen. Selbst bei den neuen demokratischen Führern und ihren Anhängern, dem demokratischen Flügel der Abgeordneten, zeigt sich eher eine Neigung zur Anwendung von Druckmitteln und zum Abriß des überlebten Machtsystems als zu einer schrittweise voranschreitenden Veränderung der Verhältnisse im Rahmen gemeinsamer Vereinbarungen, der gegenseitigen Berücksichtigung von Interessen und der Suche nach gewaltlosen Auswegen aus entstandenen Situationen. Das Postulat einer demonstrativen Solidarität gehört zu den Schlüsselfunktionen des Sozialverhaltens. Eine Schwächung der rationalen Reflexion hingegen führt zur Stabilisierung von Mißtrauen, zur Mythologisierung der Wirklichkeit und zur Errichtung von Feindbildern, auch in ganz unerwarteten Zusammenhängen. Die Nationalitätenkonflikte an der Peripherie des Reiches könnten zu Herden beständiger Bürgerkriegsgefahr werden, da eine Gesellschaft mit schwach entwickelten Kommunikationssystemen sich in der Regel eines einzigen Verständigungsmittels bedient: der Sprache der Gewalt und des Zwanges. (Dies gilt keineswegs nur für die Russen, sondern ebenso für die Völker der Unionsrepubliken, die nunmehr eine dominierende Stellung einnehmen: die Litauer und Esten gegenüber den Russen und Polen, die Moldawier gegenüber den Russen und Gagausen, die Aserbaidschaner in Berg Karabach gegenüber den Armeniern, die Georgier gegenüber den Abchasen oder Osseten, die Kirgisen gegenüber den seit lan-

gem in Kirgisien ansässigen Usbeken, die Usbeken gegenüber den Mescheten, Armeniern, Juden usw.) Als gewissermaßen gesetzmäßige Bilanz der Vorherrschaft totalitärer Machtverhältnisse in einem Zeitraum von gut zweieinhalb Generationen war der Mangel an sozialen Modellen unvermeidlich geprägt von der Umkrempelung des Wertesystems, von der Kultivierung der eigenen Unzulänglichkeit als einer besonderen nationalen Eigenart oder einer Spezifität der historischen Entwicklung. Die »Unsagbarkeit« und das Vitalistische, das »Geheimnisvolle« der russischen Seele, die von den Anhängern des Blut-und-Boden-Fundamentalismus (und nicht nur von seinen russischen Vertretern) so gern beschworen wird, wurzelt in Wirklichkeit in etwas ganz anderem, nämlich in dem vollkommen unterentwickelten, unzivilisierten Zustand der bürgerlichen Gesellschaft, in einer Feindseligkeit allen Veränderungen gegenüber, auch gegenüber der freien Entfaltung der Persönlichkeit und ihrer Autonomie oder, um es mit einem Wort Nabokows aus der *Einladung zur Enthauptung* zu sagen: der »gnoseologischen Undurchsichtigkeit«.
Und dennoch: »Die Freiheit, die da dämmert, laßt uns preisen« (Ossip Mandelstam).

Aus dem Russischen von Bernd Funck

Rimma Dalos
Der Abschied von meiner russischen Seele

Der Abschied von meiner russischen Seele hat sich lange hingezogen. Ein Abschied – wovon eigentlich? Egal, wie ich es formuliere: Wenn ich nach meiner russischen Seele suchte, stieß ich immer nur auf den Baustoff, der mir seinerzeit gegeben worden war, um sie zu schaffen.

Ich verließ Rußland vor zwanzig Jahren und zog nach Ungarn. Nicht etwa aus politischen Gründen, es war die übliche Geschichte: zwei Studenten bandeln an und heiraten. Als ich in Budapest ankam, hatte ich ziemlich schweres Gepäck; unter anderem die Gesammelten Werke von Marx und Engels (russische Ausgabe), die 55 Bände der Lenin-Gesamtausgabe und einige ähnliche Werke, die für junge Eheleute so unentbehrlich zu sein scheinen. Sie stehen nach wie vor auf dem Regal, kaum geöffnet und noch weniger gelesen.

Von Anfang an spürte ich die Schwierigkeit meiner Situation. Nicht nur wegen der Ungeheuerlichkeit der ungarischen Sprache, mit der ich heute noch ringen muß; mich störten auch die begrifflichen Differenzen. Was zu Hause als »rechts« galt, hieß in Ungarn »links«, und das betraf natürlich den Standort der politischen Kräfte. Wörter wie »Freiheit« und »Demokratie« klangen ungarisch ganz anders als russisch. Und da war noch ein faszinierendes Wort: »Eigentum«. Ganz bleich wirkten dagegen Begriffe wie »Partei«, »Pflicht« oder »Treue«.

Zehn bis fünfzehn Jahre vergingen über der Revision meiner begrifflichen Welt. Selbstverständlich haben viele Wörter wie »die Partei«, »die Pflicht« oder »die Treue« noch lange an sich erinnert. Ehefrau eines Dissidenten und gleichzeitig eine russische Frau zu sein – unter dieser Doppellast sowie der doppelten Wachsamkeit der ungarischen Behörden und der sowjetischen Botschaft in Budapest mußte ich meine Umwertung aller Werte vollbringen.

»Was Sie auch sagen mögen, Sie haben trotzdem Ihr Land verraten, Rimma«, rügte mich mit freundlicher Stimme der leitende Funktionär des Parteiverlags, in dem ich Arbeit gefunden hatte. »Sagen Sie Ihrem Mann, daß Sie sich von ihm trennen, wenn er mit seiner Wühlarbeit fortfährt«, riet man mir in der sowjetischen Botschaft. Allmählich sah ich ein, daß es auf der Ebene der politischen Subkultur, die nicht nur in der Sowjetunion, sondern in ganz Osteuropa blühte, für mich kein Überleben geben würde. Ich mußte einen anderen Ort für mich und meine Seele suchen.

Ich hatte ja Glück, denn als ich das neue Leben begann, war ich noch nicht gebrochen. Was man in mich hineingelegt hatte, war noch locker, nicht verkrustet, nicht zum Dogma erstarrt. Meine geistige Tätigkeit richtete sich darauf, zu sortieren, zu putzen, zu räumen. Ich hoffte, dadurch einen neuen geistigen Baustoff zu finden.

Das erste, was ich unbedingt loswerden mußte, war die heimische »Sozialität«, der Kollektivismus. Alle Freude ist etwas Gemeinsames, und auch die Sünde ist für alle da. Wenn ich an meine Kindheit denke, begreife ich, daß diese Kollektiv-Bürgschaft nicht auf hochgeistigen Erwägungen beruhte, sie war vielmehr zum Überleben notwendig. Es war die moralische Kraft des Schlangestehens für Brot, Kartoffeln, Zucker. In jeder Hilfeleistung zwinkerte eine Rechnung: Heute helfe ich dir, morgen hilfst du mir. Dahinter steht nicht die gemeinsame Freude am Helfen, kein glückliches Mit-Erleben, sondern die Angst vor dem Tod. Dieser Schrecken dirigiert auch heute noch die russische Seele: Es ist furchtbar, allein zu bleiben, furchtbar, Verantwortung zu tragen; jemand muß meine Unfähigkeit, meinen Schmerz, selbst meine Freude mit mir teilen, allein ist alles so schwer erträglich.

Das erste, woran ich mich gewöhnen mußte, war die atomisierte Existenz, die eigene Verantwortung für Glück und Unglück, die man keinem anderen aufhalsen kann. Das ist wie in der Brownschen Bewegung. Man orientiert sich ungewollt an neuen Größen, nicht mehr an Freunden und Nachbarn, sondern am Gesetz, am Staat, an den Menschenrechten. Man kann nicht mehr verantwortungslos in der Masse verschwinden, man muß sich mit anderen auseinandersetzen, ohne sich hinter irgendeinem kollektiven Bewußtsein verstecken zu können.

Ich erinnere mich an meine ersten Diskussionen mit den ungarischen Freunden, die meinen emotionalen Ausbrüchen rationale Argumente von Lukács, Max Weber und anderen entgegenstellten. Ich fühlte mich einsam und verloren, als ich aus einem Essay von Enzensberger die mir völlig neuen Zusammenhänge der europäischen Entwicklung erfahren hatte. Mehr noch, ich sah mich gezwungen, aus den Werken von Sartre und Böll neues Leiden zu schöpfen, und sogar Dostojewski, Tolstoi und Andrei Bely mußte ich ganz neu lesen. Damit begann der lange Abschied, in dessen Verlauf ich versuchte, mich den Quellen der europäischen Kultur und Geschichte zu nähern.

Nun leite ich schon seit zwei Jahren an der Universität Szeged ein Seminar im Rahmen der allgemeinen Kulturwissenschaften. Thema ist die Geschichte des russischen sozialen Denkens. Meine Studenten wollen immer genauer wissen, worin denn die Eigenart der russischen Seele bestehe. Gemeinsam mit den Studenten bin ich auf die Idee gekommen, daß das sogenannte Rätsel der russischen Seele in ihrer Beziehung zur eigenen Geschichte seine Erklärung findet.

Die russischen Denker haben immer versucht, Rußland von seinem historischen Entwicklungsprozeß abzulösen und das Land über seine eigene Geschichte zu stellen. Daher die vielen verführerischen Ideen: Die einen verkündeten, Moskau sei das wahre, das letzte Rom (das waren die Slawophilen), die anderen schworen auf die Möglichkeit, den Sozialismus in einem Land zu errichten. Auch ich war im Geiste des übergeschichtlichen, alles übergreifenden russischen Wesens erzogen worden. In der Mitte Europas lebend, mußte ich dann eine neue Geographie erlernen. Natürlich lag auch Rußland auf dieser Landkarte, aber es war eben ein Land wie die anderen, wie China oder Amerika.

Rußland wollte sich selbst von dieser Landkarte streichen. Sein Auftritt auf der historischen Bühne endete jedesmal in finsterer Reaktion. Selbst sein edler Kampf gegen den Faschismus trug den mitteleuropäischen Völkern nur die Versklavung ein, für fast ein halbes Jahrhundert.

Um in und mit der Geschichte leben zu können, brauchte ich eine Art Kreativität. Aber kreativ konnte in Rußland ausschließlich das künstlerische Schaffen sein. Jedes andere Tun fiel automatisch unter die Kategorie der Arbeit. Und arbeiten hieß immer, sklavisch seinen Pflichten nachzukommen, ohne jenes kreative Moment, das aus der Unwiederholbarkeit des Individuums stammt. Wo die freie Persönlichkeit fehlt, gibt es auch keine kreative Beziehung zur Arbeit. In meiner Jugend habe ich in Moskau manchen Neubau entstehen sehen, aber nichts Kreatives; überall waren Bauen und Zerstören eng miteinander verflochten. An der Stelle der abgerissenen Erlöserkirche erhob sich nun ein Schwimmbad. Und daneben baute man ständig an den Kirchen und Klöstern der neuen Zeit.

Ungarn hat die Lehre des Großen Bruders voll übernommen. Hier wurde ebenso wie in der Sowjetunion der Mensch seiner Kreativität beraubt und zum Planerfüller gemacht. Es waren Freunde aus anderen Ländern, zumeist aus Westeuropa, die mich aufforderten, kreativ zu denken, mir einen neuen Bezug zur Wirklichkeit zu erschließen, und das hieß: die Quellen meines Denkens nicht unter den Ruinen zu suchen, sondern meine eigene Kraft zu entdecken.

Vor allem mußte ich über Armut und Reichtum neu nachdenken. Das traditionelle russische Denken labt sich am Asketischen. Die Freuden des materiellen Lebens scheinen der russischen Seele fremd zu sein. Daraus folgt für viele eine gestörte Beziehung zum Konsum. Selbst in Ungarn mußte ich nicht nur das Produktivsein, sondern auch das Verbrauchen von Gütern lernen. Daß die kapitalistische Produktion nicht allein die Ausbeutung des Menschen durch den Menschen zum Ziel hat, wie ich es an der Moskauer Universität gelernt hatte, ging mir bei meinen ersten Westreisen auf. Allerdings meinte ich damals, daß die Menschheit gar nicht so viele Waren brauche – ich maß den Konsum noch am sowjetischen Appetit. Erst allmählich begriff ich den Sinn des Überflusses, die Möglichkeit der freien Wahl. Denn Armut – eine für alle – bedeutet das Fehlen der Wahl. Jetzt stört mich die Konsumvielfalt viel weniger; ich weiß, daß die Wahl eine Frage der Phantasie, des Geschmacks und – natürlich – des Portemonnaies ist.

Freunde aus Moskau sagen mir manchmal: Bei euch gibt es alles im Überfluß, aber was ist mit dem Geist, mit den Büchern?
Ja, der berühmte Geist, der Reichtum der Seele. Ich lernte diese Güter wohl zu spät kennen. Erst im Ausland sind Berdjajew, Bulgakow, Schestow und Solowjow für mich zu russischen Autoren geworden. Und dies nicht etwa, weil es mir an Neugier gemangelt hätte. Als Studentin arbeitete ich jahrelang in der Lenin-Bibliothek, in der Historischen Bücherei, in der Bibliothek für Sozialwissenschaften. Aber die Themen, die ich dort kennenlernen konnte, waren andere als die von heute. Es ging um die Vorteile des sozialistischen Realismus in den Arbeiten von Aitmatow, Below, Rasputin, Jewtuschenko – die Reihenfolge ist rein zufällig.
Es mag sonderbar klingen, aber den russischen Geist und das russische Buch lernte ich ohne Einschränkungen zum ersten Mal in Washington, in der Congress Library kennen, in der ich plötzlich all das finden konnte, was man mir in Rußland sorgfältig vorenthalten hatte. Und hier tat es mir richtig weh, um meinetwillen. Denn ich kann noch irgendwie verzeihen, daß meine Jugend beim Schlangestehen oder auf Komsomoltreffen verging. Oder daß ich deutsche Literatur und deutsche Geschichte bei Leuten studierte, die selbst nie in Deutschland gewesen sind und von denen manche nicht einmal der deutschen Sprache mächtig waren. Ich kann vielleicht auch vergessen, daß ich meine Mädchenjahre in einem Land verbringen mußte, wo das Sprichwort »Henne ist kein Vogel, Weib ist kein Mensch« die Runde machte. Aber daß mich meine Heimat geistig bestohlen hat, das kann ich nicht entschuldigen. Statt mit ihrer eigenen Kultur hat sie mich mit einem Ideensurrogat abgespeist, das den Namen marxistisch-leninistische

Lehre trug. Ich besuchte Ausstellungen, die vorher von den Zensoren gutgeheißen worden waren, ich hörte ideologisch einwandfreie Konzerte, ich las Klassiker, die die zuständigen Beamten für mich ausgewählt hatten, ich sah mir kastrierte Spielfilme an...

In Amerika erhielt ich die Möglichkeit, die über den Ozean hinübergerettete russische Kultur kennenzulernen. Da dachte ich an die Millionen meiner Mitbürger, die nach wie vor von all dem nichts wissen konnten. In den Museen von New York und Washington sah ich viele Bilder, die seinerzeit aus Rußland wegtransportiert worden waren. Schade, sagte ich einmal zu meinen amerikanischen Freunden, schade, daß sich das alles hier befindet und nicht zu Hause, nicht in Rußland. Sie waren nicht einverstanden. »Stell dir mal vor«, sagten sie, »was mit diesen Kunstwerken geschehen wäre, wenn sie in Rußland geblieben wären! Hier dienen sie wenigstens der Menschheit.«

Es war ein langer Abschied, und ich weiß nicht, ob er je ganz beendet werden kann. Die russische Sprache ist für mich immer noch das adäquateste Ausdrucksmittel. Und wenn ich in dieser Sprache ein Problem lösen will, stellen sich mir jedesmal zwei Fragen. Die eine ist europäisch: »Sein oder nicht sein«, die andre sehr russisch: »Ist es moralisch oder unmoralisch?«

Aus dem Russischen von György Dalos

Simon Kordonski
Der sowjetische Mensch als Objekt des Mitleids

Es war zu Beginn der Breschnew-Ära, ich war damals Biologe, arbeitete in der freien Natur und war einmal gezwungen, an einem Flußbahnhof am Mittellauf des Ob zu übernachten. Die Schiffe auf dem Fluß lagen in dichtem Nebel, und von Zeit zu Zeit hörte man aus den Lautsprechern die Durchsage, daß sich die »Maria Uljanowa« um drei Stunden verspäten werde. Die Leute hatten sich daraufhin in den Winkeln der Wartehalle auf länger eingerichtet. Durch den bis über den Kopf zugezogenen Schlafsack hörte ich ihre Stimmen, die in dieser milchigen Dunkelheit von besonderer Bedeutung schienen. Ein Mann und eine Frau unterhielten sich darüber, wie gut doch das Leben jetzt sei: Brot in den Läden, Salz und Streichhölzer, ja sogar Sonnenblumenöl... Und Rente zahlt man jetzt den Kolchosbauern... Nur der Wodka wird teurer: 3,42 und nicht mehr 2,13 wie früher... Und die Chinesen müssen hungern...

Als es hell wurde und die lang erwartete »Maria Uljanowa« in der Fahrrinne auftauchte, war ich neugierig zu erfahren, wer sie wohl waren, diese Glücklichen: Ausgemergelte Gesichter mit Spuren von Kneipenschlägereien, Wattejacke, Gummistiefel an den bloßen Füßen – der gewohnte Anblick von Typen, wie sie die damaligen Gebiete der Neulandgewinnung bevölkerten.

Immer wieder treffe ich in meinem Vagabundenleben in den kleinen und großen Städten, in den Dörfern und Siedlungen auf Menschen, deren Elend augenfällig ist – aber sie, sie sind glücklich. Glücklich, weil sie leben, weil sie betrunken sind, weil sie nicht in einer »geschlossenen Zone« leben und nicht in einer Strafkolonie, weil sie sich frei fühlen, wenn es auch nur eine reglementierte Freiheit ist mit Aufenthaltsbeschränkung, Arbeitsplatzbindung usw. Ich treffe auf solche, die Invaliden seit ihrer Kindheit sind, bis vor kurzem noch von 16 Rubeln und 50 Kopeken im Monat lebend; auf Frauen aus den Strafansiedlungen, die zusammengepfercht in Baracken, über der blanken Erde errichtet, auf den Tod warten wie auf einen Urlaub von ihrer hoffnungslosen Existenz; auf Schwachsinnige mit Pionierhalstüchern und Abzeichen, rachitisch, alle in den gleichen billigen Mäntelchen der Kinderheime – Mitleid und Hilflosigkeit wollen einem schier die Brust sprengen...

Aber es gibt auch andere Eindrücke: Rudel freudloser halbwüchsiger Jungen, Mädchen aus den Heimen, halb Kind, halb Frau, jede mit einer Metallrute bewaffnet, aber mit noch kindlichen Händen am Armband einer billigen Uhr spielend. Bettler, denen das gestohlene und erbettelte Geld schon wieder durch die Kehle geflossen ist. Unverschämte Bahnhofsnutten und ihre ewig betrunkenen Kunden. Ein alter Wilderer, bereit, seine Flinte abzudrücken, nur weil einer aus Unkenntnis ein Netz an seinem angestammten Fischplatz ausgelegt hat. Invaliden vom Krieg her oder durch einen Arbeitsunfall, die ihre Verstümmelungen wie ein Banner vor sich hertragen als Beweis ihres Anspruchs auf den ersten Platz in irgendeiner Schlange.

Armut und Elend – wie überhaupt alles – wird erst im Vergleich bewußt; und der einzige Trost eines solchen Elenden ist die verworrene Vorstellung, daß es irgendwo auf dieser Erde jemanden gibt, der noch schlechter lebt als er. Wem haben wir nicht alles solidarische Hilfe geleistet, obwohl es uns selbst schlecht ging, den Afrikanern und Asiaten, den Amerikanern und Arabern, den Opfern von technischen und Naturkatastrophen, den Kranken und den politischen Gefangenen Südafrikas. Dieses Mitleid mit Fernstehenden und das fast völlige Fehlen einer Einsicht in die Ausweglosigkeit der eigenen Lage und der Lage derer, die uns nahestehen – nur dieses Weltgefühl ermöglichte es uns, die letzten Jahrzehnte zu überleben.

Der Staat, der bis 1986 existierte, war ein geschlossenes Ganzes, sowohl von seiner Idee als auch von seiner praktischen Verwirklichung her. In der Ideologie und im Staatsaufbau, in den Grundsätzen seines Funktionierens waren paradoxerweise die Prinzipien einer Wohltätigkeit verkörpert, wie sie im Westen zu Ende des 19. Jahrhunderts Gültigkeit hatten. Dieser Staat ist »wohltätig« seiner Natur nach, seine wichtigste, seine Hauptaufgabe liegt in der Sorge um das Wohl des Volkes, verstanden als ausgleichende Umverteilung. Der Kommunismus, der da aufgebaut wurde, war eine Gesellschaft Gleicharmer, nicht Gleichreicher. Nach der Durchführung entsprechender Maßnahmen zur Gestaltung einer neuen Sozialstruktur waren alle Bürger auf diese oder jene Weise Proletarier, d. h. Menschen, die nichts hatten außer dem, was ihnen »zustand«.

Während der Errichtung der »lichten Zukunft« befanden sich alle Zweige der Wirtschaft, alle Territorien, Betriebe, Organisationen ebenso wie die Menschen in der Rolle von Bittstellern, die mit ausgestreckten Händen vor den Toren der staatlichen Plankommissionen, der Finanzministerien, der Parteikomitees und Gewerkschaften oder einfach an den Kassen standen, um Gehälter, Renten und Unterstützungen zu empfangen.

Die Menschen in unserer Gesellschaft werden eingeteilt nach den vom Staat zugeteilten Rechten auf Bettelei. In der Periode der Perestroika nahmen sich die Arbeiter und Bauern das Recht, nicht zu bitten, sondern zu fordern, wie jener Bettler aus Odessa, der von einem Mädchen eine Kopeke forderte, indem er drohte, ihr ins Gesicht zu spucken, dabei versichernd, er habe Syphilis. Die Gewerkschaften in Gestalt des Allunionsverbandes verkündeten, sie würden nicht zulassen, daß irgendein Subjekt in der Produktion keinen Mitgliedsbeitrag zahlt. Damit drohen sie jedem ins Gesicht zu spucken, der es wagt, sich gegen das geheiligte Vorrecht zu vergehen, Erster in der Reihe am Futternapf des Staates zu sein.

Der sowjetische Mensch ist ein Ensemble von Eigenschaften, deren Kennzeichen vor allem Anpassung ist, was es ihm ermöglicht, unter den Bedingungen jedes beliebigen Landes zu überleben. Er ist konstruiert wie eine sich selbst genügende und hilflose Realität. Zunächst fehlt ihm die Fähigkeit zur Reflexion und zur Einschätzung seines eigenen Zustands. Zweifel an sich selbst und Suchen existieren nicht für ihn, zumindest so lange nicht, bis man darüber in der Zeitung liest. Das »normale Leben« ist für ihn ein Rätsel. Der sowjetische Mensch glaubt nicht an die Existenz dieses Lebens, und nur in der Auseinandersetzung empfindet er Glück. Aber gerade um dieses normale Leben, das unzählige Feinde immer weiter in eine ferne Zukunft verschieben, kämpft er. Die Umwelt des sowjetischen Menschen ist eine ihm feindlich gesinnte, und noch bis zum Krieg erdrückten die dunkelbraunen Schattierungen, in denen fünf Sechstel der Weltkarte auf Plakaten gezeichnet waren, das glückliche Rosa des Landes der Sowjets. Der sowjetische Mensch braucht zum Leben Hindernisse und Feinde, und indem er mit ihnen kämpft, nähert er sich allmählich dem, von dem er im voraus weiß, daß es ihm nicht nützen kann. Und sollte es zufällig keinen Feind in der Nähe geben, so schafft sich der sowjetische Mensch seinen Feind – nach seinem Muster und seinem Ebenbild.

Der sowjetische Mensch ist nicht bereit und nicht fähig, sich um seine eigenen Dinge zu kümmern. Ein Schriftsteller schreibt nicht, er kämpft um das Recht, schreiben zu können; ein Wissenschaftler forscht nicht, er kämpft um das Recht zu forschen; ein Arbeiter arbeitet nicht, er kämpft, um arbeiten zu können. In einem sozial gleichartigen Volksstaat herrscht eine allgemeine Deprofessionalisierung. Die Profession des sowjetischen Menschen bezeichnet nicht die Art seiner Beschäftigung und auch nicht seine Stellung in der gesellschaftlichen Arbeitsteilung, sondern den Platz, den er im System der Auseinandersetzungen um die Möglichkeit der Ausübung einer professionellen Tätigkeit einnimmt. Jedoch sind Kampf und Arbeit zwei sehr unterschiedliche Beschäftigungen, und jene, die gewonnen haben, können gewöhnlich nicht mehr arbeiten. Sie fahren fort in der Suche nach jemandem, mit dem sie kämpfen können.

Der sowjetische Mensch, der sich zum Leiter emporgearbeitet hat, ist ein Nichtprofessioneller. Die Landwirtschaft wird von Lehrern und Ingenieuren der Luftfahrt geleitet, Mathematiker stehen an der Spitze der ökonomischen Planung. Leiter sind vor allem Kämpfer, verbunden durch besondere kämpferische, sogenannte »kollegiale Beziehungen«, in denen es völlig unwesentlich ist, ob sie Profis sind oder nicht. Noch vor fünf Jahren hatten 40 Prozent der Leiter auf Gebietsebene weder Hoch- noch Fachschulbildung. Jeder aber hat seine Leute, die in seinem Tätigkeitsgebiet wenigstens ein bißchen Bescheid wissen – Assistenten, Referenten –, genauso wie früher der Gouverneur seine klugen Juden hatte. Deren Arbeitsergebnisse stellt der Chef seinen Mitstreitern als die eigene Arbeit vor.

Der sowjetische Mensch läßt sich in seinem Selbstverständnis reduzieren auf die Angaben in seinem Paß: Er ist Mann oder Frau, hat seine polizeiliche Eintragung sowie die des Standesamtes, daß er verheiratet ist und Kinder hat. Die Nationalität ist für ihn von außerordentlicher Wichtigkeit. Sie war in den Jahren der Stagnation und des Personenkults ein besonderes Kennzeichen für Qualität oder Ausschuß, denn aus Juden, Armeniern und einigen anderen ethnischen Gruppen ließ sich nur schwer ein sowjetischer Mensch formen. In der Zeit der Perestroika spielt jeder seinen Trumpf vom Punkt 5 der Personalangaben aus und verteidigt sein biologisches Recht, Russe, Jude, Armenier, Aserbaidschaner, Lette oder Este zu sein.

Im Unterschied zum normalen Menschen, so scheint es, hat der sowjetische keine rein menschlichen Eigenschaften. So zieht er z. B. seine Kinder nicht groß, sie entfremden sich ihm schon von Kindheit an. Ihr ganzes kindliches Leben verläuft in spezialisierten Einrichtungen, gewissermaßen Miniatur-Modellen von Erwachsenen-Lagern, wo ihnen die Haupteigenschaften des sowjetischen Menschen aufgepfropft werden, insbesondere die Fähigkeit und Fertigkeit, das Recht zu beugen. Der sowjetische Mensch hat keine eigene Wohnstätte, es ist eine staatliche, und selbst über das, was als persönliches Eigentum zählt, kann er nicht verfügen. Er hat keine eigene Gesundheit, sie ist vielmehr ein staatlicher Zustand, seinem Träger entfremdet. Darum mißachtet er auch seine Gesundheit. Der sowjetische Mensch ist unfähig, sich zu erholen: In der vom Staat vorgeschriebenen Erholungszeit arbeitet er auf seiner Parzelle oder macht Schwarzarbeit, und in der eigentlichen Arbeitszeit ist er bemüht, möglichst nichts zu tun.

Der Staat bekommt jetzt im Ausland, das den realen Sozialismus und die Perestroika unterscheidet, alles, der sowjetische Mensch aber hat nichts. Das jedoch erscheint ihm als idealer gesellschaftlicher Zustand, als eine

Haupterrungenschaft des Sozialismus, von der man sich auf keinen Fall lossagen kann. Für den sowjetischen Menschen, dem nichts mehr geblieben ist, erweist sich die Gegenwart als orientierungslos, ohne Markierungspunkte, ohne Begrenzungslinien. Sein ganzes Leben ist geregelt durch den staatlichen Rhythmus von Woche, Dekade, Monat, Quartal, Halbjahr, Jahr und Jahrfünft. Der sowjetische Mensch lebt von der Gehaltszahlung bis zum Vorschuß und vom Vorschuß bis zur Gehaltszahlung, von Urlaub zu Urlaub, von der staatlichen Geburt bis zum staatlichen Tod; er lebt vom Morgen eines Arbeitstages bis zu dessen Abend oder vom Ende bis zum Beginn des Arbeitstages. Einige Male im Jahr wird die Einförmigkeit der Zeit durch staatliche Feiertage unterbrochen, die ihrem Wesen nach eine rituelle Aktualisierung der Vergangenheit und eine Demonstration dessen sind, daß die Vergangenheit eben auch die unmittelbar in die Zukunft übergehende Gegenwart ist. Zeit ist für den sowjetischen Menschen ein rein zeitlicher Ablauf, in dem das biologische Leben mit seinem Rhythmus nur eine Anomalie darstellt, was beständig durch die vielfältigen Beispiele ewig lebender Helden des Staatsepos bewiesen wird.

In einem Staat, der den Sozialismus umgestaltet, ist die Gegenwart immer unwesentlich, wesentlich aber ist immer der Übergang vom Vergangenen – sei es gut oder schlecht – zum glänzenden Zukünftigen. Das Fehlen einer Gegenwart und die Symmetrie von Vergangenheit und Zukunft hat eine mittelalterliche Zeitauffassung geboren, in der die Zukunft immer eine Rückkehr zum »guten Alten«, zu Lenin, zu den Romanows oder sogar zurück zu den Rurikiden ist. Eine solche Auffassung der Zeit und ihrer Einteilung schließt schöpferisches Schaffen und die Geburt von etwas prinzipiell Neuem völlig aus. Für Menschen, die aus der Geschichte hinausgeworfen sind, muß das Neue eine Imitation des Alten und Erprobten sein, das seinen Platz in der Vergangenheit gefunden hat und nur darum existiert.

In der Periode der Perestroika ist das Bemühen, sich von der Gegenwart zu entfernen, pathologisch geworden. Jetzt absolviert der sowjetische Mensch unter der Begleitmusik der Enthüllungen aus Abakan und Magadan Ritualtänze um die Gräber derer, die während der ersten 40 Jahre des sozialistischen Staates unschuldig ums Leben gekommen sind. Ja, mehr noch, er beginnt Gräber zu entweihen, will sie aufbuddeln und ein Hohes sowjetisches Gericht halten über die Skelette derer, die ihn selbst geschaffen haben. Was ist dazu noch zu sagen, das Werk ist seinen Schöpfer wert.

Der sowjetische Mensch glaubt, daß es möglich ist, in der Welt etwas zu zerstören, umzugestalten, in die Vergangenheit zurückzukehren und alles von vorne zu beginnen. Nur ist die Welt so eingerichtet, daß eine Rückkehr

in die Vergangenheit nicht möglich ist. Die Ansätze zu einer normalen Wirtschaft und zu einer dynamischen sozialen Struktur waren davon begleitet, daß Menschen erschossen wurden, verhungert und erfroren sind. Der Versuch, aus der Vergangenheit in die Zukunft zu springen, hat das Land aus der Weltgeschichte und der Weltwirtschaft hinausgeschleudert und es nur, als thermonukleares Arsenal, in der Weltpolitik gelassen. Wenn die Welt nicht hilft, sind nur zwei Varianten des geschichtlichen Endes der UdSSR zu sehen. Die eine bringt den wirtschaftlichen Zusammenbruch in der Mitte der neunziger Jahre, verbunden mit einer Militärdiktatur, über deren Folgen für die gesamte Welt man besser nicht nachdenkt; die zweite bedeutet den wirtschaftlichen Zusammenbruch und den Zerfall des Landes der Sowjets in zwei Dutzend wirtschaftlich schwache und politisch instabile Staaten, wobei sich das gewaltige Territorium in eine Arena politischer und militärischer Auseinandersetzungen zwischen Muselmanen und Christen, zwischen Zentralisten und Autonomisten, zwischen denen, die reich an Bodenschätzen sind, und denen, die wenig davon besitzen, verwandeln wird. Und alles dies unter Berücksichtigung der unbestreitbaren Tatsache, daß viele neugegründete Staaten über moderne Kernwaffen und andere Waffen sowie über die Mittel zu ihrer Bereitstellung verfügen werden.
Siebzig Jahre Selektion sind nicht zu unterschätzen. Jene, die diese Tragödie überlebt haben, waren nicht ihre Helden. Und die sowjetischen Menschen haben dabei, neben allem anderen, die Fähigkeit verloren, einfach ohne Grund zu lächeln. Sie sind ständig in Sorge und durchdrungen von einem Gefühl der Feindseligkeit gegenüber den anderen Zeitgenossen. Es ist tröstlich, daß es in der Praxis der Selektion folgendes Phänomen gibt: Wenn künstlich geschaffene Arten, sobald sie aus dem Kontrollsystem der Selektierer herausfallen, sich paaren (sofern sie sich diese Fähigkeit erhalten haben), sind nach ein oder zwei Generationen ihre Nachfahren in nichts mehr von ihren wilden Vorfahren zu unterscheiden. So etwas ähnliches findet jetzt in der 30-km-Zone von Tschernobyl statt, wo Rudel von Hunden, die eher Wölfen ähneln, umherstreunen und Scharen verwilderter Hühner und Enten herumlaufen. Man kann nur hoffen, daß nach ungefähr 30 Jahren, wenn die Selektierer nicht wieder an die Macht kommen, die von den stalinistischen Unmenschen aufgepfropften Eigenschaften wieder verschwinden und die Menschen erneut ein menschliches Aussehen gewinnen. Mindestens lächeln lernen.

Dieses Leben ist kein menschliches Leben. So zu leben ist eine Sünde und eine Schande. Und die Menschen, die keine Möglichkeit haben, ihren Nächsten zu helfen, versuchen sich von dieser Sünde reinzuwaschen und helfen den Fernstehenden. Es gibt kaum einen, der dem Bettler in der Unterführung nichts gibt, selbst jener gibt, der sich sonst über die lauten, zerlumpten und hungrigen Kinder aus der Nachbarwohnung aufregt. Dutzende Wohltätigkeitskonten sind in den Jahren der Perestroika zu den unterschiedlichsten Anlässen eingerichtet worden, und keines dieser Konten ist leer: Die Menschen spenden ihre Rubel und Zehner für die Opfer von Tschernobyl und Arsamas, in Armenien und im Fernen Osten, für die Soldaten aus Afghanistan und für viele, viele andere. Fonds und Kontenverwalter ermuntern die vaterländische Kultur und Moral in den Menschen, gleichzeitig aber verteilen sie nur Groschen an die, die ihnen eine Bescheinigung über ihre Armut vorlegen können. Jugendlich scheinende Beamte der »nichtstaatlichen Barmherzigkeit« sind eine vertraute Erscheinung auf den Bildschirmen der Fernsehgeräte sowie auf internationalen Kongressen – in der Rolle von Sendboten der Barmherzigkeit. Sie produzieren nichts, sie nehmen sich vom Lohn eines jeden Bürgers ihren Teil und leben so, ohne Rechenschaft über ihre Ausgaben ablegen zu müssen, und reisen durch die Welt mit persönlichen kommerziellen Absichten.

Die Sicht auf das Land und das Volk ist derzeit – so seltsam das scheinen mag – sowohl seitens der westlichen Wohltäter als auch seitens der Führer unseres Staates gleich: Die Menschen darben, die Anzahl der Armen wächst, und der Staat ist unfähig, ihnen zu helfen; es fehlt an allem, folglich ist es erforderlich, den Menschen zu helfen. Daß die UdSSR die Existenz von Wohltätigkeitsorganisationen erlaubt, bedeutet, daß der Staat seine Handlungsunfähigkeit einigen sozialen Gruppen gegenüber eingesteht. Die organisierte Barmherzigkeit soll als eine Art Prothese dienen, soll den staatlichen Organen helfen, mit dem Strom von Kranken, Armen und Bedürftigen fertig zu werden, die Schlange stehen nach Einweisung in ein Pflegeheim, ein Altersheim oder Waisenhaus.

Allein das Anwachsen der Zahl von sozial Hilfsbedürftigen ist die direkte Folge der staatlichen Sozialpolitik. Die staatlichen Zuwendungen für den Unterhalt von Unterhaltsberechtigten decken die Kosten nicht mehr, verwandtschaftliche und andere Gefühle werden durch das Erziehungs- und Bildungssystem sowie durch die ganze Lebensweise unterdrückt. Gefühle existieren kaum noch, man hat sie ausgemerzt, und die Menschen versuchen – gerechtfertigt oder nicht – mit allen möglichen Mitteln, ihre handlungsunfähigen Verwandten in staatliche Pflegeheime abzuschieben. Wenn das nicht gelingt, setzt man die Armen und Behinderten einfach auf die Straße. Dann lesen die staatlichen Organe für soziale Sicherheit sie von der Straße auf und stecken sie in Säuglingsheime oder Altersheime, in Heime für Invaliden, in Strafanstalten, in psychiatrische Kliniken und in Kolonien. Jetzt hat sich herausgestellt, daß die staatlichen Möglichkeiten wesentlich geringer sind als die von diesem Staat erzeugten Bedürfnisse seiner Bürger – die Wartelisten für einen Platz in einem Pflegeheim sind auf Jahre ausgebucht. Hieraus resultierte auch die Idee und die Notwendigkeit staatlicher Wohltätigkeitsorganisationen wie der »Kinderfond« und der »Barmherzigkeitsfond«. All dies zeigt deutlich, daß für die UdSSR die direkte Übernahme des Systems sozialer Hilfe, wie es sich in anderen Ländern herausgebildet hat, nur die inneren Spannungen im Lande verstärkt.

Die Wohltätigkeitsorganisationen anderer Länder erweisen Hilfe in ganz bestimmter Hinsicht, so z. B. Menschen, die sich in einer Krisensituation befinden; oder schöpferischen Menschen – Schriftstellern, Künstlern, einzelnen Wissenschaftlern u. a. Solche Strategien sind in der UdSSR sehr erschwert, vielleicht sogar völlig unmöglich. Armenien hat gezeigt, daß eine Beteiligung staatlicher Organisationen an Hilfeleistungen soziale Konflikte zur Folge hat, und zwar weil die Verteilung der materiellen Güter zur weiteren Bereicherung der Vermögenden und zur Beleidigung der übrigen führt. Um im traditionellen Sinne des Westens barmherzige Hilfe zu leisten, wäre die Schaffung einer Organisation erforderlich, die dann aber selbst gewaltige Mittel verschlingen würde. Dazu käme, daß es in der Sowjetunion kaum einen Menschen gibt, der barmherzig genug ist, unentgeltlich zu arbeiten.

Wie immer in Krisensituationen blicken wir westwärts bei der Suche nach Handlungsmustern und übernehmen nicht, was wir wirklich benötigen, sondern das, was am einfachsten und am anziehendsten erscheint. Hinsichtlich der Wohltätigkeit versuchen wir die Formen, die Verfahren zum Sammeln und Verteilen der Mittel zu übernehmen, jedoch nicht die Zielgerichtetheit der Tätigkeit. Der Hauptinhalt der Wohltätigkeit liegt in anderen Ländern doch überhaupt nicht in staatlicher und gesellschaftlicher Stützung und Hilfe, sondern in der Stimulierung von produzierender Tätigkeit, in der Förderung von Selbständigkeit, Unabhängigkeit und Freiheit der Person.

Die Erfahrung zeigt, daß das Hauptproblem der Perestroika darin besteht, daß es keinen gibt, der produziert, während alle danach streben, immer mehr zu haben und zu fordern; und unsere im Entstehen begriffene Wohltätigkeit kommt diesen Bedürfnissen entgegen.

Ich denke, daß eine reale Wohltätigkeit vor allem in der Schaffung von Bedingungen für die produktive Arbeit bestehen muß, in der materiellen und moralischen Stimulierung jener, die nicht bitten, sondern ihre Sache tun wollen. Eine wahre Wohltätigkeit unter unseren Bedingungen ist keineswegs eine Neuschaffung vergangener, erniedrigender Existenz, sondern die Stimulierung neuer, nichtstaatlicher Institutionen, in denen alle – unabhängig vom geistigen und physischen Zustand – ein geeignetes Betätigungsfeld entsprechend ihren Fähigkeiten und in den Grenzen des Möglichen finden.

Mit scheint, daß Hilfe, einzelnen Menschen in der UdSSR erwiesen, nur die gegenwärtige Schmarotzerhaltung verstärkt. Es sollte Initiativgruppen geholfen werden, die in der Lage sind, etwas Neues und Wertvolles zu schaffen, es sollte Hilfe erwiesen werden beim Produzieren, nicht beim Existieren. Am wichtigsten ist jetzt die Förderung von Gründungen und Existenzhilfen für Gruppen, die fähig sind, Wissen und Waren zu produzieren oder Dienstleistungen zu erbringen. Unterstützung ist nötig bei der Schaffung gesellschaftlicher Organisationen, in denen Menschen sich eine andere Rolle als die des armen Bittstellers aneignen können, in denen sie sich selbst formen können zu Menschen, die fähig sind zur Ausübung wohltätiger Hilfe und nicht nur zu deren Entgegennahme.

Wichtig ist die Kenntnis der Wirklichkeit, z. B. auch das Wissen darüber, welche Menschen unter welchen Bedingungen diese Hilfe benötigen und wie diese Hilfe aussehen sollte. Optimal wäre die Variante, wenn der Westen die Verpflichtung auf sich nähme, die ersten Untersuchungen und methodischen Ausarbeitungen für eine Konzeption der sozialen Hilfe in der UdSSR zu finanzieren. Diese Arbeit könnte von Kräften der UdSSR unter Hinzuziehung von Initiativgruppen aus ausländischen Universitäten und Forschungseinrichtungen geleistet werden.

Aus dem Russischen von Helga Breitung

Maurice Weiss
Die Kinder der Perestroika

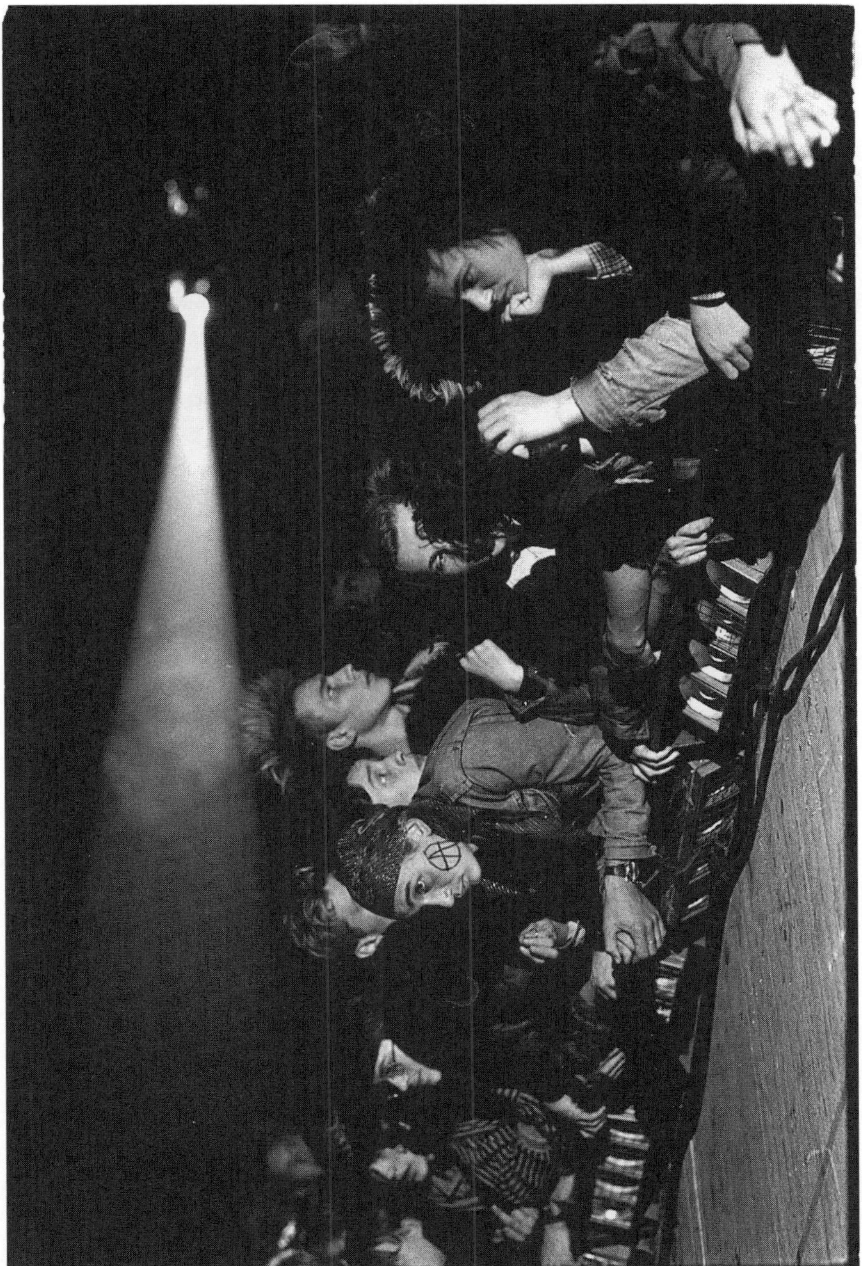

McDonald's

СПАСИБО

Barbara Dietz
Rußland ist groß und Moskau noch mächtig

»Ich weiß, was Sie fragen wollen. Sie brauchen die Frage nicht zu stellen. Ich antworte Ihnen auch so: Sehr schlecht. Es gibt schlimmere Situationen, aber selten.« Michail Bulgakow, *Die weiße Garde*

Eine Union zerbricht

Die politischen Veränderungen der letzten Jahre haben es mit sich gebracht: das riesige Sowjetreich bröckelt an den Rändern. Aber nicht nur das, in jüngster Zeit entzieht sich auch das Fundament der Union, die russische Republik, der Gemeinschaft. Die Unionsregierung war bis vor kurzem noch allmächtig und Rußland ihr aufs engste verbunden. Heute gehört diese Eintracht der Vergangenheit an. Wie nicht selten bei neuen Machtkonstellationen lassen sich diese auch an Personen festmachen. Für die vom Zerfall bedrohte Union steht noch immer Michail Gorbatschow, für die mit neuem Selbstbewußtsein agierende russische Republik – Boris Jelzin. Bei allen in den letzten Monaten ausgefochtenen Machtkämpfen zwischen den beiden Politikern bleibt offen, ob sie künftig gemeinsam oder gegeneinander vorgehen werden. Ein Bündnis wäre eigentlich etwas ganz Natürliches, meinte der Vizepremier Rußlands, Gennadi Filschin, noch im Oktober 1990. »Es ist nur die Unionsregierung, die heute zwischen ihnen steht – und die muß weg.« Zu Beginn des Jahres 1991 deutet alles auf Konfrontationskurs. Präsident Gorbatschow versucht heute offensichtlich mit konservativen, auf die Zentral- und Militärmacht setzenden Kräfte die Union wieder unter seine Kontrolle zu bringen. Damit verlor er nicht nur eine Reihe fähiger, liberaler Bundesgenossen, sondern ließ auch Militäreinsatz und Gewaltanwendung im Baltikum geschehen. Hier bezog Boris Jelzin Stellung. Er traf mit den Präsidenten der drei baltischen Republiken eine Absprache, die auf gegenseitige Anerkennung und Unterstützung hinausläuft, und er forderte russische Soldaten auf, sich nicht politisch mißbrauchen zu lassen. Mit diesem Schritt machte er sich für die Eigenständigkeit der Republiken stark.
Die Souveränitätserklärung Rußlands im Juni 1990 sollte zunächst einmal die russische Regierung zum Herrn im eigenen Lande machen. Bisher war sie bei allen wichtigen Entscheidungen von der Weisung und Zustimmung der Unionszentrale abhängig. Als Auftakt übernahm die russische Regierung durch ein republikinternes Gesetz die Verfügung über Grund und Boden sowie über die Rohstoffe auf ihrem Territorium. Außenwirtschaftliche Verträge wurden ebenfalls der Republikzuständigkeit unterstellt. Die

Unionsregierung hält dagegen. Unionsgesetze haben laut ihren Bestimmungen Vorrang vor den Gesetzen der Republiken.
Für die dringend notwendige politische und wirtschaftliche Erneuerung sind die ungeklärten Machtverhältnisse zwischen der Union und der russischen Republik zunächst einmal fatal. Ein Chaos auf allen Ebenen scheint unvermeidlich. Unklar ist, wer mit wem Verträge abschließen kann und wer über was verfügt. Der von Michail Gorbatschow und Boris Jelzin gerade noch gefundene Kompromiß, über eine »Teilung der Funktionen und des Eigentums« zwischen Rußland und der Zentralmacht zu verhandeln sowie einen neuen Unionsvertrag vorzubereiten, hat vorerst nur den vollständigen Bruch verhindert. Eines aber wurde überdeutlich: Die russische Republik ist – wie vierzehn andere Sowjetrepubliken auch – sich selbst näher als der Union.

Der große Bruder

Die Vehemenz, mit der die Führung Rußlands in der letzten Zeit auf Konfrontationskurs zur Zentralregierung ging, mag zunächst überraschen. Hatte doch die weitaus größte, politisch mächtigste und mit wirtschaftlichen Ressourcen am besten ausgestattete Republik im sowjetischen Bund bisher den ersten Platz eingenommen. Die Russen, die etwa die Hälfte aller Bürger der Sowjetunion stellen und die in »ihrer« Republik mit mehr als achtzig Prozent in der Mehrzahl sind, besetzen unionsweit zahlreiche Schlüsselpositionen in Partei und Staat. Sie müssen sich deshalb den Vorwurf gefallen lassen, daß sie nicht konsequent genug mit der Nationalitätenpolitik der Zarenzeit brachen und den Vertretern anderer Völker der Sowjetunion nicht die volle Gleichberechtigung einräumten. Noch zu Beginn der achtziger Jahre galt die »Verschmelzung« der Völker der Sowjetunion und das »Absterben nationaler Unterschiede« als elegante Lösung des Nationalitätenproblems. Die immerhin etwa einhundertdreißig Völker des Sowjetreiches sollten danach in einem »Sowjetvolk« als neuer historischer Menschengemeinschaft aufgehen, das sich zur allgemeinen Verständigung und zur Empörung der Nichtrussen der russischen Sprache bedienen würde. Dem damaligen Zeitgeist entsprechend galt diese als »sprachliches Medium des Internationalismus« oder als »zweite Muttersprache der Nichtrussen«. Erst 1986 wurde der inzwischen völlig gegenstandslos gewordene Begriff der »Völkerverschmelzung« aus der Neufassung des Parteiprogramms der KPdSU gestrichen. Die russische Sprache besitzt im Alltagsleben der Sowjetunion aber noch immer eine Vorrangstellung, die allerdings mehr und mehr ins Wanken gerät. In allen nichtrussischen Republiken wird ihr ausschließlicher Gebrauch inzwischen als Angriff auf die nationale Selbstverwirklichung gewertet.

Die Rolle des großen Bruders, die die Russen so lange und gerne in der Sowjetfamilie gespielt haben, ist nicht mehr gefragt. Für die Nichtrussen – wenn sie nicht gerade als Parteifunktionäre agierten – hat sich dies ohnehin immer anders dargestellt. Der große Bruder und die von vielen als imperiale Macht wahrgenommene Zentrale in Moskau bildeten eine unzertrennliche Einheit. Bei den jüngst aufgebrochenen Nationalitätenkonflikten wurde dann auch überdeutlich, daß die nichtrussischen Republiken am liebsten beides loswürden, die Präsenz der Russen und die Macht der Zentralregierung.

Die ethnische Explosion an der Peripherie hat dazu geführt, daß sich auch die Russen ihrer nationalen Identität wieder stärker bewußt wurden. Viele von ihnen haben jetzt das Gefühl, daß sie die anderen Völker – um des politischen Zusammenhalts willen – wirtschaftlich unterstützen mußten, ohne selbst etwas zu erhalten. »Der reiche Bettler Rußland beschenkt freigiebig seine Nachbarn und bemüht sich zugleich, die ausgestreckte Hand seiner Landsleute zu übersehen«, beschreibt ein russischer Korrespondent diese Stimmung. Dabei ist es in der heutigen wirtschaftlichen Situation mit zentralgelenkten Preisen, Abgaben und Subventionen unmöglich, »Gewinner« oder »Verlierer« in der Unionsgemeinschaft festzustellen. Den Russen wird aber allmählich bewußt, daß sie von den anderen Völkern nicht selten für die Fehler der Unionsregierung, ja sogar für die der Planwirtschaft verantwortlich gemacht werden. Von deren Anfeindungen und Anforderungen getroffen, ersteht vor allem in der Wahrnehmung russischer Konservativer das »beleidigte und erniedrigte Rußland«, das sich zuerst einmal selbst wiederfinden muß.

Die Weite des Landes

Gemeinsam mit der Zentralmacht scheint es in der bisherigen Form für die russische Republik keine Perspektive mehr zu geben. Aber auch wenn es ihr gelingt, die Kompetenzstreitigkeiten zu lösen und den »Krieg der Gesetze« beizulegen, dürfte eine Neuorganisation Rußlands schwer genug werden. Auf keinen Fall ist es damit getan, russische für Unionsinstanzen einzusetzen. Die russische Republik erstreckt sich über zwei Kontinente, deren ausgewogene wirtschaftliche Erschließung den Planungsinstanzen der Unionsregierung, die dafür in den letzten siebzig Jahren maßgeblich zuständig waren, nie gelang. Dabei darf nicht unterschätzt werden, welche enormen Aufgaben sich die auf Gedeih und Verderb mit der Unionsregierung verbundene russische Republik nach der Revolution gestellt hat. Die rasche Industrialisierung des rückständigen agrarischen Landes, das immerhin zweimal so groß ist wie die USA und über weite Teile nur dünn besiedelt und schwer zugänglich, erzwang unter den gegebenen politischen Bedingungen eine einseitige Entwicklung. Im Zuge der zentralgelenkten Wachstumseuphorie kamen regionale Überlegungen vor allem für die östlichen und nördlichen Regionen Rußlands zu kurz. Riesige Entfernungen und ungünstige geographische Ausgangsbedingungen sind hier Barrieren, die selbst durch einen ständigen Zustrom an enormen Mitteln nicht abgebaut werden konnten. Erblast des Versuchs, möglichst schnell und möglichst viel für den unionsumspannenden militärisch-industriellen Komplex herauszuholen, sind große regionale Strukturschwankungen, veraltete Industriezentren, eine mangelhafte Infrastruktur, Versorgungsprobleme und eine massive Umweltzerstörung. Einige kleinere Völker, die in der multinationalen russischen Republik leben, sind infolge der gedankenlosen Industrialisierung ihrer Gebiete und der damit einhergehenden Vernichtung ihrer Lebensbedingungen vom Aussterben bedroht. Die Autorität der zentralen Institutionen, allen voran die des militärisch-industriellen Komplexes, zerfällt. Im Gegensatz dazu ist ihre Machtfülle zumindest auf dem Papier noch ungebrochen. Dezentrale bzw. der Republik unterstellte Entscheidungsträger, die an ihre Stelle treten könnten, gibt es nicht. Die Führung der russischen Republik favorisiert ohnehin eine Marktwirtschaft, die nach der Zerschlagung der zentralen Planungsinstanzen und der Entflechtung der Mammutbetriebe Produktion und Verteilung lenken sollte. Die Wunderdroge Markt, von der niemand so recht weiß, wie sie genau wirkt und wie sie eingeführt werden kann, ist weder jetzt in Sicht, noch dürfte sie es in fünfhundert Tagen sein. Zum heutigen Zeitpunkt herrscht vor allem Unklarheit. Ein Beispiel: wo die Unionsgesetze eine Bodenreform durch vage Formulierungen ersticken, führt sie die russische Gesetzgebung ein. Das kommt zumindest dem Teil der Bevölkerung Rußlands entgegen, der nicht mehr bereit ist, den Ertrag seiner Arbeit und »seines« Landes an zentrale Instanzen, seien es unionsweite oder russische, abzutreten. Die Eigentumsfrage und die Wirtschaftsreform sind Aufgaben, mit denen die russische Republik auf dem Weg zu ihrer Erneuerung fertigwerden muß, sollte ihr künftig eine von der Zentrale unabhängige Entwicklung möglich sein.

Ein anderes, gewiß ebenso gewichtiges Problem wird sein, die Autonomen Republiken, Regionen und Gebiete, die der russischen Republik angehören, sowie die dort herrschenden Funktionäre auf einen gemeinsamen Kurs einzuschwören. Die Erfahrung der Vergangenheit zeigt, daß dies schwierig ist. In der russischen Presse wird immer wieder gerne und ausführlich darüber

nachgedacht, daß Reformen »von oben«, sei es in der Zaren- oder in der Sowjetzeit, durch Provinzautoritäten torpediert wurden. Oder daß sie, für westliche Vorstellungen kaum nachvollziehbar, einfach in der Weite des Landes verschwanden. Örtliche Funktionäre können sich gewiß noch einige Zeit hinter dem Rücken der Unionszentrale verstecken. In vielen Fällen wird ihnen daran sehr gelegen sein, haben sie doch eine Menge an Privilegien zu verlieren.
Die Reaktionen der Autonomen Republiken, Regionen und Gebiete in der russischen Republik auf die in Moskau verkündeten Neuerungen sind heute schwer einzuschätzen und keineswegs einheitlich. Es ist abzusehen, daß sich die rechtlichen, politischen und wirtschaftlichen Auseinandersetzungen zwischen der Union und Rußland nach unten fortsetzen werden. Erste Auswirkungen sind bereits sichtbar. Von den sechzehn Autonomen Republiken, die sich auf russischem Territorium befinden, haben zehn seit dem August 1990 ihre Souveränität erklärt. Alle, bis auf die tatarische Autonome Republik, die sich noch nicht endgültig entschieden hat, wollen Teil der russischen Republik bleiben. Die im Westen bekannt gewordenen Unabhängigkeitserklärungen zielen hauptsächlich darauf ab, das Land und die natürlichen Ressourcen der jeweiligen Autonomen Republiken der eigenen Kontrolle zu unterstellen. In der Praxis hat sich durch diese Schritte bislang nichts verändert. Auf Rußland können aber noch erhebliche Probleme zukommen, wenn es der neuen Regierung nicht gelingt, die Autonomen Republiken mit einem neuen Republikvertrag zufriedenzustellen. Ärger droht auch von den vielen Völkerschaften in der russischen Republik, die keine nominale Autonomie besitzen. Sie werden zumindest Kulturzentren einfordern, um ihre nationale Identität nicht vollständig einzubüßen.

Zentrum und Peripherie

Zentrale Planungsinstanzen in Moskau lenken noch immer das wirtschaftliche Geschick Rußlands. Industrieministerien der Union und republikinterne Institutionen teilen sich in die Aufgaben. Durch Personalunion hat die Partei dieses Geflecht fest im Griff. Bis heute lebt der zentrale Wasserkopf in Moskau dafür, die oben festgelegten Wachstumsziele möglichst reibungslos nach unten durchzusetzen. Aber es ist Sand ins Getriebe geraten, und die Mühlen der zentralen Planung mahlen inzwischen nicht nur schwerfällig, sondern fast gar nicht mehr.
Die Planer in Moskau haben in den letzten Jahrzehnten das gesamte Wirtschaftsgeschehen und die regionalen Entwicklungstendenzen Rußlands

festgeschrieben. Vor allem letzteres wird sich in diesem Jahrhundert, durch welche Reformen auch immer, kaum mehr verändern lassen. Die wirtschaftlichen Zentren waren traditionell im europäischen Teil Rußlands angesiedelt, wo die Rohstoffbasen jedoch nach und nach versiegten. Energie und Rohstoffe müssen zunehmend aus dem Osten und Norden des Landes herangeschafft werden, wo sie weit entfernt, schwer erschließbar, aber reichlich vorhanden sind. Zwischen dem westlichen und dem östlichen Teil Rußlands hat sich so das typische »Zentrum-Peripherie-Verhältnis« herauskristallisiert. Energie und Rohstoffe fließen von Ost nach West, Maschinen und Ausrüstungen treten den umgekehrten Weg an. Die generell umstrittenen Vorteile eines derartigen Austausches werden im russischen Fall durch die enormen Transport- und Erschließungskosten zusätzlich in Frage gestellt. Die geographischen Parameter und die Ineffizienzen der zentralen Planung führen dazu, daß sich weder das Zentrum noch die Peripherie an diesem Verhältnis erfreuen kann. Während die Industriegebiete im Westen Rußlands unermüdlich im alten Trott weiterproduzieren, verkommen die östlichen Gebiete zu Rohstoffkolonien.

In der riesigen russischen Provinz, vor allem im Ural und in den Gebieten jenseits davon, nahm der Unmut der Bevölkerung in den letzten Jahren immer mehr zu. Die Perestroika hat die Peripherie nur in den seltensten Fällen erreicht, durch Glasnost wurden jedoch zahlreiche Mißstände und die Stimmung der Bevölkerung öffentlich. In den großen Industrie-, Hütten- und Erdölförderungszentren Rußlands, die aufgrund der Umweltbelastung und der Versorgungsprobleme für die dort arbeitende Bevölkerung immer lebensfeindlicher werden, nehmen Proteste und Streiks zu, aber auch Resignation und tiefe Verbitterung. Den meisten in der Peripherie lebenden Werktätigen, die keinen Funktionärsposten bekleiden, ist inzwischen klar geworden, daß sie von der Unionsregierung nichts zu erwarten haben. Die Partei- und Planungsinstanzen der Union in Moskau und diejenigen der russischen Republik, die ebenfalls von Moskau aus ihre Weisungen erteilen, sind für viele zu einer fernen bürokratischen Maschinerie verschmolzen, die mit den Bedingungen vor Ort weder etwas anfangen kann noch will. Für die neue russische Regierung ist es eine Herausforderung und eine Chance, mit der abgewirtschafteten zentralen Planung endgültig Schluß zu machen und die Macht der Partei, die sich in allen staatlichen Instanzen eingenistet hat, zu brechen. Die Zeit drängt. Der ohnehin nicht große Vertrauensvorschuß, den die neue russische Regierung heute noch genießt, dürfte bald aufgebraucht sein.

Schon lange vor Gorbatschows Machtantritt reichten im Ural, in Teilen Sibiriens und im Fernen Osten, wo eine Reihe von Industrie-, Erdöl- und

Bergbauzentren höchster Priorität angesiedelt sind, die Versorgung der Bevölkerung und die Infrastruktur nicht an den russischen Durchschnitt heran. Der europäische Teil Rußlands nimmt hier, als etabliertes Industriegebiet, eine günstigere Position ein. Aber auch im westlichen Teil Rußlands sind die Versorgungssituation und die Infrastruktur vom Standort abhängig. »Städte dritter Kategorie«, so bezeichnen die Einwohner selbst ihre Ansiedlungen in der Provinz. Sie wissen, wovon sie sprechen: die Versorgungsmöglichkeiten sind schlechter als im Zentrum, die öffentlichen Dienstleistungen geringer und die Löhne niedriger. Die negativen Folgen der Zentralisierung machen sich hier besonders bemerkbar. Alles was die Provinzstädte benötigen, müssen sie durch die Zuteilung der übergeordneten Instanzen erhalten. Der hierarchische Weg bis in die Provinz ist lang. Das berüchtigte Restprinzip, nach dem sich die Mittel für bestimmte Aufgaben aus dem ergeben, was nach der Finanzierung besonders wichtiger Bereiche übrigbleibt, macht ihnen den Alltag schwer. Daß die Dorfbewohner in diesem System noch mehr Grund zu klagen haben, läßt sich unschwer nachvollziehen. Auf der anderen Seite entfalten sie aber gerade im nicht staatlich gelenkten Sektor, z. B. bei der privaten Hoflandwirtschaft, eine beträchtliche Energie, die so manchen Versorgungsengpaß überwinden hilft.

Die russische Republik muß mit regionalen Differenzen zu Rande kommen, die sie in ihrer Geschichte noch nie in den Griff bekam. Die Produktionsvoraussetzungen, die Bodenbeschaffenheit und die klimatischen Bedingungen sind regional vollkommen verschieden. Bis heute ungelöst ist das Transportproblem, hervorgerufen durch die riesige Ausdehnung des Landes und die Unzugänglichkeit zahlreicher Gebiete, besonders im hohen Norden und jenseits des Ural. Es herrscht ein Nord-Süd- sowie ein Ost-West-Gefälle, das sich für die Planer in hohen Erschließungskosten in Nord und Ost und für die Bevölkerung dort in fehlender Infrastruktur sowie in permanenter Unterversorgung niederschlägt. Während sich die Bewohner des russischen Nordens und der östlichen Regionen immer stärker über die katastrophalen Lebensbedingungen beklagen, weist Moskau, das heißt die alte Planungsriege darauf hin, daß gerade die östlichen Gebiete der Republik die Mittel der Union »aufsaugen«. Richtig daran ist, daß die sowjetischen Wirtschaftsplaner auf eine schnelle Entwicklung der westsibirischen Erdöl- und Erdgasfelder gesetzt und enorme Investitionsmittel dorthin gelenkt haben. Allerdings ging es dabei nicht vordringlich um die Entwicklung der Region Westsibirien, sondern um den unionseigenen Energiebedarf und die Exportchancen. Von dieser Seite sehen auch die Beschäftigten vor Ort die Situation: Als Energielieferanten und Devisenbringer harren sie

in einer zerstörten Umwelt mit unzureichender Versorgung aus, während Moskau die Früchte ihrer Arbeit erntet.
Östlich des Ural ist die Lage beinahe noch trostloser. In wenigen voneinander isolierten Gebieten ballen sich sämtliche Produktionsbetriebe und Bergbauzentren. Dazwischen mühen sich riesige Kolchosen und Sowchosen damit ab, das Land zu bestellen. Isolation wegen der riesigen Entfernungen und Rückständigkeit bestimmen das Alltagsleben, das auch in den wenigen Städten kaum attraktiver ist.

Die Lokomotive der Perestroika

Bevor durch nationale Unruhen, die Souveränitätserklärungen der Republiken und die massive Versorgungskrise eine unionsweite sowjetische Politik in Frage gestellt wurde, hat die Perestroika fast nichts getan, um die regionalen Ungleichgewichte auszugleichen. Im Gegenteil, noch im zwölften Fünfjahrplan (1986-1990) wurden Investitionen hauptsächlich in die technische Erneuerung der Anlagen im europäischen Teil der Sowjetunion gelenkt. Der europäische Teil Rußlands und die Ukraine müßten aufgrund ihrer wissenschaftlichen, technischen und kulturellen Infrastruktur sowie ihres Entwicklungspotentials Lokomotive für die Perestroika sein, war noch vor kurzem in einem Artikel der *Literaturnaja Gazeta* zu lesen. Auch die Investitionspolitik der letzten Jahre hielt unbeirrbar an den Erfordernissen und Prioritäten des Zentrums fest. Für die sträfliche Vernachlässigung der Peripherie bemühen unionsfreundliche sowjetische Wissenschaftler eine auch in westlichen Ländern wohlbekannte Theorie. Danach führe die vorgenommene Prioritätensetzung zwar kurzfristig dazu, daß die regionalen Differenzen sich vergrößern, langfristig aber sei dies die Ausgangsposition für einen wirtschaftlichen Aufschwung im ganzen Land. Der Direktor eines einflußreichen russischen Wirtschaftsinstituts drückte diesen Sachverhalt im ersten Regierungsjahr Gorbatschows noch etwas eindeutiger aus. Einziges Erfolgskriterium für die Entwicklung zum Beispiel Sibiriens sei der Beitrag, den diese Region für das Wachstum der sowjetischen Wirtschaft leisten könne.
Am Ende der neunziger Jahre steht die Unionsregierung vor einem riesigen Budgetdefizit und der schwersten sozialen Krise seit Ende des Zweiten Weltkriegs. Die 1986 geplante rasche Modernisierung der dafür vorgesehenen Industrieanlagen ist fehlgeschlagen. Die Wirtschaftszentren im europäischen Teil Rußlands werden daher nicht in der Lage sein, die festgefahrene Perestroika wieder flottzumachen, geschweige denn die Peripherie aus dem Sumpf zu ziehen. Dabei ist ohnehin zweifelhaft, ob die Unionszentrale in

den peripheren Regionen Rußlands jemals etwas anderes gesehen hat als Rohstofflieferanten und Devisenbeschaffer.

Holz aus dem Norden

Archangelsk im hohen Norden Rußlands gehört nicht zu den Gebieten, die das öffentliche Interesse auf sich ziehen. Es handelt sich um eine ganz normale Gegend »am Ende der Welt«. Dennoch, Archangelsk hat Geschichte. Unter den Zaren war es die größte Provinz Rußlands, berühmt durch ihren Wald- und Fischreichtum. Auf den Märkten wurden ausreichend Fleisch, Butter, Milch und alle damals erwünschten Lebensmittel angeboten. Die Bevölkerung hatte ihr Auskommen. Heute dagegen muß fast alles, was die Menschen zum täglichen Leben brauchen, in das Gebiet Archangelsk geschafft werden. Dort erzeugte Lebensmittel reichen für die Versorgung bei weitem nicht mehr aus. Selbst der einst im Überfluß vorhandene Fisch ist rar geworden. Der gefangene Lachs geht nach Moskau und von dort in den Export. Die früher in rauhen Mengen angebotenen Meeresfische fallen allmählich den riesigen Papierfabriken zum Opfer, deren Abwässer das Meer massiv verschmutzen. In einer Gegend, die bekannt ist für ihre kunstvollen Holzhäuser und die bis heute vom Holz lebt, kann die Bevölkerung nur mit größter Mühe (und auch das nicht immer) an Bauholz herankommen. Das Holz verschwindet gegen harte Devisen nach England. Fast alles, was hier produziert wird, wird auf Weisung der Unionsministerien oder zentraler russischer Instanzen produziert, die auch über fast alles verfügen.

Im Gebiet Archangelsk wurden kürzlich Diamantenlager entdeckt. Experten sprechen von Reichtum. Kein Bewohner dort ist wirklich glücklich darüber. Wieder einmal wird die zu erwartende Ausbeute im unersättlichen Schlund der Zentrale enden.

Erdöl aus Sibirien

Das Gebiet Tjumen in Westsibirien geriet in der letzten Zeit des öfteren in die Schlagzeilen der sowjetischen Medien. Kein Wunder, die Arbeiter im heute größten Erdöl- und Erdgasförderungsgebiet machen mit Aufrufen und Streiks von sich reden. Hier spielt sich ein Verteilungskampf ab, der vor allem wegen der enormen Bedeutung des Energiebereichs für die gesamte sowjetische Wirtschaft soviel Aufmerksamkeit und Bedeutung erhält. In jeder Sekunde werden im Gebiet Tjumen 12 Tonnen Öl gefördert, eigentlich genug, um den Arbeitern dort anständige Lebensbedingungen zu

gewährleisten. Gerade daran fehlt es, und zwar in einem Maße, daß selbst den sibirischen Arbeitern, die einiges gewohnt sind, die Geduld ausgeht. Es mangelt an soliden Häusern und an medizinischer Versorgung. Kindergärten und Schulen sind schlecht ausgestattet und überfüllt. Für Frauen gibt es infolge der völlig einseitigen Ausrichtung der regionalen Produktion kaum passende Arbeitsplätze. Da sie meistens arbeiten müssen, um die Familien zu erhalten, werden sie in gefährliche und körperlich belastende Berufe gedrängt. Die Versorgungslage verdient die Bezeichnung »ausreichend« nicht mehr. Zu allem Überfluß wurden auch noch die zentralen Investitionen drastisch gekürzt, was einen Engpaß beim Erwerb von dringend erforderlichen Maschinen und Ausrüstungen zur Folge hatte.
Die Arbeiter in Tjumen, vertreten durch eine regionale Gewerkschaft, haben das Warten auf ein besseres Leben gründlich satt. Wenn die Regierung nicht in der Lage ist, ihre berechtigten Forderungen zu erfüllen, wollen sie die Sache in die eigene Hand nehmen, das heißt, fünfzehn bis zwanzig Prozent des geförderten Öls in eigener Regie verkaufen. Die verantwortlichen Ministerien üben sich in scheinbar verständnisvoller Hinhaltetaktik. Beim gegenwärtigen Stand der Wirtschaft und der Versorgungssituation würde, wie sie nur zu gut wissen, jede nichtgeplante Zuwendung an das Gebiet Tjumen irgendwo anders eine ebenso konfliktreiche Lücke aufreißen. Genausogut wissen sie aber auch, daß die Fördergebiete in Tjumen eine wirtschaftliche Schlüsselposition einnehmen. Das ist auch den Arbeitern vor Ort klar, die immer weniger Verständnis dafür haben, daß über den Ertrag des »schwarzen Goldes« aus ihrem Gebiet im fernen Moskau entschieden wird.

Die kleinen Völker

Schon lange bevor im Gebiet Tjumen Erdöl gefördert wurde, lebten dort Chanten, Mansen und Nenzen als Fischer, Jäger und Rentierzüchter. Das ist auch heute noch so, obschon ihre Überlebensbedingungen umso schlechter werden, je weiter die Industrialisierung ihres Stammlandes voranschreitet. Im nationalen Bezirk der Chanten und Mansen wurden seit der Erschließung der Erdölvorkommen Hunderte von Rentieren sowie Tausende Quadratkilometer Jagd- und Fischereireviere vernichtet. Fichtenhaine sind der Abholzung preisgegeben, Erdöl verschmutzt die Flüsse, Raupenfahrzeuge wühlen die Rentierweiden auf. Die kleinen, ihrer traditionellen Lebensweise verpflichteten Völker haben keine Lobby in Moskau. Einer ihrer Sprecher, Juri Aivasseda, stellt Versäumtes fest: »Zunächst sagte man uns: Rückt etwas beiseite, hier wird die Stadt angelegt. Wir rückten

beiseite. Dann sagte man uns: Rückt etwas beiseite, hier wird ein Bohrturm gebaut und ein Erdölrevier erschlossen. Wir rückten beiseite. Dann sagte man uns wieder: Noch etwas beiseite rücken, hier wird die Straße angelegt. Wir gaben von unserem Land wieder etwas ab. Jetzt gibt es keinen Platz mehr zum Zurückweichen, das Land ist alle.« Mit diesem Bewußtsein wandte sich die Stammesversammlung der Chanten und Nenzen zum erstenmal direkt an den Präsidenten Gorbatschow. Sie fordert die Übereignung der Ländereien an die einheimischen Völker, einen Vertrag, der die Beziehungen zwischen Industriebetrieben und Stammesgemeinschaften regeln soll, und die Übergabe der Macht vor Ort an künftig zu wählende Stammesräte. Falls die Vernichtung der im Gebiet Tjumen ansässigen Völker und ihrer Ländereien andauern sollte, wird mit der Lahmlegung der Erdöl- und Erdgasreviere sowie der Holzbeschaffung gedroht.
Auf die Zentralregierung hat diese eher verzweifelte denn gefährliche Gebärde bisher wenig Eindruck gemacht. Im Gegensatz dazu gewinnt in der russischen Republik langsam die Einsicht an Boden, daß die berechtigten Forderungen der kleinen Völker nicht mehr einfach vom Tisch gefegt werden können.

Der eigene Weg

Über die weitere Entwicklung Rußlands gehen die Meinungen auseinander. Es gibt Kräfte, die Rußland noch immer als Zentrum des sowjetischen Imperiums sehen. Aber es gibt auch zahlreiche Vorstellungen über einen unionsunabhängigen Weg. Sowohl konservative als auch liberale Gruppen jeder Schattierung sprechen sich für eine Erneuerung Rußlands in eigener Verantwortung aus. Sie reichen von den Vertretern eines extremen russischen Nationalismus bis zu demokratischen, marktorientierten Kräften, denen eine grundlegende Modernisierung Rußlands am Herzen liegt. Die Konservativen stehen der Perestroika zumeist skeptisch gegenüber, üben am Westen massive Kritik und betonen kollektive, nationale und zunehmend auch religiöse Werte. Ein besonders prominenter Vertreter aus dem tatsächlich sehr weit gefächerten konservativen Lager ist A. Solschenizyn, der sich mit dem Manifest »Rußlands Weg aus der Krise« vom amerikanischen Exil aus zu Wort meldete. Sein Plädoyer für die Wiedererweckung der traditionellen Werte Rußlands und für den Bruch mit dem imperialen Machtstreben der Vergangenheit fand in der Sowjetunion Aufmerksamkeit und Zustimmung. Der Traum vom Zurückkehren in eine gute alte Zeit, die es noch nie gegeben hat, ist in Rußland sehr populär.
Die Regierung Jelzin versucht dagegen im Rahmen des Möglichen, Wirt-

schaft und Gesellschaft Rußlands zu liberalisieren. Das bedeutet zunächst nur, daß eine erste Abgrenzung gegen die Zentralmacht vollzogen wurde und vorläufig eine Entscheidung für die Marktwirtschaft gefallen ist. Alles dazwischen ist offen: die Machtverteilung zwischen Rußland und der wie immer definierten Union, die künftige politische Verfassung, der Weg zur Einführung der Marktwirtschaft, die Lösung der dabei notwendig auftretenden Probleme. Über diese Punkte wird es harte Debatten und handfeste Auseinandersetzungen geben. Noch sind auf allen Ebenen der hierarchischen Republikverwaltung und -planung die Vertreter einer zentristischen Richtung fest etabliert, während eine breite demokratische Bewegung und marktwirtschaftliche Strukturen fehlen. Für die künftige Entwicklung scheint daher alles möglich: die Rückkehr zum Zentralismus, die Einführung marktwirtschaftlicher und demokratischer Strukturen oder das Chaos.

Jean Vautrin · Haarscharf am Leben · Rotbuch Verlag

»Wie gerne würde ich Sie davon überzeugen wollen, daß wir auf einem Bett dahintreiben, inmitten eines Ozeans aus Martini und Eiswürfeln. Daß unsere Lage zum Verzweifeln ist und wir binnen Kürze den Äquator erreichen. Aber Sie würden mir doch nicht zuhören. Außerdem würde ich Sie gerne davon überzeugen wollen, daß ich ein Eisbrecher der sowjetischen Armee gewesen bin, Barmixer im Crillon oder Luftbefeuchter in einer Havanna-Zigarrenkiste. Aber das würde nichts an der Sache ändern. Sie würden mich für einen wirren Schwafler halten. Was letztlich zählt, das ist Ihre große Unschuld. Das ist, daß Sie hellblaue Augen haben, die jungen Kerle lieben und schon mal einen Drachen am Schwanz gehalten haben. Brrr. Rotkäppchen ist tot. Wie die Zeit vergeht.

György Dalos
Kleiner Führer durch die neuen Parteien

Frage an Radio Eriwan: »Was war früher da – das Ei oder die Henne?« Antwort: »Früher war beides da.« Angesichts der chronischen Mangelwirtschaft besteht die einzig positive Wahrheit solch hungriger Witze darin, daß sie inzwischen keinerlei ernsthafte Folgen mehr haben. Weder wird der Verbreiter des oben zitierten Scherzes strafrechtlich verfolgt, noch wird durch ihn die Lebensmittelversorgung verbessert. Denn inzwischen gehört der Kern der Pointe, daß es früher in Rußland sowohl Hennen als auch Eier gab, zu den tiefsten Überzeugungen der sowjetischen Gesellschaft. Mit »früher« ist, versteht sich, die Zeit vor der Oktoberrevolution gemeint.
Man könnte dem berühmten Sender eine Vielzahl von ähnlich scholastischen Fragen stellen, allerdings in die Zukunft gerichtete. Etwa: »Was sollte es früher geben in Rußland – eine Demokratie oder mehrere neue Parteien? Einen Markt oder eine freie Marktwirtschaft?« Um es ganz konkret zu sagen: Wenn sich jemand der Aufgabe widmen will, die Arbeiterklasse vor dem Kapitalismus zu schützen, dann darf er diese Produktionsweise entweder gar nicht erst entstehen lassen, oder er muß mit voller Kraft an ihrer Entwicklung arbeiten.
Der stürmische Prozeß der Parteienbildung scheint in der Russischen Föderation derzeit seinen Höhepunkt erreicht zu haben. Da bisher keine zusammenfassende Dokumentation über die Neugründungen auffindbar ist, mußte ich die diesbezüglichen Daten aus der oppositionellen Presse herausfiltern. Dabei stellte sich heraus, daß in Rußland mehr als vierzig politische Parteien existieren. Es muß betont werden, daß es sich keineswegs um Organisationen aus der gesamten Sowjetunion handelt. So habe ich beim Zählen bewußt auf die »Partei der Georgischen Traditionalisten« oder auf die »Armenische Allnationale Bewegung« verzichtet und habe die russischnationalen Minderheitenbewegungen in den anderen Sowjetrepubliken ebenfalls außer acht gelassen. Auch gehe ich im folgenden nicht ein auf Organisationen wie »Memorial« oder die »Patriotische Vereinigung Pamjat«. Diese Gruppen üben zwar erheblichen Einfluß auf die politische Meinungsbildung aus, verstehen sich aber, zur Zeit jedenfalls, nicht als Parteien.

Wer den Ehrgeiz hat, dieses Puzzle zu lösen, muß zwei grundlegende Schwierigkeiten in Kauf nehmen. Erstens sind die Neugründungen meist unklar strukturiert und lassen sich organisatorisch nicht in ein geschlossenes System einfügen. Parteien tauchen auf und gehen wieder unter, Spaltungen sowie die Bildung neuer Fusionen und Koalitionen gehören zum Alltag. Zweitens lassen sich die Parteien weder der klassischen Links-Mitte-Rechts-Skala noch der Hayekschen Dreiteilung (konservativ-liberal-sozialistisch) einwandfrei zuordnen. Selbst wenn man die KPdSU als Linkspartei charakterisiert, was methodologisch aus mehreren Gründen fragwürdig ist, gibt es außer ihr mindestens noch zwei weitere Parteien, die sich auf die kommunistische Tradition berufen. Das ist zum einen die »Russische Kommunistische Partei« von Poloskow, zum anderen die »Jedinstwo« (Einheit) der Neostalinisten um die Leningrader Professorin Nina Andrejewa, die gleichermaßen die Partei Gorbatschows als rechtsrevisionistisch verwerfen. Und auch im oppositionellen Bereich gibt es Parteien, die sich auf eine linke Tradition berufen, unter ihnen eine »Sozialistische Partei« und zwei anarchistische Vereine. Zwischen diesen und den zuvor genannten zeigt sich jedoch ein grundlegender Unterschied: Geht es den Nachfolgeorganisationen der KPdSU um Machterhaltung beziehungsweise Rückgewinnung der Macht, so wollen die neuen Parteien die Strukturen des Landes neu gestalten und die Herrschaft in ihrer bisherigen Form abschaffen. Rein formal sind die einen eher als konservativ, die anderen eher als progressiv zu bezeichnen.

Auch Gruppen wie die »Rechtskonservative Bewegung« oder die »Prawoslawische Konstitutionelle Monarchistische Partei«, um den anderen Rand einer möglichen Skala zu betrachten, sind alles andere als eindeutig. Obwohl sie den Bolschewismus entschieden verwerfen, plädieren sie gleichzeitig für ein »einheitliches und unteilbares Rußland« und geraten dadurch in gefährliche Nähe zu manchen altkommunistischen Gruppen. Die »Einheit« von Nina Andrejewa fordert die sofortige Abdankung des »Verräters« Gorbatschow, aber auch die sich als liberaldemokratisch bezeichnende »Demokratische Union« nennt den Präsidenten schlicht einen Faschisten und möchte ihn so bald wie möglich entmachtet sehen. Die freiheitlich und westlich orientierte »Russische Volksfront« will das Ideal des Kommunismus beibehalten und betrachtet die Marxsche Kritik am Kapitalismus als seinerzeit berechtigt. Ein Teil der Anarchisten will mit dem Parlament zusammenarbeiten, ein anderer Teil sieht sich als »systemfremd«, pocht auf die anarchistische Tradition der Oktoberrevolution und bekämpft »die Demokratie« als Hauptübel. Die »Christlich-Demokratische Union«, deren Vorbild die deutsche CDU ist, fordert eine schnelle Privatisierung des gesamten Staatseigentums und ist Teil der parlamentarischen Koalition »Demokratisches Rußland«, die von dem Exkommunisten Trawkin gegründet wurde. Die »Christlich-demokratische Bewegung« hingegen hält sich außerhalb des parlamentarischen Bereichs und koaliert mit der exilrussischen »Union für Volk und Arbeit« (NTS).

In einer der sozialdemokratischen Parteien sowie bei den Anarchosyndikalisten bilden sich allmählich christliche Fraktionen heraus, und eine Greenpeace-Gruppe nahm in Astrachan an einer Demonstration teil, auf der die Umwidmung des 7. November zu einem »Tag der nationalen Tragödie« gefordert wurde. Die sich als oppositionell begreifende »Marxistische Arbeiterpartei – Partei der Diktatur des Proletariats« vertritt ein offen marktfeindliches Programm, distanziert sich jedoch von allen anderen kommunistischen Parteien. Die bereits erwähnten Monarchisten wünschen sich ein »organisches Hereinwachsen des KGB« in die von ihnen angestrebte künftige Herrschaft der Romanow-Dynastie. Zusammenfassung: Das Parteienchaos ist derzeit perfekt.

In Rußland waren zuletzt im Jahre 1905 Parteigründungen legalisiert worden, und zwar unmittelbar nach der Verabschiedung des »Allerhöchsten Manifestes« vom 17. Oktober. Damals entstanden weniger als zwanzig Parteien, von Monarchisten bis Sozialdemokraten, die sich ohne weiteres einem System westlicher Art zuordnen ließen. Auch der soziale Hintergrund der einzelnen Parteien samt potentieller Wählerschaft war völlig eindeutig und nahm im ersten russischen Parlament, der Staatlichen Duma, konkrete Gestalt an. Heute behaupten Historiker, es wäre nie zu jener Machtübernahme im Oktober 1917 gekommen, und wir hätten es heute mit einem hochentwickelten Rußland zu tun, wenn nicht – ja, wenn die damalige Reform nicht so halbherzig gewesen und die erste, relativ friedliche demokratische Phase nicht durch den Ersten Weltkrieg beendet worden wäre. Das mag durchaus sein. Allerdings war und ist der Konjunktiv in der Geschichte immer etwas Zweifelhaftes.

Doch will ich versuchen, Ordnung in das Wirrwarr zu bringen, und zwar mittels einer typologischen Zuordnung der Neugründungen. Was alle Parteien gemeinsam haben, ist die Tatsache, daß es unter ihnen keine Volkspartei im modernen Sinne gibt. Zwar behaupten einige der neuen Politiker, sie verfügten über zwanzig- oder gar dreißigtausend Mitglieder, doch kann sich vorläufig keine Partei rühmen, die Massen mobilisiert zu haben. An dieser Stelle könnte man einwenden, daß die KPdSU doch nach wie vor Massencharakter habe. Rein quantitativ wäre der Einwand sogar richtig, doch spricht dagegen, daß diese Partei eindeutig schrumpft und auf der Suche nach einer neuen Legitimität mit jedem Tag ein weiteres Stück des

früheren Selbstverständnisses einbüßt. Ihre Mitgliederstärke von zwanzig Millionen in den letzten Jahrzehnten ist heute etwa so viel wert wie ihre Beteuerung, im Grunde habe sie die ganze Bevölkerung hinter sich. In einem Land, wo Lenin-Denkmäler öffentlich besudelt, weggeräumt oder gar gesprengt werden, wo auf dem Moskauer Arbat ein »Festival des antisowjetischen Liedes« gefeiert wurde, kann man Lenins Partei, zumindest in ihrer jetzigen Form, getrost abschreiben.
Aber zurück zur Typologie. In dem kunterbunten Sammelsurium, aus dem die politische Szene besteht, lassen sich drei Hauptgruppen unterscheiden, wobei die Übergänge von der einen zur anderen Gruppe fließend sind.

1. Happening-, Hobby- und Gelegenheitsparteien. Wann immer die »Kosakenunion« sich in folkloristischer Gewandung der Volksmusik widmet, ist sie nur bedingt als politischer Faktor zu betrachten. Ansonsten ist diese Partei, wenn sie etwas Weitergehendes zu tun beabsichtigt, darauf angewiesen, sich irgendeinem politisch-ideologischen Zusammenhang zuzuordnen. So hat sich diese »Union« bei einem parlamentarischen Treffen dafür eingesetzt, in einer gemeinsamen Erklärung von »patriotischen Kräften« statt von »demokratischen Organisationen« zu reden. Sympathischer und fortschrittlicher erscheint da eine Aktion der »Libertären Partei«, die unter anderem darin bestand, vor dem Haupteingang des Obersten Sowjets an die Deputierten Präservative zu verteilen. Als Gelegenheitspartei betrachte ich auch die »Demokratische Partei der Krim«, deren einziger Programmpunkt darin besteht, eine Wiedervereinigung der Halbinsel mit Rußland zu bewerkstelligen. Selbstverständlich sind die Ukrainer noch nicht gefragt worden, was sie für eine Meinung zu diesem Projekt haben. Auch Vereinigungen mit so bescheidenen Namen wie »Partei der Natur«, »Partei des Menschen« oder »Partei des Friedens« gehören wahrscheinlich zur Kategorie der Gelegenheitsparteien.

2. Nostalgieparteien. Die »Konstitutionelle Monarchistische Partei« sieht ihre Hauptaufgabe darin, Ruhm und Ehre des letzten Imperators, Zar Nikolaus des Zweiten, wiederherzustellen und das zaristische Offizierskorps zu rehabilitieren. Im übrigen erklärt sie die Absicht, sich selbst aufzulösen, sobald sie das zaristische Rußland wiederhergestellt hat – ein Versprechen, das ihr wahrscheinlich ein langes Leben sichert. Auch die Christdemokraten beider Fraktionen fordern vor allem eine religiöse Wiedergeburt des Landes. Demgemäß bezeichnen sie ihre führenden Gremien als »Konzil« beziehungsweise als »Duma« und beginnen ihre Sitzungen mit einem Gebet. Symbole wie die russische Nationalfahne, wie Kreuze und Ikonen

spielen ohnehin eine herausragende Rolle in der Theatralik der jungen russischen Demokratie.
Die »Konstitutionellen Demokraten« führen ihre Legitimität ebenfalls auf das Zarenmanifest von 1905 zurück, und die »Liberalen Demokraten« gründeten eine Zeitung, die sie *Retsch* nennen. Vor der Revolution war ein Blatt mit diesem Namen eines der einflußreichsten Publikationsorgane des Landes. Nebenbei ist die »Liberale« die einzige Partei, die in ihrem Programm eine Preiserhöhung in Aussicht stellt, und zwar die Erhöhung der Tabakpreise, um das Rauchen einzuschränken. Dieser geradezu radikal anmutende Programmpunkt wird jedoch keinesfalls auf ein anderes böses Laster, das Trinken, ausgedehnt. Hier wird vielmehr eine Verbesserung der Qualität alkoholischer Getränke gefordert, also eine Art Veredelung der heimischen Trinkgewohnheiten.
Auch im »linken« Spektrum scheint die Nostalgie eine starke Produktivkraft zu sein. Am geistigen Horizont der Anarchosyndikalisten strahlen mehrere Sonnen, deren Licht anderenorts oft längst erloschen ist: der Franzose Proudhon, die Russen Bakunin und Tolstoi, der Inder Gandhi und der ukrainische Bandenführer Nestor Machno. Die neostalinistische »Einheit – für den Leninismus und die kommunistischen Ideale« plant die Schaffung einer neuen kommunistischen Partei, deren Gründungskongreß »der Zwanzigste« heißen soll – ein Hinweis darauf, daß die herrschende Partei seit den berühmten Chruschtschow-Enthüllungen über Stalin nicht mehr als legitim betrachtet wird. Die Losungen der »Einheit« sprechen für sich: »Stalin war – Stalin ist – Stalin wird sein!« Oder: »Ruhm und Ehre Fidel Castro!« Allerdings mangelt es im Parteiprogramm, das die »totale Bolschewisierung« des Landes anstrebt, an konkreten Vorschlägen – was vielleicht für das Land ein glücklicher Umstand ist.

3. Moderne Oppositionsparteien. Letztere kommen aus zwei Richtungen, nämlich aus dem früheren Machtbereich der KPdSU und aus den Reihen der früheren Dissidenz. Typisch für die erste Kategorie sind Neugründungen wie die Wahlkoalition »Demokratisches Rußland«, die »Demokratische Partei der Russischen Föderation« oder die »Republikanische Partei der Russischen Föderation« – allesamt Domänen des Boris Jelzin. Zu ihren Verbündeten gehören die »Sozialdemokratische Assoziation«, die Anarchosyndikalisten und in einigen Sachfragen die »Christlich-Demokratische Union«. Als Minimalkonsens dieser Gruppen gilt die Rechtsstaatlichkeit, die Privatisierung des staatlichen Eigentums, auch des Bodens, und insgesamt eine »Entstaatlichung der Gesellschaft«. Die führende »Demokratische Partei« denkt in diesem Zusammenhang an einen »Volkskapitalismus«, der im Verkauf von Aktien seinen Ausdruck finden soll. Um die Kapitalisierung zu beschleunigen, fordern die »Demokraten« eine Senkung der Steuern auf maximal 30 bis 35 Prozent. Meinungsverschiedenheiten innerhalb des Bündnisses zeigen sich unter anderem in der Beurteilung der lokalen Machtebene, vor allem bei der Frage, ob die Sowjets in diesem Bereich eine positive Rolle spielen könnten. Differenzen gibt es auch in der Einschätzung dessen, ob die gemeinsame Forderung nach einem »unabhängigen Rußland« zugleich einen Verzicht auf die nichtrussischen Republiken bedeutet, zumal die Russische Föderation ihrerseits bereits ein Vielvölkerstaat ist.

Die stärkste Oppositionspartei »Demokratische Union« hat insgesamt sehr ähnliche programmatische Ziele wie dieses Bündnis. Nur will sie die von ihr angestrebten gesellschaftlichen Veränderungen unter Ausschluß der früheren Machtelite erreichen. Einerseits versteht sich die »Demokratische Union« als eine Kraft, die den Übergang vom Totalitarismus zum Pluralismus vollziehen will und zu diesem Zweck demokratische Kommunisten, Sozialdemokraten, Liberale und Christen unter ihrem Dach vereinigt. Andererseits beurteilt sie die jetzigen Machtstrukturen als »faschistisch« und fordert einen grundlegenden Systemwechsel, wie er in den kleinen Ländern Osteuropas erfolgt ist. Sie verlangt einen vollständigen Abbau des Leninkults und betrachtet die Sowjets in keiner Weise als geeignete Bausteine der Demokratie. Diese sollte vielmehr in einer zivilen Gesellschaft verwirklicht werden, in der weder die Rote Armee noch der KGB einen Platz hat.

Eine der Wortführerinnen der »Union«, die in der Breschnew-Zeit brutal verfolgte Frau Nowodworskaja, ergreift jede Gelegenheit, sich mit Behörden anzulegen und auf diese Weise für immer neue Konfrontationen zu sorgen. Allein wegen Beleidigung von Michail Gorbatschow sind mehrere Verfahren gegen sie anhängig – das neue »Gesetz zum Schutz der Ehre und Würde des Präsidenten« müßte eigentlich »Lex Nowodworskaja« heißen. In der Art des Vorgehens der »Union« zeigt sich des öfteren eine starke Intoleranz, und dies, obwohl die Partei einen berühmten Ausspruch Voltaires zum Leitsatz erkoren hat: »Ihre Meinung ist mir zutiefst zuwider, aber ich bin bereit, mein Leben zu opfern, damit Sie Ihre Meinung aussprechen können.« Dieser scheinbare Widerspruch hängt mit der Herkunft der Partei zusammen. Ihre Führungskräfte rekrutieren sich hauptsächlich aus den Reihen der früher verfolgten Dissidenten, die in Rußland nicht die Chance hatten, zu einem »Bürgerforum«, einem »Bund Freier Demokraten« oder auch nur zu einem »Bündnis 90« zu werden. Die Menschenrechtler der siebziger Jahre fühlen sich mit einem gewissen Recht als Opfer der Perestroika: Gorbatschow und seine Reformkommunisten haben ihnen die

Schau gestohlen. Den ehemaligen Dissidenten erscheinen die meisten Demokratisierungsmaßnahmen der KPdSU-Elite, seien sie auch noch so radikal, wie schlaue Versuche, die alten Machtstrukturen zu retten. Durch einige Maßnahmen oder Äußerungen der Moskauer Regierung geraten sie in unmittelbaren Zugzwang. So war es nicht verwunderlich, als in Nowosibirsk einer ihrer Vertreter die sofortige Rückgabe der Kurilen an Japan forderte.

Nur in einer einzigen Frage scheiden sich die Geister der russischen Parteien wirklich eindeutig: das ist die nationale Frage. Links- und rechtsgefärbte Chauvinismen auf der einen Seite stehen links- und rechtsgefärbten Antinationalismen auf der anderen Seite gegenüber. Dabei geht es nicht um klare Willens- oder Absichtsbekundungen, sondern allenfalls um Reaktionen auf tatsächliche Vorgänge, auf die rasanten Zerfallserscheinungen des Imperiums.

Fast alle Probleme, die von den neuen Parteien thematisiert werden, stehen unter dem Vorzeichen des Zerfalls. Ob die Parteien für die freie Marktwirtschaft oder gegen dieselbe eintreten – die Auflösung der Planungsökonomie ist eine fast vollendete Tatsache. Ob die Parteien für Gewalt oder für Gewaltlosigkeit plädieren – die Ausübung von Gewalt in der Gesellschaft nimmt von Tag zu Tag zu. Ob die Parteien kommunistisch, antikommunistisch oder, wie einige von sich behaupten, »postkommunistisch« sind – der historische Kommunismus liegt am Boden. Ob die Parteien für eine behutsame Sozialpolitik oder für soziale Schocktherapien das Wort ergreifen – das Land ist geprägt von Arbeitslosigkeit, Massenelend und mancherorts auch Hunger. Obwohl die Parteien wie Pilze aus dem Boden schießen, sind sie keinesfalls ein Zeichen für eine autonome Organisation der Gesellschaft, sondern eher für deren zunehmende Desintegration. Die neuen Parteien wirken in ihrem hektischen Aktionismus wie die berühmten Mimen in der Schlußszene von Antonionis »Blow up«, die leidenschaftlich Tennis spielen, ohne einen Ball zur Verfügung zu haben. Wer über den Ball verfügt, ob der Parteiapparat, der KGB oder die Armee, ist bis heute ungewiß.

Deutsch von György Dalos und Elsbeth Zylla

Waldemar Weber
Nach Osten – nach Westen?

Zur Lage der russischen Kultur

Im Bemühen, die derzeitigen Vorgänge in unserem Land zu begreifen, sehen sich ausländische Publizisten gern nach historischen Parallelen um, vor allem dann, wenn es um den aktuellen Stand der Kultur geht. Von solchen Vergleichen her werden dann Schlußfolgerungen gezogen, Wertungen getroffen und Zukunftsvisionen der unterschiedlichsten Art angeboten. Es liege kein Grund zur Resignation vor, heißt es beispielsweise, Cervantes habe seinen *Don Quijote* auch nicht in Zeiten verfaßt, die für die Literatur besonders günstig waren. Ein englischer Essayist klagt: Rußland ist in das Jahr 1917, in den Februar, zurückgekehrt, schade um die verplemperten siebzig Jahre! Die Deutschen dagegen vergleichen die heutige Situation in Rußland lieber mit der zweiten Hälfte der vierziger Jahre, der Nachkriegszeit bei sich zu Hause. Aber die Jahre gehen ins Land – die Perestroika ist jetzt schon sechs Jahre alt! –, und die Deutschen fangen an, sich zu wundern: Warum geht es bei den Russen nicht vorwärts? Wir Deutschen haben nach dem Ruin in sechs Jahren doch sehr viel geschafft, haben die Produktion angekurbelt, das »Wirtschaftswunder« in Gang gebracht – und ihr Russen? Ihr habt ein so reiches Land, so riesige Möglichkeiten, und steht am Rande des Hungers! Man sucht nach Gründen – die Mentalität, die Sabotage der Funktionäre, die Starrheit der alten Strukturen – und mißt dabei die Situation in der UdSSR ständig an der in der Tschechoslowakei, in Ungarn, Polen, Bulgarien und vor allem in der früheren DDR.

Immer noch sehen die meisten Europäer nicht ein, daß die heutigen Vorgänge in den ehemaligen Satellitenländern, selbst unter Berücksichtigung aller ihrer Probleme und der enormen Schwierigkeiten in der jüngsten Entwicklung, sich nicht mit dem vergleichen lassen, was sich auf dem Territorium des untergehenden Imperiums tut, das den sechsten Teil des Festlands unseres Planeten belegt. Wie abgrundtief die russische Katastrophe ist, das haben bis jetzt nur sehr wenige begriffen. Ohne einen Blick in diesen Abgrund zu werfen, ohne das grausige, ohnmächtige Schwindelgefühl, das einen nach diesem Blick in das totale Inferno erfaßt, kann man sich vom heutigen Rußland keine Vorstellung machen. Eine Katastrophe, wie sie sich

hier im 20. Jahrhundert ereignet hat, war der Weltgeschichte bis dahin nicht bekannt. Sich dessen bewußt zu werden, steht der ganzen Welt noch bevor.
Erst wenn die Grenzen sich mehr als nur einen Spalt breit öffnen, erst wenn die Armee und der KGB die Reisebeschränkungen für ausländische Besucher der UdSSR aufheben, wenn die westlichen Experten im Prozeß der Zusammenarbeit in die vermoderten Eingeweide der sowjetischen Betriebe und Kolchosen hineinschauen und sich mit eigenen Augen vom Grad der Verwahrlosung des Alltags und der zwischenmenschlichen Beziehungen in Rußland überzeugen können, erst dann wird man begreifen, daß sowohl die DDR als auch die Tschechoslowakei nur Randglossen in der wahren Tragödie des 20. Jahrhunderts sind, deren Ende noch lange nicht erreicht ist, und daß es verfrüht wäre, von einem gemeinsamen europäischen Haus zu sprechen.
Man muß sich nur in diese Zahl hineindenken: mehr als 60 Millionen! So viele Menschen sind nach Angaben sowjetischer Experten im Terror des Bürgerkriegs, bei der Zwangskollektivierung und durch den künstlich erzeugten Hunger der zwanziger und dreißiger Jahre in der Ukraine und im Wolgagebiet, bei der Niederwerfung aller religiösen Bewegungen, in Stalins Gefängnissen und Lagern ums Leben gekommen. Wenn man noch die 20 bis 30 Millionen Opfer des Zweiten Weltkriegs hinzurechnet, dann kommt ein Drittel der Einwohnerzahl zusammen. Wo und wann wurden auf der Erde je in einer derart kurzen Zeitspanne so konsequent und in einer solchen Anzahl ganze Gesellschaftsklassen, Völker, Glaubens- und Berufsgruppen, Forschungszweige, Kulturbereiche, Menschentypen oder einfach Menschen mit ihren Fähigkeiten und Fertigkeiten ausgetilgt? Es handelte sich um den Versuch, die frühere Kultur mit der Wurzel auszurotten und auf der leeren Stelle einen neuen Menschen heranzuzüchten, denn die übriggebliebene inaktive, unbegabte, unproduktive Masse taugte nicht für dieses Züchtungsprojekt. Ziehen wir zum Vergleich die Opfer des Zweiten Weltkriegs in Deutschland heran, so zeigt sich, daß diese Opfer in gewissem Grade gleichmäßig auf alle Bevölkerungsschichten und Berufszweige verteilt sind. In Rußland jedoch war es die Selektion der Besten – nicht zum Zwecke der Aufzucht, sondern der Vernichtung. Ausgerottet wurden die Begabtesten und Leistungsfähigsten, die Ehrlichen und Kühnen, deren Gewissen sich nicht korrumpieren ließ in einer Zeit, in der selbst elementare Redlichkeit viele das Leben kostete.

Blicken wir auf das eigentliche Rußland, die bei weitem größte Kolonie des Bolschewismus, die schon kraft ihrer Einwohnerzahl zum Kern des Sowjet-

systems geworden ist. In den letzten Jahren dämmerte es diesem Land allmählich, in was für einen Sumpf es durch das System hineingestoßen wurde: in geistige Verödung, in ethnische Entwurzelung, in genetische Degeneration. Tschernobyl kam wie ein Schock, wie eine erste apokalyptische Warnung von unheimlichem Nachdruck. Tschernobyl war mehr als eine konkrete Katastrophe, es war ein Symbol der gegenwärtigen Zustände in Rußland. Denn wir erleben in allen Bereichen unseres Lebens Tschernobyl, sowohl ökonomisch als auch sittlich; überall wuchern extremistische Gruppierungen, greifen Kriminalität und Sadismus um sich. Und der riesige, viele Millionen zählende Apparat der Parteifunktionäre nimmt diese Agonie mit Genugtuung zur Kenntnis. Die Maxime dieser Leute heißt: Je schlimmer, desto besser. Im Zerfall des Lebens sehen sie die einzige Chance für ihr Überleben. Wenn alles zerfällt, können sie zugreifen.
Diese Menschen hängen immer noch der Idee an, daß Wahrheit und Moral klassengebunden sind, einer Idee, die jede Vorstellung von Kultur überhaupt zunichte macht. Im Ural, dieser Fall ist jetzt bekannt geworden, hatte ein Parteisekretär befohlen, ihm einen Sessel aus Ikonen zusammenzubauen, um den früheren Moralbegriffen ihren Platz unter den neuen Machtverhältnissen anzuweisen. Nicht so bald werden jene, die in der Lehre vom Klassenkampf eine Rechtfertigung ihrer niedrigen Gelüste gefunden haben, sich von ihren Sesseln, ihren Machtpositionen trennen.
Aber die Macht löst sich auf. Und die Erosion dieser Macht hält das Land im Würgegriff der Ungewißheit, verhindert jede Steuerung der Situation. Immer stärker tritt zutage, daß der Begriff »Perestroika« nicht mehr den Leitstern abgeben kann. Er hat das Land von Anfang an auf einen falschen Weg geführt. Das System des staatsmonopolistischen Totalitarismus oder, kürzer gesagt, die rote Diktatur kann nicht umgestaltet, nicht transformiert werden, man kann sie nur demontieren. Die rote Diktatur erzeugt eine Wüste in allen Bereichen des Lebens, denn sie negiert, daß der Mensch, sei er nun Bäcker oder Physiker, ein kreatives Wesen ist. Sie hat den arbeitenden Menschen in den Mittelpunkt des Universums gerückt, aber sie läßt ihn das Arbeiten verlernen, sie beraubt ihn aller seiner Fähigkeiten. So ist in Rußland die einmalige, in Jahrtausenden hervorgebrachte bäuerliche Kultur vernichtet worden; in gleichem Maße verschwanden auch die Fertigkeiten und Erfahrungen aller anderen Bevölkerungsschichten. Heute gibt es in Rußland weder Bauern noch Handwerker, weder Fachleute, die den modernen technischen Anforderungen gewachsen sind, noch Kaufleute oder Manager. In Vergessenheit geraten sind ganze Gewerbezweige. Die wirtschaftliche Infrastruktur des Landes gleicht der von Ländern der Dritten Welt. Auch in den Geisteswissenschaften mangelt es an den Fachkräften,

die heute so dringend gebraucht werden, zum Beispiel an Soziologen und Historikern. Es gibt Ausnahmen, es gibt wirklich herausragende Einzelgänger, aber das Gesamtbild zu ändern vermögen sie nicht.

Das gepeinigte, geschundene Land möchte sich ausweinen, möchte seinen Schmerz hinausschreien in den zahllosen Enthüllungen, die von der Presse unentwegt veröffentlicht werden. Eine Kultur, die in dem provinziellen Morast der Stagnation aufgewachsen ist, kann vorerst nur stöhnen und klagen. Niemand vermag bis heute zu erklären, was uns eigentlich widerfahren ist. Unsere aus Jahrhunderten stammende negative Geschichtserfahrung zwingt uns wieder einmal, uns selbst und die Welt zu fragen: Wer sind wir? Wohin gehen wir? Wer wird mit uns gehen? Wir fragen es eingedenk der Worte Berdjajews, der 1916 sagte, daß »der kreative nationale Weg eben der Weg zur Gesamtmenschheit, die Repräsentation der Gesamtmenschheit in der eigenen Nationalität« ist. Wo steht Rußland heute? Welches sind die Wege, die in die Zukunft führen könnten? Dieses Problem hat viele Aspekte, ich möchte hier nur auf zwei eingehen: auf den Stand der gegenwärtigen russischen Kultur und auf die damit eng zusammenhängende Frage nach dem Verhältnis Rußlands zum Westen.

Nach der Revolution hatten die Bolschewiki die elitäre Intelligenz, die höchste und produktivste Schicht der russischen Kultur, so gut wie vollständig ausgerottet. Aber ihre mittlere Schicht war größtenteils erhalten geblieben, insbesondere in der Provinz, an den Schulen. Ich selbst habe Anfang der fünfziger Jahre noch die alten Lehrerinnen mit den altmodischen Frisuren erlebt, dieses Paradox der russischen Schule. Sie waren es, die das große sittliche und kulturelle Potential noch in sich trugen, das vom früheren Rußland in Jahrhunderten akkumuliert worden war. Oder denken wir an Leningrad, diese Stadt, auf die man siebzig Jahre lang stolz war, der man jedes Jahr einen neuen Anstrich verpaßte und die man in ihrem Inneren erbarmungslos ausbeutete, ohne instandzusetzen, ohne nennenswert zu restaurieren, geschweige denn etwas Neues zu schaffen. Nun zerfällt diese Stadt vor unseren Augen.

Wohl nichts ist so verlogen wie die Behauptung, die neue Sowjetmacht habe das Volk bilden, zu Stammkunden von Bibliotheken, zu kritischen Lesern erziehen wollen. Bildung war beim Regime nur insofern gefragt, als alle die *Prawda* und die primitiven Transparente lesen können sollten. Mehr Wissen wäre für das Regime gefährlich gewesen. Bucharin sagte es unverblümt: »Ja, wir werden Intellektuelle stanzen, wir werden sie wie in einer Fabrik herstellen.« Diese am laufenden Band Gestanzten kann man heute täglich sehen, wenn man den zweiten Kanal des sowjetischen Fernsehens einschaltet, der die Tagungen des Parlaments überträgt. Das ist unser Erbe, damit leben wir.

Im Jahre 1991 betragen die bekanntgegebenen Verteidigungsausgaben 50 Prozent vom Staatshaushalt (zusammen mit den versteckten: 60 Prozent), die Kultur muß mit nur 3 Prozent vorliebnehmen. Die Gleichgültigkeit gegenüber der Kultur sowohl bei den alten als auch bei den neuen Bolschewiki, der Kultur als Entwicklungsfaktor, ist erklärbar. Sie folgt aus der Negierung der Persönlichkeit durch den Bolschewismus. Lenin hat 1922 die Blüte (leider nicht die ganze) der russischen humanitären Wissenschaft aus Rußland ausgewiesen: N. Berdjajew, P. Struwe, S. Bulgakow, S. Frank, L. Schestow und andere; er ließ sie alle im selben Schiff verfrachten und rettete damit für die Welt das Beste, was Rußland der Welt im 20. Jahrhundert zu geben hatte. Im Individuum sah der Bolschewismus nicht den Hauptfaktor des Fortschritts, er sah ihn nur als Bestandteil gesellschaftlicher Beziehungen. Er begriff nicht, daß eine soziale Massenbewegung allein von den Schöpfern der Kultur veredelt werden kann. »Das Volk drückt seine Anerkennung in großen Schöpfern, nicht aber in der unpersönlichen Kollektivität aus«, schrieb Berdjajew in seiner Arbeit »Das Schicksal Rußlands«. Wir alle leben noch im Mythos von der »sowjetischen Zivilisation«, in der die Kultur als Steuerungselement fungiert. Nicht zufällig versammelt Gorbatschow die »Blüte« der Kultur von Zeit zu Zeit zu Aussprachen; die Kunst ist bei uns immer noch eine Kampffront, sie hat keinen eigenständigen Wert.

Vor acht Jahrhunderten, zur Zeit der gelobten Kiewer Rus und der freien Stadt Nowgorod, blickte Rußland in den Westen. Auch vor fast drei Jahrhunderten unter Peter I. blickte Rußland in den Westen. Nur dank dem Westen, seiner Idee des Individuums, seiner Idee der Kultur, konnte Rußland nach 400 Jahren Mongolenherrschaft sein eigenes Wort aussprechen, das heißt: zu sich selbst zurückfinden. Der Bolschewismus stürzte es wieder in den Abgrund der asiatischen Despotie. Nun muß es sich von neuem nach Europa durchschlagen. Sollte es dafür abermals viele Jahrhunderte brauchen?

Die Größe der früheren russischen Kultur ist kein Mythos, sie war eine der höchst einmaligen Kulturen der Welt, und dies ist leider auch das einzige, was Rußland das Recht gibt, eine eingehende Beschäftigung mit seinem Schicksal zu erwarten: Es geht um die Rettung dieser Einmaligkeit für die ganze Welt, nicht aber des bettelarmen Monsters mit der Atombombe in der Hand.

Am häufigsten nach »Perestroika« wird von der Presse in Rußland heute das Wort »Wiedergeburt« verwendet. Gemeint ist die Wiedergeburt der nationalen russischen Kultur. Doch gerade heute, in den letzten zwei oder drei Jahren, wird wie nie zuvor die Substitution der nationalen Wiedergeburt durch einen provinziellen Nationalismus deutlich. Wiedergeburt ist Gesundung, sie ist unmöglich ohne nüchterne Selbsteinschätzung, ohne rückhaltlose Selbstanalyse, ohne eine strenge Rechnung, die man sich selbst vorlegt. Die gegenwärtige Etappe der russischen Kultur könnte man als Zeit der Reinigung bezeichnen. Eine riesige Zahl von Russen begreift das, was dem Land und seinem Volk widerfahren ist, als ungeheuerlichen Sündenfall, von dem man sich reinigen müsse.

Dagegen opponiert jedoch der starke »patriotische Block«, der die beabsichtigte Sühne als Kampagne der Schwarzmalerei und der Verunglimpfung des russischen Volkes brandmarkt. Dieser »Block« ist überaus vielfältig, ihm gehören Menschen der unterschiedlichsten Schichten an, vorwiegend jedoch Intellektuelle der ersten Sowjet-Generationen. Neben der Gesellschaft »Pamjat« (Gedächtnis, Andenken, Erinnerung = Nichtvergessen), in der sich unverhohlene Chauvinisten mit aggressiven Zielen zusammengefunden haben, die aber im Abseits steht (es handelt sich um eine zahlenmäßig unbedeutende Gruppe, deren Einfluß vom Westen überschätzt wird), sind zum »patriotischen Block« vor allem die Nationalbolschewisten aus dem Milieu der russischen Parteifunktionäre zu zählen, die für ein starkes kommunistisches Rußland im Rahmen des früheren Imperiums eintreten.

Die russische Idee, die Sonderstellung Rußlands und die damit zusammenhängende Notwendigkeit eines vom Westen gänzlich unabhängigen Weges, mehr noch, die völlige Unannehmbarkeit des westlichen Weges für Rußland vertritt auch ein bedeutender Teil der russischen Intellektuellen demokratischer und religiöser Prägung, die sich als moderne Slawophile bezeichnen. Ihnen sagt die moderne westliche Zivilisation nicht zu; sie sei dekadent, wahrheitsfeindlich, auf merkantilem Denken begründet. Sie träumen von der Wiederherstellung der orthodoxen bäuerlichen Kultur, der patriarchalischen Lebensart fern den Gebrechen der westlichen Zivilisation, und diese Wiederherstellung gedenken sie auf der Basis der früheren patriotischen Werte, auf dem Fundament einer homogenen russischen Bevölkerung zu verwirklichen. Daher ihr Mißtrauen gegenüber allen »Fremdstämmigen« (so hießen früher die nichtrussischen Einwohner des Russischen Reiches), die in der Vergangenheit immer über die Geschicke Rußlands verfügt hätten; nun sei es für die Russen an der Zeit, ihr Schicksal in die eigene Hand zu nehmen.

Diese russisch-nationale Kulturopposition leidet unter der Erkenntnis, daß die russische Kultur am Boden liegt. Während viele Nationen in den Randgebieten des Imperiums im Kampf um ihre Identität ihr Gesicht noch irgendwie hätten bewahren können, habe Rußland, das die Hauptlast der Sowjetisierung zu tragen hatte, seine nationale Eigentümlichkeit praktisch eingebüßt. Das wird von keinem »Westler« und keinem prowestlich eingestellten russischen Demokraten in Abrede gestellt. Die Frage lautet nur, was nun zu tun sei, wie die russische nationale Eigenart wiederherzustellen und ob es sinnvoll sei, sich derart krampfhaft um die Wiederherstellung des Alten in der früheren Form zu bemühen. Ist das realistisch, wird es vom Volk überhaupt gewünscht?

Der überwiegende Teil des Volkes will vor allem das eine: Garantien für das Individuum, für seine Ehre, sein Eigentum. Man möchte hoffen, daß Rußlands Weg nach Osten endlich zu Ende sei. Gerade erst haben wir uns von der Umklammerung des östlichen Despotismus – vom Privateigentum des Staates am Menschen – freigemacht und kommen allmählich zu der Erkenntnis, daß eine jede zivilisierte Ideologie die ständige und organische Entwicklung des Individuums anzustreben, keineswegs aber Vorschriften für das Leben und Denken zu erteilen habe.

Das, worüber wir heute verfügen, ist in sehr hohem Grad eine totalitäre Kultur. Wir meinen, sie abgestreift zu haben, aber auch in dieser Selbstgefälligkeit verbirgt sich eine große Gefahr. Allerdings haben in den Jahren der Perestroika auch viele begriffen, daß Entwicklung im Strombett einer totalitären Kultur nicht möglich ist, daß allerorten das individuelle Selbstbewußtsein geweckt werden muß. Die ganze Welt kennt unsere Wörter vom neuen Denken, von Freiheit, Demokratie usw. Man darf jedoch nicht vergessen, daß wir, wenn wir so sprechen, unsere alte Sprache verwenden, die Sprache der totalitären Kultur. Denn sie ist nicht tot, diese Sprache, sie steckt in uns. Wir sind vollgestopft mit Mythen über uns selbst. Das Verdammen der lenin-stalinschen Ästhetik allein reicht nicht aus, um diese Sprache zu überwinden. Nachdem wir das Geschichtsbewußtsein eingebüßt haben, streiten wir uns heute viel und verworren, doch vorrangig um Detailfragen, ohne die Probleme aus der Sicht der Kultur als ganzer zu erfassen.

Entscheidend ist, daß wir aus der sowjetischen Mentalität ausbrechen, in der alles extreme Formen annimmt. Heute herrscht in Rußland allerorten Euphorie – Wiederherstellung der nationalen Heiligtümer, Wiedergeburt der nationalen Kultur usw. Die Kollaborationisten, die gestrige Partokratie, die typischen sowjetischen Beamten stehen mit einemmal am Ruder der »nationalen Wiedergeburt«. Keine Wiedergeburt wird den Köpfen dieser Neophyten entspringen – der Boden ist unfruchtbar.

Unsere totalitäre Kultur ist aus der Zerstörung der nationalen Traditionen hervorgegangen. Aber der Untergang der sowjetischen totalitären Kultur muß nicht zwangsläufig zur Wiedergeburt der nationalen Kultur führen. Man faßt nicht jungen Wein in alte Schläuche. Eine nationale Wiedergeburt ist nur über die Wiedergeburt des Individuums, nationale Entsklavung nur über die Entsklavung des Menschen möglich. Deshalb ist heute für Rußland der Westen so wichtig: bürgerliche Freiheiten, Achtung des Individuums, Vielfalt der persönlichen Entwicklung...

Heute kommt es wie nie zuvor darauf an zu begreifen, daß jede europäische Nation Miterbe des gesamteuropäischen geistigen Reichtums, Miterbe einer gemeinsamen Kultur ist. Eine isolierte Nation kann man sich nicht vorstellen, sie gab es nie und wird es nie geben. Sowohl ein Deutscher als auch ein Russe ist gegenüber der chinesischen oder der indischen Kultur in erster Linie ein Europäer und erst dann ein Deutscher oder Russe. Dieses Verständnis hat nicht einmal die große russische Philosophie vom Anfang des 20. Jahrhunderts aufgebracht. Der Begriff des Kulturkreises, der sogenannten Koalition von Kulturen, ist eine Errungenschaft der letzten Jahrzehnte. Die Europa-Idee geht über das nationale Selbstbewußtsein, ohne es zu verneinen. Davon zeugt die gesamte europäische Geschichte der letzten Jahrhunderte. Es gab keine einzige nennenswerte Erscheinung der russischen Kultur, die nicht auch den Westen berührt hätte. Und der Westen seinerseits hat Rußland zu diesen Erscheinungen inspiriert.

Die sozialistische Volkstümlerei war ein Schwindel. Man hatte vergessen, daß Nationales vor allem geistig ist, daß es im Geistesgut der Welt seine Wurzeln hat. Der Appell zur Europäisierung meint das Ausbrechen aus der Abgeschlossenheit, ohne seine Eigentümlichkeiten aufzugeben. Rußland wird in jedem Fall Rußland bleiben, zu eigentümlich ist alles an ihm, anders als im übrigen Europa – ein Blick auf die Landkarte genügt. Im westlichen Teil Europas setzen sich die nationalen Lebensformen ganz von selbst durch, einer besonderen Fürsorge scheinen sie nicht zu bedürfen. Auch in Rußland wird dies so sein, aber mit Abstrichen: Zur Wiederherstellung vieler Seiten des normalen Lebens der Nation werden nach dem großen Ruin bewußte Anstrengungen erforderlich sein. Denn der Bolschewismus war ein Herausfallen aus der europäischen Geschichte, war ein Sturz in den Abgrund, ein Scheitern.

Allerdings gibt es hier eine Besonderheit: Rußland befindet sich in Eurasien, zu ihm gehören viele nichtchristliche Völker. Doch gerade diese Eigenart des vorrangig christlichen, europäisch orientierten Rußland, das sich im fernen Osten bis zum konfuzianisch-buddhistischen und im Süden bis zum islamischen und hinduistisch-buddhistischen Glaubensreich erstreckt, prädestiniert es gewissermaßen dazu, die Weltkulturen in der Zukunft zu einer vielblättrigen Einheit zu verknüpfen (Modell des russischen Philosophen Daniil Andrejew, 1906–1959), in der nicht Menschenhaufen, sondern Persönlichkeiten tonangebend sein werden. Denn nur das Persönliche ist Ausdruck des Geistes. Deshalb ist das Modell eines einheitlichen Europa vollkommener als das Modell eines Imperiums.

Zu Anfang habe ich ein nicht gerade erfreuliches Bild gemalt. Wir müssen, ob uns das zusagt oder nicht, unser Erbe als Schicksalsfügung antreten. Das schließt vieles ein: Verwünschung und Segen. Rußland nicht erlöschen zu lassen heißt, den Herd nicht erlöschen zu lassen, der zur Bewahrung der Wärme auf dem ganzen Planeten gebraucht wird. Der im russischen Nationalismus wurzelnde Glaube an die patriarchalische Lebensweise als den Herd und Hort dieser Wärme ist eine bewußte Lüge. Bewahrer dieser Wärme können nur Menschen sein, die in die Zukunft blicken, in eine sich am Menschen orientierende Welt. Das Land ist märchenhaft reich an begabten, unvoreingenommen denkenden Menschen. Nein, das steht nicht im Widerspruch zu dem, was ich am Anfang gesagt habe, als ich von der Wüste in geistiger und intellektueller Hinsicht sprach. In dieser Wüste gibt es Tümpel, Teiche, Bäche und Flüsse, aber sie sind zu weit verstreut über das riesige Land, sind zu sehr auf sich allein gestellt, als daß sie sich in kurzer Zeit zu einem alles umgestaltenden Strom vereinen könnten. Sie müssen einander erst finden. Bisher aber sind alle unsere brandneuen Lyzeen, Colleges, Salons, unsere geistigen Studios und Ateliers immer noch die alten Nachtküchen in den grauen Wohnbezirken, immer noch der Nährboden des großrussischen Geistes. Und dennoch ist das intellektuelle Potential Rußlands riesig. Wie kein anderes Land in der Welt von heute hat Rußland gewaltige Erfahrungen des Leids und der Sehnsucht nach Wahrem, nach Gutem akkumuliert. Wir sind verpflichtet, diese Erfahrung und diese Sehnsucht zu realisieren.

Viktor Jerofejew
»Rußland lieb' ich, doch diese Lieb' ist seltsam«

Die heutige russische Kultur gleicht einem Taucher, den man eilends vom Meeresgrund an die Oberfläche gezerrt hat: ihr kocht das Blut. Das ist die Krankheit des Übergangs aus der Ewigkeit, wo es keine historische Zeit gibt, in eine Epoche, wo die Zeit nicht ausreicht, um an Ewigkeit auch nur zu denken – keine russische Krankheit, und Rußland, das in seiner ganzen Geschichte erst zweimal daran erkrankt ist, zu fernen Zarenzeiten nämlich, kränkelt inkompetent, blamabel und hysterisch. Aus Bronzestatuen für eine lichte Zukunft verwandeln sich die Russen in lächerliche, hilflose Figuren einer Übergangszeit.

»Rußland lieb' ich, doch diese Lieb' ist seltsam ...« – diese besondere Liebe Lermontows teilen heute viele Russen. Welches Gefühl ihnen gegenüber triumphiert im Westen: Mitleid, Schadenfreude oder Verachtung?

Während ich im vergangenen Jahr, losgerissen von der sowjetischen Kette, allerdings mit einem gewöhnlichen sowjetischen Paß, auf Reisen war und umherflatterte (aus einem Köter in einen Schmetterling verwandelt), von Paris nach San Francisco, von San Francisco nach Honolulu, Venedig oder Frankfurt, hat sich in Rußland vieles verändert.

Der Kommunismus ist beendet. Begonnen hat etwas Undefinierbares. Sich im Westen eine Vorstellung von dem zu machen, was in Rußland vor sich geht, ist praktisch unmöglich, auch wenn man in den gescheitesten westlichen Zeitungen die Moskau-Reportagen der gescheitesten amerikanischen oder französischen oder deutschen Korrespondenten liest. Man beginnt zu verstehen, daß das Ereignis in Rußland nicht so ereignisreich ist wie im Westen. Es ist verschwommen, amorph und nicht faktographisch, das heißt, es entbehrt klarer Konturen. Verstehen kann man es nur im Kontext der sowjetischen Realität, welche im übrigen eine für das Gedächtnis schnell verderbliche Ware ist, die sich rasch zersetzt, sobald man sich auch nur für kurze Zeit außerhalb derselben befindet. Diese Zersetzung erklärt sich folgendermaßen: die sowjetische Realität entbehrt des gesunden Menschenverstands in einem Maße (sie besteht zu einem großen Teil aus vollkommenem Unsinn), daß sie schwerlich eine Rekonstruktion zuläßt.

Vom Westen aus betrachtet, erscheint Rußland entweder als endgültig wild gewordenes Wesen, das auch bereit wäre, die eigene Mutter abzustechen, oder im Gegenteil als verwirrter Knabe mit exaktem Scheitel aus guter Familie, der beschlossen hat, dem *Stoff* zu entsagen und sich wieder der Jurisprudenz zu widmen.
Der ersteren Vorstellung von Rußland hängen gewöhnlich jene Ausländer an, die keinen *Roman* (sei es einen diplomatischen, geschäftlichen oder sentimental-kulturellen) mit Rußland gehabt haben (woran Rußland natürlich selbst schuld ist) und entsetzt geflüchtet sind, den Tag verfluchend, an dem sie eingewilligt haben, hierher zu kommen. Ich kenne Fälle, Leute aus dem Westen, die unverzüglich nach ihrer Ankunft in Moskau wegen der sie umgebenden Unbequemlichkeiten und wüsten Verhaltensweisen in tiefste Depressionen gefallen sind.
In der Regel betrachten solche Leute sogar den russischen Westreisenden mit Vorsicht und Abscheu, da sie bei ihm schlechte Manieren, chronischen Geldmangel (der wird schnorren) und Verklemmtheit, die rasch in Impertinenz übergeht, vermuten. Gerade sie verkünden fast oder auch ganz offen ihre Verachtung für die Russen als eine Hammelherde sowie ihren absoluten Unglauben an irgendwelche Veränderungen. Bei Begegnungen mit mir waren sie immer verblüfft darüber, daß ich keineswegs anfing, von meiner eigenen Emigration zu reden. Meine Ablehnung der Emigration hielten sie für eindeutig pathologisch. Solche Leute können nicht verwinden, daß der Preis für ein japanisches Videogerät in der UdSSR einem Jahres-, Zweijahres- oder Dreijahresgehalt entspricht – so ein Land ist verachtenswert! Das größte Kompliment, das man zu hören bekommen kann, wenn man mit ihnen in irgendeiner dieser Intellektuellencliquen von Paris oder Amsterdam beim Abendessen sitzt: »Wie wenig Ähnlichkeit Sie mit einem Russen haben!« Nach solchen Worten möchte ich immer aufspringen und sie entzückt auf den Mund küssen.
Zu derselben Kategorie gehören auch russische Emigranten, die (ich spreche von der Mehrheit) ihre Emigration aus Rußland rechtfertigen müssen (das ist nicht schwierig) und deshalb voll der schrecklichsten Ahnungen bezüglich der Zukunft, der Gegenwart und gar der Vergangenheit ihres Vaterlandes sind. Ihren Angaben zufolge wird in Rußland massenhafte Menschenfresserei praktiziert, und das unter der Losung »Perestroika«, zwecks endgültiger Vernichtung aller noch unter den Lebenden weilenden aufrechten oder auch nur halbaufrechten Menschen, mit Zustimmung des Präsidenten, welcher Stalin überbieten wird, wenn er es nicht schon getan hat.
Ein recht bekannter Literat äußerte zum Beispiel mir gegenüber die Ansicht, alle Veränderungen in Osteuropa seien vom KGB inspiriert, und auf

meine naiv emotionale Frage »Und was ist mit der Berliner Mauer?« antwortete er mit einem nachsichtigen Lächeln.
Mit diesen Leuten sollte man nicht über ihre Mythen streiten, denn entweder halten sie einen wie gehabt für einen Agenten des allgegenwärtigen KGB, oder sie sind beleidigt, oder sie verstehen einfach nicht. Ihnen redet man am besten nach dem Mund, noch besser lobt man ihr Mobiliar und zeigt offen seinen Neid auf ihr westliches Erblühen, am allerbesten aber trifft man sich überhaupt nicht mit ihnen, falls das möglich ist.
Doch wie furchtbar! Nicht weniger ekelhaft sind Begegnungen mit den unschuldigen Romantikern und Enthusiasten, die sich in zwei Typen unterteilen lassen.
Die ersten waren niemals in Rußland und sind in der Regel die glühendsten Verehrer der Perestroika. Sie brechen in Begeisterung aus, wenn sie Russen begegnen, die den Westen bereisen, und ein Gespräch verläuft, besonders in Amerika, nach folgendem Muster:
»Entschuldigung, welche Sprache sprechen Sie? Schwedisch?«
»Nein, Russisch.«
»Russisch!!!«
Sie werden von neugierigen Blicken gefressen. Aber dann – Pause; in den Köpfen steigen Zweifel auf: »Sind Sie vorübergehend oder ständig hier?«
Sagen Sie »ständig«, so wendet man sich mit einem ranzigen Lächeln von Ihnen ab, sagen Sie aber: »Ich bin aus Moskau. Ich bin hier bloß für eine Woche«, dann sind Sie der König der Unterhaltung, Sie werden mit allen möglichen wohlwollenden Dummheiten überschüttet und zu guter Letzt gebeten, schöne Grüße zu bestellen – na klar, wird gemacht! – an Gorbatschow. Für diese Leute ist Rußland das verirrte Schäflein einer großen Familie, das der gute Schäfer aufgespürt und wieder zurückgescheucht hat – in die Herde der zivilisierten Gemeinschaft. Sie kennen nichts anderes als diese Schäferdichtung und wollen auch gar nichts anderes kennen.
Die anderen sind jene, die in Rußland waren und begeistert von dort zurückgekehrt sind. Leningrad ist die schönste Stadt der Welt, und in Moskau haben sie erstaunliche Leute kennengelernt. Früher war der erste Gedanke: wahrscheinlich Kommunisten. Aber heutzutage kommen ausländische Kommunisten seltener nach Rußland als Kapitalisten oder gar Antikommunisten. So daß nun also der erste Gedanke ist: Idioten. Denn nur ein Idiot sieht nicht, daß ganz Leningrad verfallen ist und in Ruinen liegt, und was die großartigen Leute in Moskau betrifft (die gibt es tatsächlich, obwohl viele inzwischen wie die Schmetterlinge im Ausland herumflattern), waren das wohl eher irgendwelche *Schwarzhändler,* die sich mit ihnen abgegeben, sie durch die Restaurants und sonstwohin geschleppt haben, um ihnen das

Geld aus der Tasche zu ziehen; im übrigen, vielleicht war das gerade ihr Glück.

Zurück in der Heimat und gleich am Flughafen Scheremetjewo von der Barbarei geschluckt, verstehst du plötzlich, daß du unmöglich Freunden und Verwandten, die nie gereist sind, erzählen kannst, wo du gewesen bist. Du sagst »New York« – peinliches Schweigen, und du, du unglückseliger Snob, verstehst: du wirst überhaupt nichts erzählen. Amerika – das sind immer noch Jeans, Turnschuhe und High Tech. Museen? Was für Museen? Wenn's hoch kommt, die Niagarafälle, anläßlich derer du lang und umständlich irgendwie zu erklären versuchst, daß sie sehr groß sind und fast im Stadtzentrum liegen, woraufhin du nur noch verständnislose Blicke erntest.

Und dann liegst du auf dem Diwan und liest gähnend den Rechenschaftsbericht einer weiteren Sitzung der russischen schriftstellernden Patrioten, die in unserem leidgeprüften, doch stolzen Land stattgefunden hat, während du herumgeflattert bist, und in diesem Bericht findest du deinen Namen kleingeschrieben, eigentlich nicht so sehr, weil man dich erniedrigen wollte (obwohl dir gleich, ohne noch einen Schritt nach draußen gemacht zu haben, wieder einfällt, daß man in Rußland mehr von Erniedrigung versteht als irgendwo sonst), sondern weil du zum Gattungsbegriff geworden bist – *Schaum der Perestroika*, und dann (das verkündet irgendein anderes Arschloch) erfährst du noch, daß du dich tags in das weiße Demokratengewand engelsgleicher Reinheit kleidest, dafür aber nachts im flammenden Todesmantel eines gedungenen Mörders der russischen Kultur erscheinst, der sich dem grell angemalten und aufgetakelten Europa verkauft hat – diesem verführerischen, von innen fauligen Apfel (Originalzitat), und obwohl du verstehst, daß Rußland heute das Bollwerk des Pluralismus ist, denkst du unwillkürlich daran, daß es diese verdammten Demokraten in fünf Jahren nicht geschafft haben, den Leuten was zu essen zu geben, daß das Volk eben nichts zu fressen hat, und daß schon sehr bald sich das Volk nach einer starken Hand sehnen wird, freudig wird es sie ablecken, wie ein Hund, und dann ...

Dann wirst du nicht mehr als Schmetterling über Europa flattern, und verheddert in deinen Gefühlen wie in einem langen Mantel kaufst du dir ein Ticket dorthin, wo keiner auch nur einen Dunst davon hat, was Rußland ist – und zurück nach Rußland und, zurück, nichts wie weg aus Rußland, wie ein unermüdliches Weberschiffchen, solange der Käfig nicht zugeschnappt ist.

Aus dem Russischen von Beate Rausch

Annette Winkelmann
Kein gelobtes Land

Juden in der Sowjetunion

> Hart treten Stiefel mich, wie alles Schwache,
> am Boden liegend läßt man mich im Stich.
> »Schlagt tot die Juden! Vaterland erwache!«

Man konnte mich immer als Juden identifizieren. Meinem Familiennamen ist seine polnisch-jüdische Herkunft anzuhören, außerdem ist mein Vatersname »Awramowitsch«. Also, mein Gesicht, die Nationalitätseintragung »jüdisch« in meinem Paß, mein Name, es war ein Kinderspiel. Ja, viele Leute haben ihre Nationalität in »russisch« geändert, einige haben auch russische Namen angenommen. Für Juden war es sehr schwierig, Arbeit zu finden. Mir ist es oft passiert, daß man mich einstellen wollte, »alles nur eine Frage von Stunden«, aber vor Antritt der Arbeit war noch die Hürde des betrieblichen KGB-Büros zu nehmen. Die Sicherheitsüberprüfung drohte allen. Dort mußte man seine Papiere vorlegen, und überall, ob im Militärausweis, im Paß oder in der Wohnungsregistrierung, stand »Jude«. Und dann wartete man, einen Tag, zwei Tage, bis es endlich hieß: »Ich hatte ja keine Ahnung. Es tut mir leid. Daß sie Jude sind, macht alles viel komplizierter.« Und natürlich bekam man die Stelle nicht. Seit Beginn der Perestroika gab es Leute, die zu ihrem alten Namen oder ihrer Nationalität zurückkehren wollten, aber den meisten hat man höhnisch entgegengehalten: »Nein, nein. Sie haben bereits einmal gewechselt. Raus mit ihnen!« Es macht ihnen Spaß, die Bittsteller zu demütigen. Natürlich sind sie neidisch. Darauf, daß die Juden Unterstützung aus dem Ausland bekommen, daß sie ausreisen dürfen. Als ich meinen Militärpaß zurückgab, sagte die russische Beamtin mit haßerfüllter Stimme: »Erst habt ihr uns das alles eingebrockt, und dann verschwindet ihr und laßt uns mit den ganzen Problemen allein zurück.«

In Moskau hat man mich trotz einer Goldmedaille in der Schule nicht studieren lassen. Also bin ich nach Taschkent gegangen. Ich habe mir Taschkent ausgesucht, weil dort die verschiedensten Nationalitäten zusammenlebten, darunter auch Juden. Wir stammen eigentlich aus der Ukraine. Aber meine Eltern hatten die Ukraine schon früh verlassen müssen, weil mein Vater Zionist war und deshalb große Unannehmlichkeiten hatte. Wir sind damals nach Kasachstan gegangen.

Als mein Bruder die Schule beendet hatte, ich war damals erst 15, beschlossen meine Eltern, nach Nowosibirsk umzuziehen. Die Atmosphäre an der Universität in Czernowitz war derart antisemitisch, daß sie ein Studium für meinen Bruder dort unmöglich machte. In Sibirien brauchten sie Spezialisten, Ingenieure, da war es einfacher. Und dabei ist Czernowitz die einzige Stadt, in der noch ein jüdisches Kulturleben existiert. So gibt es ein jüdisches Programm im Fernsehen, die jüdischen Feste dürfen offiziell gefeiert werden. Mein Großvater war ein sehr religiöser Mann und unterhielt nach dem Krieg eine Art Privatsynagoge in seinem Haus. Eigentlich war er so etwas wie ein Rabbiner, er war klug und hoch angesehen. In Czernowitz hielten wir Juden auch die meisten rituellen und religiösen Vorschriften ein. Wir Jungen waren alle beschnitten und hatten unsere Bar Mitzwah gefeiert, das war selbstverständlich in meiner Generation. In Sibirien hingegen hatten wir fast nur noch russische Freunde. Dort, sagt man, leben so wenig Juden, daß man am Tag Licht braucht, um einen auf der Straße zu finden. Und so war es auch: an meinem Institut waren von 500 Studenten nur zwei jüdisch.
Vor ein paar Jahren bin ich von Moskau nach Czernowitz zu Besuch gekommen und wollte auf dem Friedhof die Gräber meiner Familie säubern, die Steine aufrichten. Es ist ein alter, sehr interessanter Friedhof, nur hatte es leider in letzter Zeit Verwüstungen durch jugendliche Banden gegeben. Ich bemerkte, daß man mich beobachtete und endlich auch verfolgte. Ein Mann stellte mich schließlich zur Rede und teilte mir mit, daß das, was ich da tat, verboten sei. Wir hatten eine Auseinandersetzung, aber dann bekam ich Angst, daß er vom KGB sein könnte, und ging. Am nächsten Tag war meine Wut so groß, daß ich zurückkehrte und auf dem ganzen Friedhof das Gras schnitt und die Steine photographierte. Meine Czernowitzer Freunde allerdings trauten sich nicht, mir dabei zu helfen.

Was heißt Benachteiligungen? Die Sowjetunion ist eine reine Kastengesellschaft. In dieser Kastengesellschaft weiß jede Nation ganz genau, welcher Platz ihr darin vorbehalten ist und welchen Platz sie nie wird einnehmen können. Das ist für Juden etwa der gesamte Verwaltungsbereich. Das kleinste jüdische Kind hat bereits vollkommen verinnerlicht, daß ein Verwaltungsberuf nicht in Frage kommt. Ich selber habe nie die Illusion gehabt, jemals einen höheren Posten in der Sphäre der Wissenschaft zu bekommen.

Präsident der Akademie oder Vizepräsident – vollkommen ausgeschlossen. Ebenso weiß ein Kirgise, der in Usbekistan lebt, daß der Posten der usbekischen Akademie für ihn unerreichbar ist. Ein Armenier weiß, daß er auf den Handel festgelegt ist, ohne aber je Führungspositionen erreichen zu können. Und für Juden in Usbekistan bleibt im Grunde nur die Wissenschaft, denn der Handel, einer der traditionellen jüdischen Wirkungsbereiche, ist ihm hier verschlossen, den Russen übrigens auch. Bis vor zehn Jahren war es den Juden unmöglich, an irgendeine Universität zu kommen. Übrig blieben die Institute, das sind Fachhochschulen, aber den Weißrussen und Armeniern ging es nicht viel besser. In Regionen wie Usbekistan waren die Kriterien sehr streng. Praktisch unmöglich war die Zulassung für Prestigefächer wie Philosophie. Nur Bereiche, die bei den Usbeken nicht so beliebt waren, Geographie oder das Ingenieurwesen, blieben übrig. Letzteres war für die Juden besonders wichtig, da sie ja nicht an die Universitäten konnten, und die Ingenieurberufe werden an Fachhochschulen gelehrt. Daher kommt auch eine so große Zahl der nach Israel einwandernden Juden aus dieser Berufssparte, es ist schon fast zum Witz geworden. Aber innerhalb der Ingenieurberufe kommen natürlich nur die »einfachen« in Frage. Ausgeschlossen sind strategisch wichtige Richtungen wie Kybernetik, Physik und Mathematik oder Richtungen, die mit militärischen Entwicklungen zu tun haben. Man gesteht den Juden also keine Gebiete zu, die in irgendeiner Weise »ideologisch« oder ideell besetzt werden könnten, wie etwa die Geisteswissenschaften. Und was den Beruf des Ingenieurs angeht, so ist er ein wenig prestigeträchtiger, eher mittelmäßiger Beruf, der sehr schnell zur Assimilation führt. Man nimmt keine exponierte Position ein, die in irgendeiner Weise das Selbstwert- und damit eventuell auch das Nationalgefühl stärken könnte. Im Prinzip leben hier Praktiken aus zaristischer Zeit in leicht veränderter Form weiter. Damals hatte es leichter, wer zur Orthodoxie übertrat, heute, wer die Nationalität wechselt.

O Rußland, du mein Volk! Getreulich denkst
du international in deinem Handeln.
Doch ehrfurchtslose Frevler suchten längst
die Reinheit deines Namens zu verschandeln.

Der Antisemitismus, der in den baltischen Staaten, aber ebenso in allen anderen nicht-russischen Gebieten von den Nationalbewegungen ausgeht, ist leider, neben anderen Faktoren, auch ein Ergebnis des Verhaltens der Juden über viele Jahrhunderte. Sie haben ihre Hoffnungen und Erwartungen immer mit der Zentralgewalt in Verbindung gebracht. So war es im Mittelalter in Europa, so war es in der Vergangenheit in Rußland. Das ist ganz natürlich, denn nur die zentrale Macht kann Sicherheit bieten. Als

Folge davon werden jetzt die Juden Seite an Seite mit den verhaßten Russen gestellt, manche geraten dadurch in eine durchaus gefährliche Lage. Ja, es ist richtig, daß die Juden sich jetzt den neuen Nationalbewegungen anschließen. Aber ihre Situation wird sich weiter komplizieren, falls die verschiedenen Nationalbewegungen beginnen sollten, sich untereinander zu bekriegen. Dann stehen sie plötzlich auf verschiedenen Seiten.

In der Ukraine etwa gab es Josef Sissels, der aus Czernowitz stammt. Er war ein berühmter Dissident in den Zeiten Solschenizyns und Sacharows, einer der ersten, der über psychiatrische Kliniken und Gefängnisse Nachforschungen anstellte. Fünf Jahre hat er im Gefängnis verbracht. In der Ukraine ist er nicht als jüdischer Aktivist, sondern als einer der Wortführer der ukrainischen Nationalbewegung bekannt. Das klingt verrückt, wenn man bedenkt, wie antisemitisch die Ukraine ist. Sehen Sie, wie kompliziert das alles ist?

Den Bewegungen schließen sie sich zum einen an, weil sich die Zentralmacht alten Typs aufgelöst hat oder es zu tun droht. Zudem sind die nationalen Bewegungen demokratische Strömungen. Zum anderen bleibt ihnen gar nichts anderes übrig, da in den nicht-russischen Gebieten die gegenwärtigen Machtverhältnisse noch unklarer und unsicherer als in Rußland sind. In Georgien ist das Verhältnis zwischen Juden und den neuen Kräften ganz gut, in Weißrußland dagegen sehr gespannt und schwierig. In der Ukraine ist es besser, und trotzdem ist die Lage der Juden in der Ukraine ohne Perspektive. Die Juden wissen, was hier einmal geschehen ist. Und leider ist der Antisemitismus in der Ukraine ein historisches Erbe. Trotz »RUCH«. Gerade von »RUCH« werden jetzt der Nationalismus und Leute wie Petljura und Bandera rehabilitiert. Und in Mittelasien wird es mit Sicherheit bald »antizionistische«, pro-arabische Strömungen geben.

Ich weiß auch um die Güte hierzuland,
doch kürzlich – keiner wagt es zu verbieten –
hat eine Schar Antisemiten sich höhnisch
»Bund des Russenvolks« genannt!

Jelena Bonner hat gesagt, man solle nicht übertreiben, es habe noch keine Pogrome gegeben. Nun, dabei ist natürlich die Frage, wie viele Tote und Verletzte man braucht, bis eine Ausschreitung »Pogrom« genannt zu werden verdient. Aber darum geht es im Grunde genommen auch gar nicht. Es geht einzig darum, daß die Juden die Situation nicht mehr aushalten. Sie wollen nicht mehr in dauernder Angst vor Ausschreitungen leben. Es gibt die rein lokalen Unruheherde, wie in Aserbaidschan oder zwischen Kirgisen und Usbeken. Die Juden aber lesen überall und jeden Tag antisemitische Hetze in den Zeitungen, die von Pogromen spricht. Gegen die Armenier hetzt man »nur« in Aserbaidschan, gegen die Juden in allen Regionen. Es ist richtig, daß es früher diverse offizielle, »antizionistische« Kampagnen gegeben hat. Aber aus verschiedenen Gründen sind die Juden nicht mehr bereit, die gegenwärtige Situation zu dulden. Erstens besteht, im Gegensatz zu früher, jetzt die Möglichkeit der Ausreise. Zweitens wollen sie in einer Zeit, in der von Öffnung und Demokratisierung viel die Rede war, den Antisemitismus nicht mehr ertragen müssen. Drittens war in früheren Zeiten die Gesamtlage stabiler, jetzt hingegen ist die Zukunft des ganzen Landes vollkommen unsicher. Zudem kommt der Antisemitismus dieser Tage nicht nur, wie häufiger behauptet, aus dem enttäuschten Volk, sondern selbstverständlich weiterhin aus offiziellen Kreisen. Natürlich ist Gorbatschow kein Antisemit, aber es ist doch bemerkenswert, daß er nur einmal, ganz schwach, den Antisemitismus verurteilt hat, obwohl man von ihm deutliche Äußerungen dazu erwartet hatte. Vielleicht kann man Gorbatschow mit Lenin vergleichen: Lenin hat 1922 nichts gegen die Emigration der russischen Intelligenz unternommen – vielleicht, weil er versuchte, sie vor Stalin und Berija zu retten? Macht Gorbatschow etwas ähnliches und rettet die Juden, indem er nichts für ihr Bleiben in der Sowjetunion tut? Früher konnte man gegenüber Antisemiten wenigstens noch formal argumentieren und sich auf Marx, Trotzki und Swerdlow beziehen, die doch die Triebkräfte beim Aufbau des Sozialismus und der Sowjetunion waren; heute aber, wo der Bolschewismus und selbst Marx diskreditiert sind, stehen die Juden ganz hilflos da. Jetzt sind sie angeblich schuld an der Misere. Im Bewußtsein der Bevölkerung waren eben überwiegend Juden bei den Bolschewiken, obwohl das historisch natürlich nicht haltbar ist. Ebenso viele waren Mitglieder bürgerlicher Parteien, saßen in Lagern. Die Juden sind in den Augen vieler als ganzes Volk diskreditiert, und das nimmt ihnen auch die Legitimität ihres weiteren Aufenthalts in der Sowjetunion.

> Mir ist, als wenn ich selbst ein Jude bin,
> verlaß' Ägyptens Land in Todesnöten.

Es ist erstaunlich, aber durchaus symptomatisch, daß in den neuen nationalen Plänen, wie zum Beispiel in dem kürzlich von Solschenizyn verbreiteten Manifest, die Juden gar nicht mehr vorkommen. Allen Völkern werden neue – oder vielmehr ihre alten – Plätze zugewiesen. So sollen allein aus Mittelasien 16 Millionen Menschen in ihre »historische Heimat« zurückkehren, das heißt in die Regionen, aus denen ihre Vorväter stammten. Und Jelzin sagt ähnliches. Irgendein armer russischer Bauer namens Iwanow in Mittelasien hat jetzt also ebenso das Gefühl, fremd und unerwünscht zu sein. Das ist psychologisch fatal und erhöht die sozialen Spannungen noch zusätzlich. Aber zwischen Iwanow und den Juden gibt es einen grundlegenden Unterschied: Wohin sollen die Juden gehen? Sie haben nach diesen nationalistischen Theorien keine angestammte Heimat in Rußland. Also sollen sie nach Israel zurückkehren! Und das nenne ich den »russischen Zionismus«, mit Jelzin in der Rolle des russischen Herzl. Dementsprechend wird es einen deutschen, polnischen, ungarischen oder koreanischen Herzl geben müssen. Für alle diese Völker wird es in der Zukunft keinen Platz in der Gesellschaft geben.

Jetzt seh ich mich in Bialystok als Junge.
Blut, Blut bedeckt den Boden ringsumher.
Es gröhlt betrunknes Volk mit schwerer Zunge,
nach Wodka und nach Zwiebeln stinkt es sehr.

Von den antisemitischen Aktionen und den Vertreibungen der Juden aus Polen, 1956, 1968, haben wir gewußt, weil wir immer westliches Radio hörten. Von den Ereignissen der jüngsten Zeit, den antisemitischen Anwürfen gegen Mitglieder der »Solidarität« und der Regierung, haben wir dann in den freien, westlichen Zeitungen gelesen. Ich halte nicht viel von Populisten wie Wałęsa. Ich fürchte, für die liberale polnische Intelligenz und für die Juden, und das sind schon wenig genug, werden nicht ganz leichte Zeiten anbrechen. Für die Juden ist es sehr schmerzhaft festzustellen, daß es weder im kommunistischen noch im post-kommunistischen Staat wirklich einen Platz für sie gibt.

In Rußland wußte eigentlich niemand von den Ereignissen in Polen. Wir Juden aber waren immer informiert. Meine Heimatstadt Czernowitz ist nur etwa 250 Kilometer von der polnischen Grenze und Lvov entfernt, auf deutsch Lemberg. Und da Lemberg bis zum Zweiten Weltkrieg polnisch war, haben viele Leute dort Verwandte in Polen. Sie standen mit Polen in ständigem Briefkontakt. Wir hatten auch Informationen über die »Solidarität« und die hohe Beteiligung von Juden an dieser neuen Bewegung. Die Wege, auf denen man in der Sowjetunion an Neuigkeiten kam, waren manchmal sehr merkwürdig. Eine Möglichkeit war das Lesen der offiziellen sowjetischen Propaganda und ihrer Organe. Denn indem sie sich über bestimmte politische oder gesellschaftliche Phänomene im Westen oder, wie in diesem Fall, in Polen aufregten, gaben sie doch auch ganz einfach Nachrichten weiter. Manche taten das ganz bewußt. Wetterten gegen gewisse westliche Erscheinungen und schafften es irgendwie, die schlimmste Kritik in eine für den aufmerksamen Leser positive Beurteilung umzuwandeln.

Über Babi Jar rauscht leis das wilde Gras.
Die Bäume blicken streng, wie Richter schauen.
Das Schweigen hier ist Aufschrei ohne Maß.
Mein Haar erbleicht vor namenlosem Grauen.

Es war nicht wirklich verboten, über den Krieg zu sprechen, aber niemand tat es. In jüdischen Familien, in Intellektuellenkreisen sprachen Vater oder Mutter manchmal mit ihren Kindern über diese Dinge, über die Massaker an den Juden, aber sie taten es immer auf eine seltsam »objektive« Art und Weise, gaben nur kurze Erklärungen ab. Sie versuchten, jede Emotionalität aus ihren Stimmen fernzuhalten, so als teilten sie uns lediglich historische Erkenntnisse, unangreifbare Fakten mit. Sie hatten Angst, Dinge zu erörtern, die in irgendeinem Zusammenhang mit einem wie auch immer gearteten »jüdischen Problem« stehen könnten. Die Propaganda in der Schule war einfach zu stark. Erst als ich älter war, wurde mir klar, daß wir es nicht nur mit einem deutsch-jüdischen Problem zu tun hatten. Mein Vater schilderte mir damals seine Version der Ereignisse von Babi Jar. Er war zur gleichen Zeit in Kiew gewesen, und für ihn stellten sich die Dinge nicht so einfach und klar dar wie für die sowjetische Geschichtsschreibung. Die ukrainische SS war natürlich ebenfalls darin verwickelt und war, seinen Erzählungen nach, häufig noch brutaler und antisemitischer als die Deutschen. Ich glaube, daß es in der Ukraine gerade jetzt sehr wichtig wäre, über diese Dinge offen zu sprechen, besonders in der Ukraine, wo es immer noch so viele Antisemiten und extreme Nationalisten gibt. Aber ähnliche Konstellationen gab es auch anderswo. Denn das Problem »Babi Jar« mit seinen Zehntausenden Toten steht nicht nur zwischen Ukrainern und Juden, sondern existiert auch für Letten und Litauer. Schließlich gab es ein Ponary bei Vilnius, wo 100 000 Juden ermordet worden sind, und da war Fort 9 (Kaunas) mit 70 000 jüdischen Opfern. Rumbuli bei Riga hat endlich ein Denkmal erhalten, das die Juden, die hier erschossen worden sind, ehrt. Jetzt, nach fast 50 Jahren. Der erste Stein an diesem Ort, der übrigens immer noch steht, trägt die Inschrift: »1941 wurden hier 50 000 Sowjetbürger, politische Gefangene, Kriegsgefangene und andere Opfer des Faschismus erschossen und zum Schweigen gebracht«. Ein zweites Denkmal, von 1964, verkündete ganz allgemein, daß hier »Opfer des Faschismus« verscharrt lägen. Erst seit dem vergangenen Jahr gibt es einen neuen Text in russisch, lettisch und jiddisch, der deutlich macht: »Hier liegen jüdische Opfer des Faschismus«.

Der Juden Blut fließt nicht in meinem Blut.
Doch tiefer Haß verfolgt mich bis zum Schlusse:
Für Judenfeinde bin ich wie ein Jud'.
Und darum steh ich hier als wahrer Russe.

Soweit ich mich erinnere, kam das Gedicht »Babi Jar« von Jewtuschenko 1957 oder 1959 heraus, und danach begann man wieder über diese Verbrechen zu sprechen. Plötzlich durfte man sich frei und in der Öffentlichkeit dazu äußern. Nun gut, auch die schlimmsten ukrainischen Antisemiten und Mörder sind Teil unserer Geschichte, sagte man, und begann Filme über den ukrainischen Nationalismus zu drehen. Aber das alles war vollkommen künstlich, eine Modeerscheinung, Teil der sowjetischen Ideologie, »Öffentlichkeitsarbeit« sozusagen. Die Intellektuellen haben das immer gewußt. Alles kultureller Abfall. Meine Freunde und ich haben diesen Dingen sowieso nie getraut. Wir haben auch Jewtuschenko nicht getraut, wir hielten das Gedicht für eine Art Prostitution. Das, was wir damals für die wirklich ernsten Probleme hielten, wurde nicht angesprochen. Statt dessen schaffte er es, auf einen Schlag berühmt zu werden.
Für meine Eltern war das natürlich ganz anders. Sie waren sehr erleichtert, ja, beinahe glücklich, daß jemand über Babi Jar geschrieben hatte. Für sie und ihre Generation war das ein sehr wichtiges Ereignis. Die Älteren glaubten immer noch den offiziellen Äußerungen, den Verlautbarungen der Regierung. Sie hatten ihr ganzes Leben lang Angst gehabt und versuchten verzweifelt, ihren Glauben nicht zu verlieren. Sie wollten einfach an irgendetwas glauben. Und als sie das erste Mal »Babi Jar« lasen, war es, als ließen sie endlich diesen Schmerz, der immer in ihnen gelebt hatte, hinter sich.
Über Jewtuschenkos Rolle in der Sowjetunion ist man sich heute nicht ganz im klaren. Das liegt aber nicht an seiner öffentlichen Position. Da gibt es andere, Dichter wie Okudschawa, die Offizielle waren und sich trotzdem nie haben korrumpieren lassen. Es wird jetzt sogar darüber diskutiert, ob Jewtuschenko wirklich ein guter Schriftsteller ist. Sein Stil, die Art, wie er spricht, das alles gehört zu einer besonderen Kategorie sowjetischer Literatur. Niemand weiß, ist das tatsächlich Literatur oder ist es die sowjetische Propaganda, die wir schon seit 70 Jahren kennen?

Doch eines bleibt: wir können uns umfangen
voll Zärtlichkeit im dunklen Zimmer hier.

Am Anfang der jüdischen Nationalbewegung in der Sowjetunion stand eigentlich nur ein einziger Wunsch: das Land, von dem man sich bedrückt fühlte, verlassen zu dürfen. Nur deshalb demonstrierten und hungerten sie. Leute wie Schtscharansky, bekannte Wissenschaftler, hatten großen Ein-

fluß. Viele mußten dann ihr Engagement bitter mit langen Gefängnis- und Verbannungsstrafen bezahlen. Und im Laufe der Zeit veränderte sich der Charakter der Bewegung. Die meisten Dissidenten waren doch für viele Jahre ohne Arbeit, mußten sich irgendwie beschäftigen, intellektuell fordern. Also begannen sie, sich um die brachliegende jüdische Kultur zu kümmern. Sie richteten Hebräischkurse ein, organisierten Kindergärten. Es gab Theateraufführungen, und zu den jüdischen Feiertagen wurden Feste veranstaltet. Es wurde alles versucht, um das oft sehr bedrängte Leben mit Wärme zu erfüllen. Vor fünf Jahren etwa begann man, diese Leute ausreisen zu lassen. Sie waren gefährlich geworden, da sie zu viele Menschen anzogen. So erhielt vor drei Jahren eine große Gruppe ihre Papiere, darunter meine Frau.
Ich habe einen sehr guten Freund, der aus derselben Stadt kommt wie ich. Sein Name ist Roman Spektor. 1988 planten Roman und ich, eine unabhängige jüdische Kulturinstitution ins Leben zu rufen. Wir versuchten eine Konferenz zu organisieren, an der Vertreter aus allen Regionen der Sowjetunion teilnehmen sollten, aber wir bekamen keinen Versammlungsraum. Überall, wo wir auftauchten, wartete schon die Polizei auf uns. Also beschlossen wir, die Konferenz in einem Park abzuhalten. Dort aber wurden wir von der Polizei eingekreist, und man drohte uns zu verhaften. Eines Abends, ich erinnere mich noch gut daran, saßen Roman, unser Freund Michail Tschlenow und ich in meinem Atelier in Moskau und stritten uns über unser weiteres Vorgehen. Zum Beispiel gab es die Möglichkeit, »offiziell« zu werden wie das jüdische Theater in Moskau, das in Zusammenarbeit mit dem KGB gegründet worden war. Allerdings mit dem Resultat, daß dieses Theater von den jüdischen Intellektuellen und kulturell Interessierten nie angenommen worden war. Tschlenow und Spektor beschlossen zusammenzuarbeiten und den Gang durch die Institutionen anzutreten. Auf diese Weise hofften sie, Einfluß auf Entscheidungen nehmen zu können. Ich war dagegen, es widersprach meinen Überzeugungen, aber ich half ihnen bei der Organisation. In der Zwischenzeit arbeitete ich sehr intensiv am Moskauer Puppentheater, dessen künstlerischer Leiter ich war, und versuchte, einiges in meinem eigenen Theater auf die Beine zu stellen. Die Bewegung interessierte mich eigentlich nicht, aber sie wuchs und wurde immer stärker, und irgendwann stellte ich fest, daß tatsächlich Spektor und Tschlenow, die altgedienten jüdischen Aktivisten, an ihrer Spitze standen.

Die wichtigsten Aufgaben der jüdischen Vereinigung sind meiner Meinung nach die juristische und materielle Unterstützung der Ausreisewilligen, die Vermittlung von Sprachkenntnissen sowie die Entwicklung eines nationalen jüdischen Bewußtseins. Das ist auch der Sinn der jüdischen Schulen, die jetzt in verschiedenen Städten eröffnet worden sind. Weiterhin werden Kurse in jüdischer Geschichte veranstaltet, damit man sich wenigstens ein Grundwissen aneignen kann. Die Menschen sind doch durch 45 oder gar 70 Jahre sowjetischer Propaganda und Unterdrückung Analphabeten, was ihr Wissen vom Judentum betrifft. Man hat systematisch versucht, das jüdische Gedächtnis zu zerstören. Und jetzt erobern es sich die Leute zurück.

Spektor reiste nach Wien, Rom, Paris und Jerusalem, um westliche Unterstützung für eine überregionale und offizielle Konferenz zu erhalten, die Tschlenow und er für Anfang 1990 geplant hatten. Er war erfolgreich. Diesmal hatten sie keine Raumprobleme, und es waren sogar einige Besucher aus den USA und Israel zu Gast. Ich war bereits nach Wien ausgereist, aber die beiden erzählten mir später, daß es sehr schwierig gewesen sei, die Delegierten an die Tagesordnung zu binden. Die meisten seien so von ihrer Begeisterung und ihren Emotionen überwältigt worden, daß Diskussionen über die anstehenden, dringlichen Probleme zunächst unmöglich erschienen. Jetzt stehen die beiden wirklich ganz oben. Tschlenow ist zum Präsidenten dieser neuen überregionalen jüdischen Vereinigung ernannt worden, Spektor ist für das Kulturressort verantwortlich.

Es ist richtig, daß es ein gewisses Aufleben der jüdischen Kultur gibt. Diese Aktivitäten dienen der Stärkung des Selbstbewußtseins. Eltern schicken ihre Kinder auf jüdische Schulen, um selber kulturell davon zu profitieren und ihre eigene jüdische Identität zu finden. Aber das Ganze hat keine Perspektive und ist ohne Zukunft. Welcher Jude will denn in der Sowjetunion bleiben?

Insgesamt läuft es nicht so gut, wie Spektor und Tschlenow gehofft hatten. Es ist ihnen immer noch nicht möglich, ein Konto zu eröffnen und Geld auf dem normalen Bankweg aus dem Ausland in die Sowjetunion zu transferieren. Und ausgerechnet jetzt sollen die Juden aus dem Ausland Geld für ihre kulturellen Aktivitäten bekommen, was meinen Sie, was die Russen dazu sagen werden? Trotz großer Bemühungen ist das alles ein bißchen lächerlich, denn die Menschen wollen letztendlich nur das Land verlassen, nichts weiter. Und nicht nur die Juden, alle!

(Ich danke Prof. Mark Batunski, im Wintersemester 1990/91 Gastprofessor am Seminar für Osteuropäische Geschichte der Universität zu Köln, und Boris Minkovsky, seit 1990 als freier Künstler in Köln lebend, für die Gespräche.)

Alexei Lewinson
Kasernenterror

Zur Soziologie der »Dedowschtschina«[1]

Zu den wichtigsten Institutionen der UdSSR zählt die Armee. Die Etappe, in der wir derzeit stehen, ist gekennzeichnet durch einen sich zuspitzenden Konflikt der Armee mit der Presse, den neuen gesellschaftlichen Bewegungen und Gruppen. Es wird immer deutlicher, daß das Schicksal der gesamten Perestroika unmittelbar vom Ausgang dieses Konfliktes abhängt. Ohne eine tatkräftig betriebene Entmilitarisierung droht der Reform der gesellschaftlichen Strukturen zumindest zeitweilig ein Stillstand auf allen Ebenen.
Die Armee übt nicht nur auf Ideologie und Außenpolitik, die Strategie der Wirtschaftsentwicklung und die Struktur der Ökonomie einen starken Einfluß aus, sie prägt auch, ganz unmittelbar und alltäglich, die Erziehung und Sozialisierung der gesamten männlichen Bevölkerung. Der Wehrdienst aller jungen Männer, die das 18. Lebensjahr erreicht haben, ist in der UdSSR Gesetz; eine Befreiung aus Gesundheitsgründen oder wegen einer begonnenen Hochschulausbildung gehört zu den Ausnahmen.
Zu dem erzieherischen Einfluß, den die Armee als eine formal bestehende Struktur auf die Jugend ausübt, gehören die politische Indoktrination, die Disziplin, der Drill und vieles andere, was die Regeln, Traditionen und Verordnungen der Armee vorschreiben. Aber heute interessieren uns ganz andere Dinge, die sich in letzter Zeit in der Armee ausbreiten konnten, ohne im Statut oder irgendwelchen Vorschriften verankert zu sein. Das hat dazu geführt, daß diese inoffiziellen Beziehungsformen als »statutenmäßig ungeregelte Beziehungen« bezeichnet werden.
Es handelt sich um ein bei den sowjetischen Streitkräften geläufiges System der Unterdrückung der frisch Einberufenen durch die Soldaten, die schon länger dienen (ein Jahr und mehr). Vor diesen mit Methode und Bedacht inszenierten Erniedrigungen und Quälereien durch die »Großväter«, also vor der »Dedowschtschina«, sind viele sowjetische Soldaten in Ostdeutschland geflohen, in Afghanistan desertiert, ganz zu schweigen von den zahllosen Fluchtversuchen, Selbstmorden und Fällen von Wahnsinn bei den innerhalb der UdSSR dienenden Soldaten.
Inzwischen sind Vorfälle von seelischer und körperlicher Erniedrigung, von

Folterungen, Verstümmelungen und sogar Morden in einem so unerhörten Ausmaß bekannt geworden, daß eine mächtige Protestbewegung entstand. Nach den Angaben einer dieser Organisationen, die sich mit der Rechtslage der Wehrpflichtigen befaßt, übersteigt die Zahl der durch Kasernenterror ums Leben gekommenen Soldaten die offiziellen Verlustmeldungen der Sowjetarmee aus Afghanistan. Nachdem nun Zeitungen und Zeitschriften, Fernsehsendungen, Dokumentar- und Spielfilme das Thema aufgegriffen haben, hat sich auch die Armeeführung endlich bereitgefunden, von ihrem bisherigen Kurs der Geheimhaltung und Dementierung solcher Vorkommnisse sowie der Gegenattacken (Beschuldigung der Eltern, der Schule, der Gesellschaft als solcher) abzugehen und sich zur Anerkennung der Notwendigkeit von Maßnahmen, etwa der Bestrafung der Schuldigen, durchzuringen.

Der Fall der »Dedowschtschina« konfrontiert uns mit einer Form gesellschaftlicher Selbstorganisation, wie sie sich nur unter den Bedingungen des totalitären Staates hat herausbilden können. Der totale Polit-Terror und die aus ihm erwachsenen psychischen und sozialen Phänome sind das Ergebnis von zielgerichtetem und organisiertem Handeln. Einen fruchtbaren Nährboden dafür bildeten, gleich allen anderen staatlichen Einrichtungen, die Armeestrukturen, die diesen Terror aber auch im eigenen Interesse nutzten. Jedenfalls ist festzuhalten, daß die »Dedowschtschina« nicht eigens eingerichtet worden ist. Wir haben es bei ihr vielmehr mit einem sozialen Phänomen par excellence zu tun, das als solches auch einer soziologischen Analyse bedarf. Die soll hier versucht werden. Es sei von vornherein angemerkt, daß uns ähnlich gelagerte Fälle aus geschlossenen Lehranstalten, Heimen und sonstigen »totalen« Institutionen bekannt sind, die sich in anderen, auch in westlichen Ländern zugetragen haben. Wir vermuten jedoch, daß unsere Überlegungen zu diesem Thema nicht für jedes beliebige geschlossene Sozialsystem gelten, sondern sehr spezifische Erscheinungen in der sowjetischen Armee beschreiben, die auf der sowjetischen Sozialstruktur beruhen.
Die Armee kann als besonderes Modell, als eine Art Projektion der Gesellschaft gelten. Die Grundbausteine der Struktur werden von dem Verhältnis zwischen Herrschaft und Unterwerfung, Dienstalter und Disziplin bestimmt. Solche Beziehungen existieren auch im normalen Alltag, doch bilden sie hier nur eine neben vielen andern Komponenten, die auch auf anderen Prinzipien, etwa Sympathie, Autorität, Verwandtschaft etc. beruhen. Wie in einer Karikatur wiederholt die Armee gesellschaftliche Zustände nur in einigen charakteristischen Zügen, die nun ins Groteske verzerrt erscheinen. Und die »Dedowschtschina« kann ihrerseits als Karikatur

der Armeehierarchie angesehen werden. Wie in einer Parodie, nur unbemerkt von den Beteiligten, reproduzieren die »nicht-statutengemäßen« Beziehungen Verhältnisse, die das Statut vorschreibt.
Die »Dedowschtschina« mit ihrer nach der Wehrdienstdauer gestaffelten Hierarchie verhält sich zur Gesellschaftsstruktur wie ein groteskes Phänomen zweiter Ordnung und ist deshalb auch ziemlich autonom. Es handelt sich hierbei ohne Frage um ein Status-System, in dem alle Rechte und Privilegien (ob man »Schmutzarbeit« macht oder nicht, ob man sich satt ißt oder hungert, ob man eine neue oder eine alte Uniform trägt, ob man – und das ist die Hauptsache – Befehlsgewalt ausübt oder sich unterwirft, ob man jemanden terrorisiert oder Terror erduldet) ausschließlich vom Zeitpunkt der Einberufung abhängen, also davon, ob man seinen Wehrdienst vor einem halben Jahr, vor einem ganzen Jahr oder vor anderthalb Jahren angetreten hat.
Wollte man die Beziehungen zwischen den einzelnen »Einberufungsjahrgängen« in der Sprache der politischen Ökonomie ausdrücken, so könnte man durchaus von einem Verhältnis der Enteignung und der Ausbeutung sprechen. Die »Neuen« verlieren ihr gesamtes Eigentum, von der mitgebrachten Uhr bis zur ausgeteilten Uniform und der Lebensmittelration. Die Ausbeutung besteht darin, daß die Neuen die schwersten und unangenehmsten Arbeiten verrichten müssen. Dazu sei am Rande vermerkt, daß die einzelnen Truppenkontingente in der UdSSR sowohl Bauarbeiten, Reparaturen, Instandhaltung und Pflege der eigenen Gebäude als auch die Zubereitung der Speisen, die Herstellung oder Herbeischaffung der Lebensmittel aus eigenen Kräften bestreiten. Überdies werden regelmäßig Teile der Armee zu dringenden Transportarbeiten herangezogen, die eigentlich zu den Aufgaben der Zivileinrichtungen gehören. Einen sehr hohen Anteil an diesen Tätigkeiten hat die Handarbeit. Ihre Unentgeltlichkeit und ihr Zwangscharakter verhindern selbst dort die Mechanisierung, wo im zivilen Leben für derartige Schindereien niemand zu gewinnen wäre.
Diese Verwendung von Soldaten, die an charakteristische Formen der feudalen Leibeigenenausbeutung, mitunter sogar an Sklavenarbeit erinnert, erhält nun durch die Struktur der »Dedowschtschina« eine besondere Note. Weder in der marxistischen noch in irgendeiner anderen Geschichtsschreibung wird ein Ausbeutungssystem vorgestellt, in dem sich die unterjochte und ausgebeutete Klasse aus ihrem Joch befreit, sogar an die Stelle von Unterdrücker und Ausbeuter rückt und dieser Prozeß sich regelmäßig und automatisch wiederholt. Bemerkenswert ist ferner, daß sich der Übergang von der einen in die andere Qualität nicht in der Folge eines Aufruhrs, Aufstandes oder systematisch geführten Kampfes vollzieht, sondern ganz

im Gegenteil den Bahnen eines einmal in Bewegung gesetzten Prinzips folgt. Unwillkürlich erinnert man sich religiöser Lehren, die vom Lohn für erduldetes Leiden handeln; aber sie versprechen den Erniedrigten eine Besserung ihres Loses erst in einem anderen Leben. Wir wissen auch von klösterlichem Gehorsam und der geringen Stellung jüngerer Familienmitglieder in verschiedenen Kulturen; aber dabei handelt es sich nicht um gruppenweise, sondern um individuell vollzogene Statusänderungen.

Die Zählebigkeit der »Dedowschtschina«, gegen die selbst solche Offiziere vergebens angehen, die sie als eine Schande für den Ruf der Armee ansehen und ihr den Garaus machen wollen, ist teilweise auch darauf zurückzuführen, daß dieses ausgesprochen diesseitige System dem Soldaten noch zu Lebzeiten, in allernächster Zukunft, in spätestens einem Jahr den »Lohn« verheißt und die Möglichkeit bietet, sich restlos für all das schadlos zu halten, was ihm die »Großväter« angetan haben. Er hat nichts weiter zu tun, als selber »Großvater« zu werden. Der Mechanismus des sozialen Umsturzes ist hier systemimmanent, daher braucht das System ihn nicht zu fürchten. So muß man voller Neid zugestehen, daß ihm gelang, was vielen Kämpfern für die gerechte Sache versagt blieb. Bedeutet es etwa keine Gerechtigkeit, wenn man im Maß des gezollten Tributs entschädigt wird? Die als »Dedowschtschina« begründete Ordnung wäre in der Tat vollkommen und moralisch unantastbar, wenn es da nicht einen besonderen Umstand gäbe.

In diesem Sozialsystem tauschen Sklave und Herr keineswegs ihre Rollen. Hier wird nach dem Sturz des Ausbeuters nicht vergolten. Der Aufstieg des vorher erniedrigten und getretenen Einjährigen in die höheren Ränge der Kasernenhierarchie wird nicht etwa dadurch vollzogen, daß er nun seinen ehemaligen Peinigern die Qualen bereitet, denen er selbst ausgesetzt war, beileibe nicht, sondern er erprobt ihre Wirkung an dem vollkommen unschuldigen Neuling, der ihm persönlich nie ein Leid zugefügt hat. Sein Unterdrücker, den er nicht einmal zu berühren wagte, zieht unbestraft seiner Wege.

Bei Analysen, die sich mit dem Verhältnis eines »altgedienten« Soldaten zu diesem System befassen, ergibt sich häufig ein aus dem Bewußtsein verdrängter Konflikt: einerseits das Gewahrwerden eines äußerst ungerechten Verhaltens anderer ihm gegenüber und seiner selbst in bezug auf dritte, andererseits ein Gefühl der Befriedigung über die Wiederherstellung des Gleichgewichts dank der Rache für erlittene Schmach.

Psychologisch läßt sich die »Dedowschtschina« als Resozialisierung, als Persönlichkeitsumformung eines 18-19jährigen Jünglings einstufen. Die jungen Menschen, die heute in der UdSSR aufwachsen, bekommen unabhängig davon, in welchem Milieu (mit Ausnahme des kriminellen) sie erzogen worden sind, einen Normen- und Orientierungskodex mit auf den Weg, der der gewissermaßen offiziellen und nominellen sowjetischen Moral entspricht. Vergleicht man diesen Kodex mit ähnlichen Normen der westlichen Gesellschaft, so zeigt sich, daß die jeweiligen Grundwerte und strukturellen Grundlagen sich wie Feuer und Wasser zueinander verhalten. Legt man der Analyse jedoch eine Kasernenmoral zugrunde, in der die »Dedowschtschina« vorherrscht, so steht das, was wir die nominelle sowjetische Moral genannt haben, gemeinsam mit den europäischen Moralnormen auf der einen Seite eines tiefen Abgrunds, der Kodex der »nicht-statutengemäßen Beziehungen« hingegen auf der anderen. Es handelt sich dabei um Antinomien vom Typus »Macht des Rechts« versus »Recht der Macht«, »allgemeinmenschliche Normen« versus »Asiatschina«[2] sowie »kooperatives Rollenverhalten« versus »statusdominiertes Rollenverhalten«.

Die auf den ersten Blick sinnlos erscheinenden Erniedrigungen, denen sich ein frischgebackener Rekrut in der Kaserne ausgesetzt sieht, erfüllen ihre Funktion durchaus, wenn man berücksichtigt, daß die »Dedowschtschina« ein System der Resozialisierung darstellt, bei dem die im ersten Modell aufgewachsene Person den Übergang in das zweite vollzieht. Stark befördert wird dieser Übergang erstens dadurch, daß dem Initianten vor Augen geführt wird, daß die »allgemeinverbindlichen menschlichen Normen« in dem Milieu, in dem er sich nun aufhält, absolut wirkungslos bleiben, und zweitens dadurch, daß jenen Normen, die die »Alten« demonstrieren, der Status wirklicher Normen verliehen wird.

Zu den Mitteln, diese neuen, am Unterordnungsprinzip orientierten Normen psychologisch in das Bewußtsein einzuprägen, gehört die Sinnentleerung der Unterwerfung. Einer Anordnung des Älteren, des »Großvaters« muß nicht etwa wegen ihrer Vernünftigkeit, Zweckdienlichkeit oder aus ethischen Erwägungen heraus Folge geleistet werden, sondern einzig und allein, weil ein Älterer sie erteilte. Der militärische Gehorsam wird den »Objekten« in sehr ähnlicher Weise anerzogen, und nicht selten geht die »nicht-statutengemäße« Unterdrückung Hand in Hand mit dem offiziellen militärischen Drill. Selbstverständlich bezieht sich dies nur auf die praktische Ausführung, denn in der Theorie hat der Befehl vernünftig, logisch und ethisch begründbar zu sein, da allein auf dieser Basis seine widerspruchslose, statutengerechte Befolgung erwartet werden darf. Die bewußte, beabsichtigte Sinnlosigkeit und Unmoral der Kasernenpraxis gründet nicht in »sittlicher Verdorbenheit«, sondern leitet sich von der Notwendigkeit her, Ratio und Moral als Handlungsgrundlagen des Individuums zu zerstören.

Zu den bei der Resozialisierung verwendeten Techniken gehören auch verschiedene physische Qualen, z. B. die Verordnung von Hungerphasen, län-

gerem Schlafentzug, körperlicher Überanstrengung und schließlich die Zufügung von Schmerzen durch Schläge und Quälereien. Personen, die sich an solchen Handlungen beteiligen, würde man im zivilen Leben ohne Umschweife als Sadisten abstempeln. Man könnte in diesem Zusammenhang auch von einer sich manifestierenden pathologischen Grausamkeit sprechen. Allerdings verbieten es der Massencharakter und die Einförmigkeit dieser Praktiken, sie in den Bereich der Psychopathologie zu verweisen. Als Täter kommen Personen in Frage, die vor einer medizinischen Kommission gestanden haben und als für den Wehrdienst tauglich eingestuft wurden. Außerdem betrachtet die Gesellschaft sie nach dem Verlassen der Kasernen als vollkommen normale Menschen, sie gelten als »richtige Männer«.
Die beschriebenen Handlungen wurzeln also keineswegs in der individuellen Psychologie der Peiniger oder der Opfer, die ihrerseits dem Ritus gemäß zu Peinigern avancieren. Auch handelt es sich nicht um ein Phänomen der Massenpsychologie oder die Aggressivität der »Meute«. Unserer Auffassung nach liegt die psychologische Komponente woanders. Die Reduktion aller emotionalen und Willenskräfte des Rekruten auf das physische Überleben versetzt ihn im Zusammenspiel mit der gleichzeitigen Zerstörung seiner sittlichen Grundlagen in einen säuglingsartigen Zustand, der einer tabula rasa gleichkommt. Diese »Bearbeitung« schafft in ihm die Voraussetzungen dafür, die neuen Verhaltensnormen anzunehmen, die, ethologisch formuliert, von »dominierenden Personen« inauguriert worden sind. In der Sprache der Psychologie heißen solche Personen »autoritäre Andere«, zu denen in der kleinen, geschlossenen Welt der Kaserne die »Großväter« werden.
Das Phänomen, daß ein Opfer seinen Henker als »autoritären Anderen« auffaßt, fand seinen Niederschlag sowohl in der psychologischen Fachliteratur als auch in den Werken Koestlers und Nabokows. Dort geht es allerdings um individuelle Fälle. Wir aber haben es mit Prozessen zu tun, die Millionen von jungen Menschen betreffen.

Die Öffentlichkeit der UdSSR hat alle die Nachrichten über solche Vorkommnisse, die über die hohen Zäune der Kasernen nach außen drangen, voll Schmerz und Empörung aufgenommen. Inzwischen hat man begonnen, Martyrologien für die Opfer zu verfassen, Zeugnisse über Soldaten, die zu Tode geprügelt wurden oder die den Erniedrigungen seelisch nicht standzuhalten vermochten und freiwillig in den Tod gingen. Ferner hat man begonnen, Akten über kriminelle Vergehen anzulegen, über körperliche Schäden als Folge von Prügel und Folter. Zu wenig Beachtung aber finden noch jene Ergebnisse des beschriebenen Resozialisierungsprozesses, die als harmlos gelten. Alle, die durchgehalten haben, die das erste Wehrdienstjahr mehr

oder weniger heil überstanden – und das ist natürlich die Mehrzahl –, nahmen im zweiten Jahr den Platz der Peiniger ein, um aus Überzeugung oder unter dem Druck der Umwelt genau dasselbe zu tun. Sie eben sind das Produkt der »Dedowschtschina« im Sinne des Resozialisierungsprozesses, denn wer ihn nicht durchstand, der gehört eben zum unvermeidlichen »Abfall«.
Wie aufrichtig oder nur angeblich aufrichtig ein Soldat im zweiten Dienstjahr seine Pflichten als »Großvater« auch wahrnehmen mag, er macht sich zum Träger jener zweiten Moral, die den aus der Schule, der Familie, den Büchern erworbenen sittlichen Grundsätzen diametral entgegengesetzt ist. Selbst dann, wenn sich einiges von dieser Schul- und Büchermoral in ihm festsetzen konnte, muß sie in seiner Seele zusammenrücken, um den Verhaltensregeln eines »richtigen Mannes« Platz zu machen.
Der Soldat verläßt schließlich die Kaserne ausgestattet mit dieser Doppelmoral. Im zivilen Leben kann das »männliche« Verhaltenssystem, wenn die Bedingungen, die der Betreffende vorfindet, das begünstigen, reanimiert werden. Die entsprechenden Bedingungen sind nicht schwer zu erraten: Hinsichtlich der Wirkung auf den jugendlichen Charakter besteht ein Zusammenhang zwischen den »nicht-statutengemäßen Beziehungen« und der parallel dazu verlaufenden »statutengerechten« Wehrerziehung. Das männliche Armeedienst-Syndrom wird aus der Einheit beider Komponenten gebildet. Darin sind physische Gewalt und hierarchisches Statusdenken mit Billigung der institutionalisierten militärischen Gewalt zu einem Knoten verknüpft, so daß das Weltbild als Schlachtfeld widerstreitender Gegner erscheint. Militaristische Werte verbinden sich mit »Männlichkeits«-Werten, die Gewalt des Staates und die Kraft der Faust werden zu Emanationen *einer* Macht, zu Attributen *einer* Autorität.
Der hier nur flüchtig beschriebene Resozialisierungsprozeß erinnert in vielem an Initiationsriten, wie wir sie beispielsweise aus ethnographischen Beschreibungen der Jägerstämme kennen. Es drängt sich eine Analogie zwischen Kaserne und »Männerhaus« auf. Auch andere Übereinstimmungen lassen sich feststellen. In der Kaserne heißt die dominierende Gruppe z. B. meistens »Großväter«, »Alte«. Von den Slawisten wissen wir, daß im vorchristlichen slawischen Volksgut solche Bezeichnungen den Ahnen oder Geistern zukamen. Da wir aber über keinerlei gesicherte Nachweise möglicher Überlieferungswege solcher und ähnlicher Traditionen verfügen, scheinen irgendwelche Anbindungen nur schwer nachweisbar zu sein. Außerdem finden sich bei den Slawen und ihren Nachbarn keine Spuren von Initiationsriten, die auch nur entfernt dem vergleichbar wären, was von den Jägerstämmen Amazoniens und Afrikas bekannt ist. Auch Einflüsse der Nomaden der Steppe oder der normannischen Reisigen, die, wie es heißt, die Herausbil-

dung des russischen Staates sehr wesentlich gefördert haben, können nicht belegt werden. So bleibt gar nichts anderes übrig, als vom seltenen Fall der Reproduktion eines im kulturellen Milieu schwach bezeugten, sehr archaischen Verhaltenskanons unter modernen Bedingungen zu sprechen.

Das Verhältnis des frischgebackenen Rekruten und des »Großvaters« erinnert in mancher Hinsicht auch an die aus der Memoiren- und Romanliteratur wohlbekannten Beziehungen zwischen »Bursche« und Offizier in der russischen Armee während der Leibeigenschaft, also an die Verhältnisse vor gut eineinhalb Jahrhunderten. Obwohl die Überlieferung einiger Normen über diese literarischen Kanäle in Betracht zu ziehen wäre (eine direkte Kontinuität zwischen der Sowjetarmee und der zaristischen Armee ist indiskutabel), reicht diese Erklärung kaum aus und wäre unbefriedigend. Das Phänomen der »Dedowschtschina« hat es in der Roten Armee bis zum Zweiten Weltkrieg nicht gegeben und in den ersten Nachkriegsjahrzehnten auch nicht. Die literarische Vorlage aber stand allen zu jeder Zeit offen. Wie im Fall der archaischen Muster müssen wir also funktionale und nicht etwa genetische Ursachen für die Entstehung eines solchen Verhaltenskodex annehmen.

Die »nicht-statutengemäßen« Beziehungen erinnern noch an ein weiteres, historisches und kulturelles Phänomen: die Utopien, vor allem solche, die auf die Staatsutopie Platons zurückgehen. Dort soll die Erziehung der Jugend durch den Staat, getrennt von Heim und Familie, unter den Bedingungen härtester Disziplin erfolgen. Selbstverständlich dachte Platon hierbei keineswegs an die Scheußlichkeiten, von denen wir berichten mußten, obwohl sein Entwurf die totale Reglementierung des Alltags, asketische Nivellierungsnormen und unerbittliche Kontrolle, also die strenge Hierarchie von Kommandeur und Kontrolleur, vorsieht. Charakteristisch ist dies für viele solcher Projekte, das namenstiftende des Thomas More nicht ausgenommen. N. Berdjajew schrieb sehr treffend, die Fähigkeit der Utopien zur Selbstverwirklichung sei eine der Tragödien des 20. Jahrhunderts. Auf dem Wege der Verwirklichung befinden sich nun die Antiutopien, zu denen wahrscheinlich auch der von Marx flüchtig skizzierte »Kasernenkommunismus« gehört.

Den Gang der Ereignisse, der zur Verwirklichung der »Dedowschtschina« gerade in den Kasernen führte, bestimmte keineswegs allein der Zufall. Alle bekannten Quellen wissen ein Lied davon zu singen, daß im Rahmen der »Einberufung« jener Pseudoaltersgruppe der Wehrdienstleistenden, die durch den gemeinsamen Zeitpunkt ihres Dienstantritts aneinandergekettet sind, Verhältnisse einer von den dienstälteren Soldaten aufgezwungenen »groben Gleichmacherei« herrschen. Es lassen sich auch etliche andere Übereinstimmungen in der Ideologie und Praxis der nichtformalen Kasernenverhältnisse und des bei Marx beschriebenen »Kasernenkommunismus« nachweisen. Die Sympathien, die Maoisten, Pol-Pot-Anhänger u. a. der militaristischen Gesellschaftsstruktur entgegenbringen, sind hinlänglich bekannt. Die Krone des Ganzen aber bilden die Anhänger einer Militärordnung in der Sowjetgesellschaft, die einerseits die Forderung erheben, man möge endlich mit dem überflüssigen Gerede von den »nicht-statutengemäßen« Beziehungen in der Armee aufhören, andererseits aber unter der Losung der Treue zu den »kommunistischen Idealen« ein Gesellschaftsmodell vorschlagen, das dieser Antiutopie sehr nahekommt.

Obwohl eine Erscheinung der letzten Jahrzehnte, erweist sich die »Dedowschtschina« historisch und sozial als Fleisch vom Fleische jener Gesellschaft, die sich in der UdSSR über mehr als ein halbes Jahrhundert hinweg ausgebreitet hat. Ihr genuiner Zusammenhang mit den tragischsten Seiten der Sowjetgeschichte liegt, allen sichtbar, auf der Hand. Beschreibungen solcher Erniedrigungen, die junge Soldaten über sich ergehen lassen müssen, wecken bei vielen Erinnerungen an den Umgang der Besatzer, insbesondere der SS, mit sowjetischen Gefangenen. Die Monstrosität eines solchen Sachverhaltes bezeichnete der Soziologe Juri Lewada als »Spiegeleffekt«.

Auch läßt sich eine Verbindungslinie zwischen dem Verhalten einfacher junger Männer in Uniform und den Handlungen der KGB-Untersuchungsrichter in ihren Amtsstuben zur Stalinzeit und auch zu anderen Zeiten ziehen. Das Prügeln in den Kasernen hat überhaupt keine Ähnlichkeit mit normalen Straßenschlägereien. Es handelt sich dabei gewissermaßen um professionell inszenierte Gewaltmaßnahmen. Wieder muß man nach den Überlieferungssträngen dieser Tradition fragen, und wiederum muß es heißen, daß die Tradition wohl kaum aus dieser jüngsten Vergangenheit »geradenwegs« zu uns kam. Anstatt nach möglichen Überlieferungslinien zu suchen, sollten wir lieber die Annahme machen, daß die im Gedächtnis eines Kollektivs in unterschiedlicher Form gespeicherten Verhaltensnormen und Handlungsweisen bei der Herausbildung analoger sozialer Verhältnisse auch analoge Komplexe dieser Art bilden. Ein Beispiel wäre die gewaltsame Gleichschaltung eines bestimmten Personenkreises in Verbindung mit seiner gewaltsamen Unterordnung unter einen anderen Personenkreis.

Die wichtigste Voraussetzung für das volle Inkrafttreten eines solchen Komplexes bildet die anthropologisch begründete Präsumtion des Rechts, die Persönlichkeit gegen einen dem Individuum oktroyierten Status auszutauschen. Der Status – sei er der eines Sklaven oder der eines Herrn – wird dabei nicht aufgrund irgendwelcher persönlicher Eigenschaften des Individuums zugewiesen – daraus ließe sich ja eine Persönlichkeitswertung ableiten –, sondern unter Heranziehung bestimmter, ihm zugeschriebener Merkmale und

Eigenarten, auf die es keinen Einfluß nehmen kann, festgelegt. Im Fall der »nicht-statutengemäßen Beziehungen« wird der Zeitpunkt der Einberufung zu einem solchen entscheidenden, aber vom Subjekt unbeeinflußbaren Merkmal, wobei Geburtsjahr und Geburtsort eine Rolle spielen. Auch Nationalität und Wohnort können die Funktion eines Merkmals besitzen, das unabhängig vom Willen des Individuums zur Wirkung gelangt.

In den letzten Jahren wurden die »nicht-statutengemäßen Beziehungen« zunehmend auch nach Kriterien der Nationalität oder der geographischen Herkunft der Rekruten praktiziert. Es verdient besondere Beachtung, daß diese Spielart des Kasernen-Antagonismus nicht einfach als Folge der sich zuspitzenden Nationalitätenkonflikte im Lande angesehen werden kann, sondern eher umgekehrt zu den Ursachen dieser Zuspitzung gezählt werden muß. Die dabei entwickelten Formen der Entwürdigung junger Menschen stimmen in manchem mit dem überein, was hier zur Sprache kam, weisen aber auch erhebliche Unterschiede auf, die eine eigene Betrachtung erfordern würden. Allerdings schöpfen beide Spielarten aus der gleichen Quelle: der Verbindung von gewaltsamer Gleichschaltung und gewaltsam aufgezwungener Ungleichheit. Das einzige Heilmittel gegen diese schweren sozialen Erkrankungen sehen wir in der Umgestaltung der gesellschaftlichen Verhältnisse im Lande und damit auch in der grundlegenden Veränderung aller in der Armee mittlerweile tief verwurzelten militärischen Existenzformen.

Aus dem Russischen von Bernd Funck

Anmerkungen des Übersetzers

1 Die »Dedowschtschina« bezeichnet in der Sowjetunion ein System der Ausnutzung von Abhängigkeiten und einer unter Kasernenbedingungen erzwungenen Wehrlosigkeit der Rekruten gegenüber den im zweiten Wehrdienstjahr stehenden Soldaten. Der Begriff ist abgeleitet von russ. »Ded«/»Deduschka« = Großvater/Alter.

2 Der Begriff der »Asiatschina« bezeichnet im polemischen Sinn die Rückständigkeit des zaristischen Rußland, die angeblich auf einen durch die mongolische Vorherrschaft im frühen Mittelalter begründeten asiatischen Einfluß im russischen Nationalcharakter zurückgeht. Vgl. dazu K. A. Wittfogel, *Die orientalische Despotie*, Köln 1962, S. 456 ff.

Zuzana
WEIT
Brabcová
VOM
Roman
BAUM

BARBARA HONIGMANN
Eine Liebe
aus nichts

BERND WAGNER
DIE WUT IM KOFFER
KALAMAZONISCHE REDEN 1-9

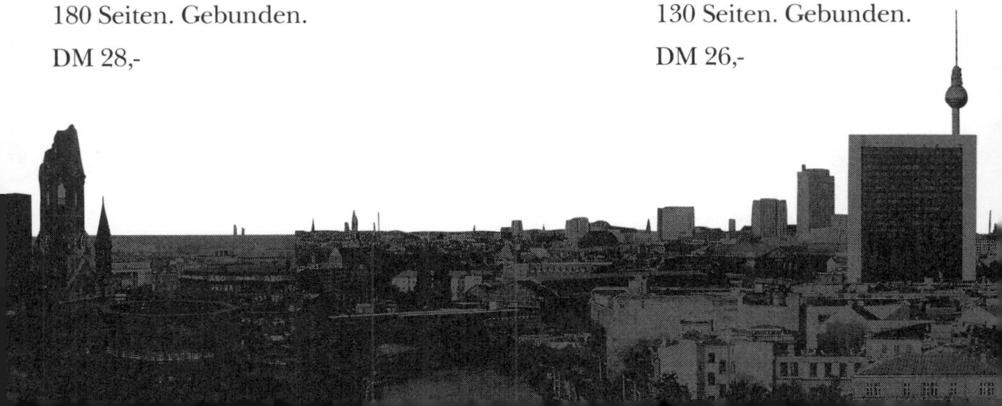

Elfie Siegl
Perestroika-Rätsel

»Der Rechtsstaat, den wir schaffen wollen, zeichnet sich vor allem dadurch aus, daß die in der Gesellschaft bestehende Vielfalt von Meinungen und Interessen die Möglichkeit erhält, sich frei zu erklären, sich im Rahmen der politischen Strukturen zu behaupten. Darin liegt der Kern der Sache, Genossen.« (Michail Gorbatschow, Vorsitzender des Obersten Sowjet der UdSSR, in einer Rede zur Eröffnung der 3. Sitzung des Obersten Sowjet der UdSSR, Februar 1990)
»Ich teile die Meinung vieler Redner: es reichen die Zusammenrottungen, das politische Geschwätz, das gegenseitig sich Beschuldigen, das Schwanken. Da es hier Versuche der Anschuldigungen und der Schaffung von Gegensätzen gab, meine ich, daß dieser Weg unproduktiv ist, besonders in der gegenwärtigen Situation, und entschieden abgelehnt werden sollte.« (Michail Gorbatschow, Präsident der UdSSR, in seinem Schlußwort auf dem 4. Volksdeputierten-Kongreß der UdSSR, Dezember 1990)
»Damit wir eine Enttäuschung vermeiden, laßt uns von Michail Gorbatschow nicht fordern, daß er in der Situation eines János Kádár handelt wie Václav Havel.« (Igor Kljamkin, Politologe, in der Illustrierten *Ogonjok*, November 1990)

Die Todeszellen sind alle gleich: in dem Raum stehen acht Pritschen aus Holz, das vergitterte Fensterloch, mit Metallblenden verkleidet, läßt kaum Licht durch, in einem Abstand, der mit den Händen nicht mehr zu ertasten ist, sichert ein Gitter die Zellentür, durch deren winzige Klappe die Wärter das Essen reichen. In die Zellwände haben Todeskandidaten Worte der Verzweiflung, aber auch der Hoffnung geritzt.
Einer, der diese Sackgasse des Lebens nicht vergessen kann und deshalb heute in Rußland politische Macht und Verantwortung übernommen hat, ist der Biologe Sergei Kowaljow (58). In der Breschnew-Ära gehörte Kowaljow, als Herausgeber der Untergrund-Schrift *Chronik der laufenden Ereignisse*, einer hektografierten Aufstellung politischer Repression in der UdSSR, zu den Führern der sowjetischen Menschenrechtsbewegung. Sie-

ben Jahre Gefängnis und drei Jahre Verbannung wegen »antisowjetischer Agitation« handelte er sich damit ein. Zu seinem Prozeß in Wilna 1974 reiste Bürgerrechtler Andrei Sacharow an und trommelte mit den Fäusten gegen die verschlossenen Türen des Gerichts, weil die Öffentlichkeit das Verfahren nicht beobachten durfte.

Während seiner Verbannung Ende 1981 in der sibirischen Stadt Krasnojarsk mußte Kowaljow »aus Platzmangel« tagelang in einer überfüllten Todeszelle ausharren. Damals kamen die Henker nachts und führten die Todeskandidaten auf den engen, an jedem Ende von Patrouillen bewachten Korridor. Manchmal schrie einer, dann verschloß man ihm mit Gummi den Mund. Vor der Vollstreckung hatte man die Häftlinge fotografiert, fürs Archiv, der Tod erfolgte durch einen Genickschuß, wobei der Kopf des Delinquenten über ein Klosettbecken gehalten wurde, damit weniger Blut verspritzte. Einmal pro Nacht, erinnert sich Kowaljow heute, als sei es gestern gewesen, kamen »sie«. Wenn sie die Zellentür hinter sich verschlossen, waren alle erleichtert und schliefen endlich ein. »Dieses Gefühl der Erleichterung vergißt man nie mehr.«

Unter dem russischen Parlamentspräsidenten Boris Jelzin wurde der ernste Mann, dessen Schalk in den Augen dicke Brillengläser kaum verbergen und der ebensogut Buchhalter wie Professor sein könnte, Vorsitzender der Menschenrechts-Kommission des russischen Parlaments. Dort arbeiten auch andere einstige Polit-Häftlinge mit, wie etwa Michail Molostow, der in den fünfziger Jahren illegale Marxisten-Treffen organisierte und damals »unerwartet« begriff: »was bei uns im Lande läuft, hat mit Marxismus nichts zu tun«. Damals fühlten sie sich nicht als Politiker, sondern spürten nur die »moralische Unvereinbarkeit mit dem Regime«.

Sergei Kowaljow hat, wie auch andere ehemalige Dissidenten in vielen Teilen der UdSSR, Michail Gorbatschow und dessen politische Perestroika aktiv unterstützt und deshalb als Volksdeputierter kandidiert. Wie viele einstige Andersdenkende wurde Kowaljow mit großer Mehrheit gewählt – in den Volkskongreß zunächst, dann in das Parlament Rußlands und dessen Präsidium –, gilt er doch wegen seiner schweren Haftzeit, seines Mutes, seiner Aufrichtigkeit und konsequenten Haltung bei den Wählern als moralisch und politisch integre Persönlichkeit. Heute residiert Kowaljow in einem geräumigen Büro mit kostbaren holzgetäfelten Wänden im »Weißen Haus«, wie das pompöse, aus schneeweißen Steinen errichtete Gebäude des russischen Ministerrats am Ufer der Moskwa scherzhaft genannt wird. Kowaljows Parlamentskommission erarbeitete den Menschenrechtsteil im Entwurf des neuen russischen Grundgesetzes, das Jelzin zu Recht als eine der fortschrittlichsten Verfassungen der Welt charakterisierte.

Einmal in der Woche muß Kowaljow über Leben oder Tod entscheiden, und er stimmt stets für das Leben. Oft als einziger im Parlamentspräsidium, wenn über Begnadigungsgesuche für Todeskandidaten beraten wird. »Sechs Seiten Gutachten pro Fall – auf dieser Grundlage richten die Mitglieder des Präsidiums über das Leben von Menschen. In letzter Instanz entscheidet der sowjetische Präsident. Sie alle verstehen nicht, daß sie die Rolle von Henkern übernehmen.« Kowaljow ist gegen die Todesstrafe als höchstes Strafmaß, damit hat er sich im Verfassungsentwurf fast durchgesetzt: »1. Jeder Mensch hat das Recht auf Leben. Keiner kann willkürlich des Lebens beraubt werden. Die Todesstrafe kann als Gerichtsurteil nur bei vorsätzlichem Mord unter erschwerten Umständen als höchstes Strafmaß verhängt werden. 2. Jeder zum Tode Verurteilte hat das Recht, um Begnadigung zu bitten. Eine Amnestie, Begnadigung oder Ersatz der Todesstrafe kann in allen Fällen gewährt werden. 3. Rußland ist bemüht, die Todesstrafe abzuschaffen, wenn die dafür nötigen Bedingungen in der Gesellschaft gegeben sind.« Doch die Aussichten dafür sind heute düsterer als je zuvor in der siebenjährigen Amtszeit Gorbatschows.

Erst vor zwei Jahren begannen die Radikalreformer, zu denen Ex-Dissidenten wie Kowaljow oder der leider viel zu früh verstorbene Andrei Sacharow in Rußland ebenso zählen wie Ex-KPdSU-Mitglieder wie Boris Jelzin oder Ex-Geheimdienstoffiziere wie Oleg Kalugin, mit der mühevollen Arbeit, die Sowjetunion von einer totalitär gelenkten unmündigen Gesellschaft in einen freiheitlichen Rechtsstaat zu verwandeln. Inzwischen sind nicht nur die Früchte dieses politischen Engagements in Frage gestellt, sondern der Einsatz selbst. Die Kommunistische Partei der UdSSR, die vor einem Jahr unter dem Druck der Demokraten und breiter Kreise der Öffentlichkeit auf ihre in Artikel 6 der Sowjetverfassung verankerte Führungsrolle in Staat und Gesellschaft verzichten mußte und deswegen in eine Krise geriet, hat sich längst von ihrem Parteitagstrauma erholt und begrüßt die Massenaustritte von fast einer Million Mitgliedern als Reinigungs- und Gesundschrumpfungsprozeß. Die ihr noch verbleibenden 18 Millionen Mitglieder reichen allemal aus, um die Schützengräben zu verlassen, so KPdSU-Generalsekretär Gorbatschow, und zum Angriff zu blasen. Die Gegner sind die Demokraten, die Verbündeten die konservativ-reaktionären Kräfte im Partei- und Regierungsapparat, im Geheimdienst KGB, auf der Obristenebene der Armee und in der gewaltigen Rüstungsmaschinerie. Die russische KP mit ihren Kohorten brachte die Diskussion des Verfassungsentwurfs im russischen Volkskongreß zu Fall; damit ist das Demokratiemodell eines Jelzin, Kowaljow und ihrer Mitstreiter auf unbestimmte Zeit eingemottet. Die Kommunisten Rußlands stimmten im russischen Volkskongreß zwar mehrheitlich für Privateigentum an Land für die russischen Bauern, doch wenige Tage später konterkarierten die sowjetischen Kommunisten diese Agrarreform – die Voraussetzung für die Lösung des Nahrungsmittelproblems – mit ihrer Zustimmung im Volkskongreß der UdSSR zum Gorbatschow-Referendum über Privateigentum an Land.

Das Jahr 1990, jene angesichts der Trägheit, mit der die Geschichte den Koloß Sowjetunion voranbewegt, rasanten 365 Tage des Umbruchs erstickten den sowjetischen Rechtsstaat im Keim und schufen das rechtliche Fundament für eine »Regentschaft der Eisernen Hand«, wie man in Moskau gern den Begriff Diktatur elegant umschreibt. Michail Gorbatschow erfand die Idee der »Präsidentschaft« und ließ sich, mit 59 Prozent Stimmenmehrheit, im Volkskongreß der UdSSR zum mächtigsten Präsidenten küren, der ein halbes Jahr später allmächtige Vollmachten erhielt, wenigstens auf dem Papier der Verfassung. Im siebten Jahr der Gorbatschowschen Perestroika, die gescheitert ist, und vor dem Hintergrund der Nahrungsmittelkrise, der Finanzkrise, der ethnischen Krise, der Separatistenkrise und der Tatsache, daß sich die Wirtschaftskrise ihrem Siedepunkt nähert, hat sich in der UdSSR bis heute noch keine politische Gruppe herauskristallisiert mit einem Führer, der für Gorbatschow zu einer echten Herausforderung werden könnte. Gorbatschow-Rivale Boris Jelzin, den doppelt so viele Sowjetbürger zum »Mann des Jahres 1990« wählten wie Gorbatschow, hat keine Ambitionen auf das Amt des Sowjetpräsidenten: Jelzin will das Zentrum und damit den Präsidenten zugunsten Rußlands und der übrigen Sowjetunion entmachten. Gorbatschow selbst wird für zunehmend mehr Sowjetbürger ebenso wie seine politischen Absichten zum Rätsel. Obwohl Gorbatschows Beherrschung der Bürokratie, sein Mut zur politischen Intrige und seine Fähigkeit, Konfrontationen zu vermeiden, von keinem anderen Sowjetführer erreicht werden, klagt der Kremlchef über die Lähmung der Macht. Seine Kritiker, etwa der junge Journalist Pawel Wochtschanow, Kommentator der vielgelesenen *Komsomolzka Prawda*, sehen das anders. »Die alternativlosen Helden der Perestroika sind längst ernannt. Ihre staatlichen Vollmachten nähern sich den absolutistischen. Die Gestalt der Macht erhält – das ist bei uns nicht neu – etwas Göttliches. Doch selbst wenn der jetzige Präsident in sich die Kraft findet, den ›Kulturtraditionen des Sozialismus‹ zu widerstehen, worin liegt die Garantie, daß dieses auch sein Nachfolger schafft? Wird der das Erbe der grenzenlosen Vollmachten zum Wohle aller nutzen?«

Als der Volkskongreß in der UdSSR in Moskau allmählich zum lärmenden Politzirkus umfunktioniert wurde, während in der ganzen übrigen Welt die

Menschen stille Weihnachten feierten, streifte ein Mann durch die weiten Foyer-Hallen im Großen Kongreß-Palast des Kreml, auf der unsteten Suche nach Öffentlichkeit: Georgi Chosrojewitsch Schachnazarow (66) hat sein Leben der KPdSU gewidmet, seit 27 Jahren dient er im Parteiapparat treu und folgsam jedem Kremlchef. Vor zwei Jahren rückte der Partei-Intellektuelle in den engsten Beraterstab des KPdSU-Generalsekretärs Michail Gorbatschow ein. Seither hat Schachnazarow die wichtige Aufgabe, Gorbatschows Bild in der Öffentlichkeit, besonders der des Westens, von Schönheitsflecken sauberzuhalten. Schachnazarow hat gelernt, in der Gerüchteküche schmackhafte Gerichte zu zaubern; so liebt er es, als »Gorbatschow-Gehilfe« Desinformationen mit einem Krümel Wahrheit zu verzuckern. Daß dem Regierungschef Nikolai Ryschkow, den der Volksmund wegen seiner brüchigen Stimme und leicht tränenden Augen »heulender Kommunist« getauft hat, in anderthalb Jahren sechsmal von Abgeordneten wegen der verfehlten Wirtschaftspolitik offiziell das Mißtrauen ausgesprochen wurde – die Voten fanden nicht die nötigen Mehrheiten – und der Premier sich darüber beschwerte, statt längst für sich die Konsequenzen daraus zu ziehen, gilt Moskowitern weithin als Beweis für die Absurdität des Sowjetsystems, das in Anarchie und Chaos versinkt und alle Werte vom Kopf auf die Füße stellt. Schachnazarow jonglierte meisterhaft mit dem politischen Schicksal des Mannes, den Gorbatschow nicht feuern konnte, solange die Rüstungslobby es nicht wollte: so erteilte der »Gehilfe« dem Premier Ryschkow schon den Abschied auf dem Volkskongreß, um ihn bereits am nächsten Tag wieder auferstehen zu lassen. Inzwischen ist Ryschkow beinahe vergessen: als neuer Star am Regierungshimmel blinkt der rundliche Valentin Pawlow, dessen Mecki-Frisur – aber nur sie – Unbotmäßigkeit signalisiert. Auf den Premier Pawlow, der von Gorbatschow als verdienter Finanz- und Geldpolitiker angepriesen wurde, reagiert man in der UdSSR betreten – die Rubelwährung ist zerrüttet, das Loch im Staatshaushalt riesig ...

Ein ähnliches Verwirrspiel wie im Falle Ryschkow trieben Schachnazarow und der Sprecher des Präsidenten Gorbatschow, Witali Ignatenko, im Falle gleich mehrerer prominenter Perestroika-Initiatoren und Opfer von Gorbatschows Rechtsruck: Alexander Jakowlew, Erfinder und Verfechter der »Glasnost«, und Wadim Bakatin, dynamischer und erfolgreicher Innenminister, wurden entmachtet, der charismatische Außenminister Eduard Schewardnadse warf das Handtuch aus Protest gegen eine kommende Diktatur zu Hause, und Gorbatschows Propagandisten wurden nicht müde, das alles als geschickte Manöver zur Realisierung echter, demokratischer Reformen zu feiern. Für Schachnazarow besteht in der UdSSR nicht die geringste

Gefahr einer Diktatur. Und das, obwohl der Präsident, dem der Vize-Präsident, der Premier samt Kabinett, der Föderationsrat, der Sicherheitsrat unterstehen, auch noch Chef der einzigen allunionsweit registrierten politischen Partei ist sowie überall in der UdSSR jederzeit den Ausnahmezustand verhängen und damit parlamentarische Instanzen in den Republiken außer Kraft setzen darf, bisher keine demokratische Legitimation für seine Ämterfülle erhalten hat, da er nicht vom Volk gewählt wurde. Für Schachnazarow liegt die Hauptgarantie für eine Verhinderung der Diktatur in der UdSSR heute in der Pressefreiheit. Doch Geheimdienstchef Wladimir Krjutschkow hat bereits signalisiert, daß Namenslisten vorliegen, nach denen man künftig unliebsame Personen wie linke, von ausländischen Geheimdiensten angeblich unterstützte Demokraten, Nationalisten, Separatisten »neutralisieren«, also verhaften könnte. Das zentrale Staatsfernsehen ersetzt politische Brisanz durch seichte Unterhaltung und ist auf höchsten Befehl zensiert: Fernsehchef Leonid Krawtschenko mußte dem zurückgetretenen Außenminister Schewardnadse gleich zweimal den Mund verbieten. Während Schachnazarow, stellvertretend für den altgedienten Parteiapparat, die Alleinherrschaft des Präsidenten und damit die Rückkehr zum Realsozialismus sowjetischen Typs mit den entlarvenden Worten begründete: »Man muß die Bedingungen wiederherstellen, ohne die kein normales Leben im Lande möglich ist«, haben andere den Kampf um den Rechtsstaat noch nicht aufgegeben. Für den im Volk geachteten, von Gorbatschow ohne offizielle Begründung, inoffiziell aber als Zugeständnis an die konservativ-reaktionären Kräfte gefeuerten liberalen Innenminister Wadim Bakatin steht der Präsident vor dem Scheideweg: Er kann die Macht für sich zurückerobern, indem er das Vertrauen des Volkes gewinnt und mit Hilfe demokratischer Institutionen – also über Wahlen – erneut an die Macht gelangt, oder aber, indem er sich von der Demokratie lossagt.

Für Michail Poltoranin etwa, der seinen Chefredakteursposten bei der Moskauer *Prawda* verlor, als er sich 1987 für den von Gorbatschow verstoßenen Ex-Moskauer Parteichef Boris Jelzin einsetzte, ist die Gorbatschowsche Perestroika nichts anderes gewesen als eine Liberalisierung des alten Systems, bei der politische Freiheiten erreicht wurden, aber keine Reform der Wirtschaft. Für Poltoranin, der in Jelzins Regierung als Informationsminister mitarbeitet, liegt die Gefahr einer Diktatur in der UdSSR auf der Hand, da es zu den Präsidentenvollmachten keine gefestigten demokratischen Gegengewichte und strukturellen Kontrollmechanismen gibt. »Stellen Sie sich vor, ich schliche mich allmählich in den Apparat ein, nutzte für mich dessen Verbindungen, betriebe Sabotage und verschärfte damit die Unzufriedenheit des Volkes, fachte den Bergleute- und Eisenbahnerstreik an, das Volk

ginge auf die Straße und forderte den Rücktritt Gorbatschows. Und ich bestiege, mit Hilfe der neuen Vollmachten, den Thron.« Um einen solchen schleichenden Umsturz zu verhindern – andere Demokraten befürchten, daß dabei auch ein Armeegeneral den Thron übernehmen könnte –, solle man die Präsidenten-Institution auflösen, die Macht dem Föderationsrat übergeben, dem die Führer der Republiken angehören, und Gorbatschow zum Koordinator dieses Rates machen.
Und Gorbatschow selbst? Sein Erz-Rivale Boris Jelzin, erster Mann in Rußland, erhielt von Gorbatschow auf die Frage »Weshalb bist du nach rechts gerückt?« die lapidare Antwort: »Nicht ich bin nach rechts gerückt, sondern die Gesellschaft.« Doch Jelzin weiß es besser: »Die Gesellschaft orientiert sich nach links, nur hat der Präsident das noch nicht gemerkt.«

Die Schule für junge Kinematographisten im Pionierpalast auf den Leninbergen in Moskau gedenkt des »Blutsonntags« von Wilna, jenes 13. Januars, an dem in der Sowjetunion die Demokratie erschossen wurde. Die Jungen und Mädchen, nicht älter als sechzehn Jahre, versuchen, der Wahrheit auf die Spur zu kommen. Fünfzig Minuten dauern die Szenen des Grauens und der Angst, die hier im Stundenrhythmus gezeigt werden: Videos litauischer Hobbyfilmer und westlicher Profis über die Erstürmung des Fernsehzentrums in Wilna durch den brutalen Einsatz von Panzern und bewaffneten Soldaten der sowjetischen Armee. Die Jugendlichen sind erschüttert, ja verstört. »Ich wußte nicht«, sagt jemand, »daß die Wahrheit so weh tun kann.« Die Lüge haben sie zuvor im Staatsfernsehen gesehen: dort durfte Alexander Newsorow, der Leningrader Fernsehstar, ein junger Monarchist im Lederlook, der seine Seele längst den KGB- und Parteiapparatschiks verkauft hat, seine als »Dokumentation« verfremdete faschistoide Verherrlichung der russischen Soldaten im Kampf gegen litauische Zivilisten, Männer, Frauen, Kinder, bei der von keinem Gesetz gedeckten »Eroberung« des Fernsehturms zeigen.
Mit der Erstickung der Unabhängigkeitsbewegungen in den baltischen Republiken Litauen, Lettland und Estland hat Präsident Gorbatschow sich vom Initiator der Perestroika zu deren Totengräber gewandelt. Das Disziplinierungs-Szenario für das Baltikum hat er von Leonid Breschnew kopiert, der allerdings in Prag 1968 konsequenter, schneller, entschlossener und »eleganter« Entwicklungen durchkreuzte, die den realen Sozialismus sowjetischer Spielart zu untergraben und die Macht des Kreml zu schwächen drohten.
Die Erfahrung der chauvinistisch-bürokratischen Unterdrückung nationaldemokratischer Bewegungen durch das Zentrum unter Gorbatschow hat

sich in den vergangenen drei Jahren in der UdSSR mehrfach wiederholt. Die Blutspur reicht von Karabach über Fergana, Baku, Frunse, Tiflis bis hin zu Wilna und Riga. Nie gab es einen Erfolg des Militäreinsatzes oder eine politische Lösung des Problems. Gorbatschows Halbherzigkeit, die deutlich wird in seinen stereotypen Kommentaren zu dem Blutvergießen: »Ich habe von nichts gewußt«, wird grausamere Folgen haben als konsequente Härte.

Gorbatschow, im Westen noch immer vergöttert und deshalb für alles, was er anrichtet, entschuldigt, in seiner Heimat inzwischen verhaßt, genießt sein Image als rätselhafter Charakter mit einem Hauch von Chaos und Unschlüssigkeit. Für seine Kritiker ist er ein Führer, den die Liebe zur Macht, Selbstzufriedenheit, Gewandtheit, Bauernschläue, Unaufrichtigkeit, Hartherzigkeit und fehlendes Interesse und Gefühl für das eigene Volk kennzeichnen. Dieser Präsident, der keine demokratische Wahl gewinnen wird, agiert in Einsamkeit. Seine Mitstreiter wandten sich zuerst stumm von ihm ab, wurden von ihm fallengelassen und griffen ihn dann öffentlich an. Der Ökonom Stanislaw Schatalin, einer der Autoren des »500-Tage-Programms« für den Übergang der UdSSR zur Marktwirtschaft, das von Gorbatschow im Auftrag der Nomenklatura vereitelt wurde, wertet die leninsche Oktoberrevolution als Fehler und Ursache für die innersowjetische Krise. »Sie hat uns alle in eine historische Sackgasse geführt.« Der Sozialismus sei ein Personenkult, ein Kult des »Ich«. »Wenn wir das nicht begreifen, gehen wir endgültig zugrunde.« Wenn man – wie Gorbatschow – dem Sozialismus die Etiketten »human« und »demokratisch« hinzufüge, sei das nur ein Trick, um den stalinschen »hyperdeformierten Sozialismus« zu retten. Wie sehr müsse man dem eigenen Volk gegenüber gleichgültig sein, um – wie Gorbatschow es immer wieder tut – von einer »sozialistischen Wahl« und einer »kommunistischen Perspektive« zu reden.

Der schwerkranke Schatalin bemerkt selbstkritisch: »Warum habe ich nur nicht bis zum Ende gekämpft?« Scharfe Kritik übt Schatalin, wie auch Nikolai Petrakow, ein weiterer prominenter Ökonom, der Gorbatschow nach der litauischen Tragödie die Mitarbeit aufkündigte, an der neuen sowjetischen Regierung. »Das, was sie heute Übergang zum Markt nennt, ist ein spontaner Selbstmord, ein Paddeln ohne Ruder und Steuer.«

Der Politologe Juri Bortin zieht eine vernichtende Bilanz von Gorbatschows siebenjähriger Amtszeit: »Gorbatschow ist einer der in der Geschichte nicht so seltenen Reformatoren, die gesundbeten wollen und mit einem Abgesang enden; die auf die Stimme der Zeit hören und darauf reagieren, aber in sich selbst nicht genug Liebe und Mut finden, um ihr zu folgen. Die auf halbem Weg die Angst einholt, die vom Weg abbiegen und aufgeben und als Ergebnis dessen nicht nur eine gute Sache verlieren, sondern neues Übel säen. Eine simple Geschichte: der Führer eines verfallenden totalitären Regimes versucht, zur Stabilisierung desselben das System zu beleben und zu vervollkommnen, verliert aber die Kontrolle über die von ihm hervorgerufenen Prozesse, da diese Prozesse eine Eigendynamik entwickeln.«

In dieser Eigendynamik liegt heute die Hoffnung für die demokratischen Kräfte in der Sowjetunion. Denn nicht alle Elitetruppen der Armee sind bereit, auf die eigenen Bürger zu schießen, es gibt Befehlsverweigerer. Nicht alle Mitglieder der KPdSU stehen hinter ihrem Generalsekretär, es gibt Parteiaustritte. Nicht alle Russen in den Unionsrepubliken sind des Kremls Fünfte Kolonne, es gibt unter ihnen Freiheitskämpfer. Nicht alle Sowjetbürger sind erniedrigte und beleidigte, es gibt tapfere und mutige. Ihnen allen gehört die Freiheit, und sie werden dafür eintreten.

Andrei Nujkin
Achtung, die »Zweiten« kommen!

Die »Schlangen« hat man bei uns nicht gern, man schimpft über sie, und die Extremisten aus der Überregionalen Deputiertengruppe[1] sind ganz erpicht auf ihre Existenz, weil sie ihnen einen Vorwand liefern, unsere revolutionären Errungenschaften anzuschwärzen. Ungerecht ist das. Meiner Ansicht nach haben gerade die Schlangen (denn was sonst?) das Sowjetvolk zum intellektuellsten in der Welt gemacht. In den Schlangen läßt es sich gut nachdenken: Zeit hat man mehr als genug, kein Telefon klingelt, der Alltag lenkt einen nicht ab. Auf Gefängnispritschen, so versichern einem welterfahrene Leute, lasse es sich auch gut nachdenken. So stehe ich also in einer Schlange für eine defizitäre Ware an und denke nach. Natürlich über die Perestroika, worüber sollten wir, ihre Vorkämpfer, denn sonst schon nachdenken. Konkreter gesagt: darüber, wieviele Rätsel wir noch nicht erraten, wieviele Geheimnisse wir noch nicht aufgedeckt haben.

Schauen Sie sich nur einmal in der Geschichte um. Die vom KGB haben sich tatsächlich umgeschaut und sind vor Verwunderung zu Salzsäulen erstarrt; stellte sich doch heraus, daß es bei uns nie irgendwelche »Volksfeinde« gegeben hat. Da haben ihre Kollegen – vor gar nicht so langer Zeit – einige dutzend Millionen Vertreter des Volkes bis zum Gehtnichtmehr gefoltert, ausgemergelt und tiefgefroren, weil sie dachten, es wären welche, und nun stellt sich heraus – alles umsonst. Jemand hat einfach nur geträumt, daß es sie gebe. Und sogar dieses grauenhafte Wortgebilde als solches muß man nun für immer vergessen. Denn die, die gefoltert, ausgemergelt und eingefroren haben, taten dies mit dem Volk ja nicht als seine Feinde, sondern als seine Freunde. Und außerdem im Namen der Ordnung und, versteht sich, um den Plan zu erfüllen. Und da drängt sich natürlich nicht zum ersten Mal die Frage auf: na, hat denn die Perestroika jetzt auch keine Feinde, oder gibt es vielleicht doch ein paar vereinzelte? Und wenn wir uns nach den glühenden Aufrufen der Sonntagspredigt im Fernsehen vornehmen, unsere Feinde zu lieben, dann stellt sich heraus, daß wir gar niemanden haben, den wir auf diese Weise liebgewinnen könnten. Denn woher sollen wir in unserer klassenlosen Gesellschaft schon unsere Feinde nehmen, und wo könnten sie sich verborgen halten, wenn alle Zellen des gesellschaftlichen Organismus von dem alles durchdringenden wohltätigen Einfluß der Partei durchleuchtet werden, von den Kundschaftern des KGB ganz zu schweigen? Aber darin besteht ja gerade das Rätsel, daß in unserem Lande schon seit fünf Jahren alle wie ein Mann die Perestroika mit allen Mitteln unterstützen, theoretisch begründen und durch Taten bezeugen, sie aber trippelt aus irgendeinem Grunde immer noch kränklich und nervös auf demselben Fleck, und der Atem stockt ihr auf dem Sterbelager bisweilen recht lange. Ist sie sich gar selber feind?

Und dann noch so ein Rätsel. Plötzlich ist der Haß des Volkes gegen seinen Verstand, seine Ehre und sein Gewissen[2] aufgeflammt. Und gleich so heftig! Wie Taifune jagten zeitweise die Meetings, Versammlungen, Mahnwachen, in Fenster geschleuderten Ziegelsteine und Resolutionen über das Land, mit der Forderung, die Parteiführung des Bezirks (der Stadt oder wessen auch immer) abzusetzen. Sie diskreditiere die Ideen, an denen sie sich mäste, nehme Schmiergelder, teile ihren eigenen Verwandten bevorzugt Wohnungen zu und zwirbele ihre Kritiker zu Bockshörnern, die dann als Trophäen an den Wänden ihrer Jagdhütten herumhingen. Mit dem Volk ist nicht zu spaßen. Einen nach dem anderen fegte es mit seinen »Taifunen« die Leiter der Bezirks- und Stadt- (gar nicht zu reden von Stadtteil-) Parteiorganisationen aus ihren Sesseln. Im Lande hub ein allgemeines Volksfest an, ein Frohlocken und Käppchenindieluftwerfen. Als aber die Leute ihre Käppchen wieder eingesammelt, ausgeschüttelt und auf die Kommoden zurückgelegt hatten, schwebte ein angespanntes, betroffenes Schweigen über dem Lande: Fast aus allen in heftigen Kämpfen befreiten Sesseln blickten, strotzend vor Lebensfreude, die ehemaligen »Zweiten« auf die Werktätigen herab. Und das Interessante dabei: Fast überall waren sie höchst demokratisch gewählt worden, sehr geheim und durch die Bank mit alternativen Kandidaturen. In der *Prawda* erblühten tausend kleine Meldungen unter der Überschrift: »Das Plenum ... trat zusammen«. Der Inhalt sah etwa so aus: »Kirowograd, 26.4.90 (TASS). Das Plenum des Kirowograder Bezirkskomitees der Kommunistischen Partei der Ukraine trat zusammen, um die Frage seiner Organisation zu erörtern. Das Plenum erfüllte die Bitte N. I. Samilykas, ihn im Zusammenhang mit der Übernahme einer anderen Arbeit (oder ›zwecks Pensionierung‹ oder ›entsprechend dem von ihm gestellten Antrag‹) von den Pflichten des ersten Sekretärs des Kirowograder Gebietskomitees der Partei zu entbinden. Zum ersten Sekretär des Kirowograder Gebietskomitees der Partei wurde in geheimer Abstimmung unter drei Kandidaten E. W. Marmasow gewählt, der bisher als zweiter Sekretär des Gebietskomitees tätig war« (*Prawda*, 24.4.90). So sehr, stellt sich her-

aus, liebt unser Volk also die zweiten Sekretäre – und überhaupt die »Zweiten«.
»Es scheint, als begänne im April 1990, gleichzeitig mit dem fünfjährigen Jubiläum der Perestroika, eine zweite Welle der Auswechslung führender Kader«, beginnt Viktor Loschak, anscheinend freudig, einen Kommentar, um dann aber verwirrt eine rätselhafte Besonderheit dieser »zweiten Welle« zu konstatieren. »Anstelle des Ministers für Gesundheitswesen, Jewgeni Tschasow, ernannte man seinen ersten Stellvertreter, Igor Denissow. Den Minister für Zivilluftfahrt, Alexander Wolkow, ersetzte sein erster Stellvertreter, Boris Panjukow ... An die Stelle des 37jährigen ersten Sekretärs des Zentralkomitees des ›Kommunistischen Jugendverbandes‹, Viktor Mironenko, trat der 36jährige Sekretär Wladimir Sjukin. Wie ein Journalist nachrechnete, schafften es die Gewerkschaften in zwanzig Minuten, ihren Vorsitzenden Stepan Schalajew in den Ruhestand zu verabschieden und seinen Stellvertreter Gennadi Janajew zu wählen ... Rätsel über Rätsel ...« (*Moscow News*, 29.4.90).
Leicht sind diese Rätsel wahrhaftig nicht, und zudem irgendwie düster. Da fängst du an, dir den Kopf zu zerbrechen, und das Vergnügen, das du früher aus dem Schlangestehen gezogen hast, vergeht dir auch schon. Urteilen Sie selbst: es ist doch allgemein bekannt, daß die Ersten bei uns nach Art der englischen Königin verfahren: sie herrschen zwar, legen gewisse Launen an den Tag und genießen die Vergünstigungen für die Nomenklatura in vollem Umfang; wer aber praktisch das Land an den Bettelstab bringt und der Gesetzlosigkeit im Alltag zum Sieg verhilft, das sind gewöhnlich die Zweiten. Wie konnte im Volk plötzlich eine derartige Liebe zu diesen Zweiten entbrennen? Hatte sich etwa fast die gesamte Bevölkerung ganzer Großbezirke zu lautstarken Aufständen zusammengerottet, nur um den Ersten durch den Zweiten zu ersetzen? Und mit diesen meinen Zweifeln hätte ich beinahe bis zum Ende der Perestroika allein bleiben müssen, wäre da nicht doch noch eine Antwort eingetroffen, und zwar auf meinen »Offenen Brief an alle Bürokraten, korrupten Elemente, Schmiergeldnehmer, militärischen und rüstungsindustriellen Falken, Drahtzieher der Schattenwirtschaft, Mafiosi und übrigen Schmarotzer der Sowjetunion« (*Ogonjok* Nr. 40, 1989). Hierauf erhielt ich also ein letztes – eindeutig von nichtprofessioneller Hand, dafür aber auf feinem Papier getipptes – Antwortschreiben.
Kaum hatte ich diese Erwiderung gelesen, erledigten sich sehr viele meiner bisherigen Fragen an die Perestroika ganz von selbst. Jetzt wußte ich die Antwort darauf, ob es bei uns eine Ausbeuterklasse gibt, warum sich bei uns die Perestroika im Leerlauf bewegt und von wem und weshalb sie eigentlich begonnen wurde. Ich wußte, warum das Volk die »Zweiten« so

gern hat, ob wir unsere Differenzen mit unseren Schmarotzern nicht in aller Liebenswürdigkeit beilegen könnten, und überhaupt, weshalb wir bei all unserem Reichtum doch so arm sind ...
Im übrigen spricht dieser Brief mehr als beredt für sich selbst. Deshalb empfehle ich ihn ungekürzt und ohne jede Korrektur Ihrer Aufmerksamkeit und behalte mir lediglich das Recht eines kurzen Schlußkommentars vor.

Offener Brief an Andrei Nujkin und sonstige Herolde der Perestroika

Hochverehrter Andrei!
Ich hoffe, daß Sie mir eine derart familiäre Anrede verzeihen. Leider haben die Zeitschrift *Ogonjok* und einige andere Periodika ihre Autoren in letzter Zeit des Vaternamens beraubt, so daß ich Sie um Nachsicht bitte.[3]
Hier schreibt Ihnen einer von jenen, die Sie in Ihrem Offenen Brief als »Schmarotzer« bezeichnet haben. Ich sage gleich, daß mich dieser Spitzname keineswegs kränkt, ich erblicke darin lediglich einen Terminus zur Bezeichnung einer bestimmten sozialen Erscheinung.
Nun einige Worte zu meiner Person. Ich bin Bürokrat auf Großbezirksebene, 40 Jahre alt, Russe; 23 Dienstjahre, davon 15 bürokratische; verheiratet, zwei Kinder. Ich war nie ..., habe keine ..., wurde nie ... belangt. Andererseits bin ich in ..., habe ..., nahm teil ... Und bereue dies nicht.[4]
Als ich Ihren Beitrag im *Ogonjok* las, wurde mir klar, daß ich ihn auf zweierlei Weise auslegen kann. Wenn Sie darin wirklich alles geschrieben haben, was Sie denken, steht es um Ihre Sache miserabel, und Sie werden noch ziemlich lange brauchen, um mich, den »Schmarotzer« und ihren Gegner, in all meiner Kompliziertheit zu erfassen. Wenn Sie aber gezwungen waren, nicht das oder zumindest nicht ganz das zu schreiben, was Sie denken, dann haben es die Herolde der Perestroika bis zur vollen Glasnost noch so weit wie ich bis zu meiner Pensionierung. Beide Varianten erscheinen mir akzeptabel und rufen eine Menge angenehmer Emotionen in mir hervor. Unter allen Umständen halte ich es für meine Pflicht, Ihnen entschieden entgegenzutreten, Ihre Fehler aufzuzeigen und einiges zu erklären, wenn nicht Ihnen, dann dem vermutlichen Leser und auch mir selbst, denn die Darlegung der eigenen Überlegungen auf einem Blatt Papier begünstigt ja ganz von selbst deren Anordnung zu einem logischen System.
Ich beginne mit dem, was mir in Ihrem Opus gefallen hat. Gefallen hat mir in der Tat die Anwendung des Begriffs »Klasse« in bezug auf jene, die Sie

als »Schmarotzer« bezeichnen. Einmal erwähnen Sie unseren »Klasseninstinkt«, ein andermal sprechen Sie vom »politisch unreifsten Teil Ihrer (d. h. unserer) Klasse«. Aus den zitierten Stellen folgt ganz klar, daß Sie uns, die »Schmarotzer«, für eine Klasse halten. Es ist nicht schwer zu erraten, daß diese Klasse weder mit der wohlbekannten Arbeiterklasse noch mit der nicht weniger bekannten Kolchosbauernschaft etwas gemein hat. Hier aber machte Ihre Feder halt. Logischerweise hätten Sie die »Schmarotzerklasse« nicht nur benennen, sondern auch definieren müssen. Konnten Sie dies nicht, oder wollten Sie nicht? Wenn Sie es nicht konnten, dann tun Sie mir leid, denn selbst der mittelmäßigste Bürokrat »erschnüffelt« diese Definition mit seinem Klasseninstinkt, auch wenn er sie aufgrund seiner »Unbedarftheit« nicht immer zu formulieren vermag. Wenn Sie nicht wollten, tun Sie mir doppelt leid, denn die Feigheit – wie heißt es gleich noch bei Bulgakow? Es ist schon zu lange her, daß ich ihn gelesen habe ... Mit einem Wort: das ist nicht die beste menschliche Eigenschaft. Besonders nicht für solche wie Sie, die – wenn ich Sie richtig verstanden habe – nicht für ein Butterbrot kämpfen, sondern für gewisse Ideale.
Jedenfalls möchte ich diese Definition liefern. Erstens schmeichelt es mir, der Erste zu sein, auch wenn ich anonym bleiben muß, und zweitens: lohnt es sich etwa zu warten, bis Sie reifer oder kühner geworden sind? Also: mit was für einem Phänomen haben wir es bei der »Schmarotzerklasse« zu tun? Die gesellschaftlichen Klassen sind, wie man weiß, »große Gruppen von Menschen, die sich durch ihren Platz in einem bestimmten historischen System der Produktion auszeichnen, durch ihre Beziehung ... zu den Produktionsmitteln, durch ihre Rolle in der gesellschaftlichen Organisation der Arbeit und folglich durch den Umfang des Anteils am gesellschaftlichen Reichtum, über den sie verfügen, sowie durch die Art seiner Aneignung. Klassen sind Menschengruppen, von denen sich die eine die Arbeit der anderen in einer bestimmten gesellschaftlichen Wirtschaftsordnung aneignen kann« (W. I. Lenin, Gesamtausgabe, Band 39).
Hier finden wir die Definition ausbeutender und ausgebeuteter Klassen. Man möchte meinen, daß meine Heimatklasse der »Schmarotzer« eben zu den ausbeutenden zählt, denn zweifellos eignen wir uns ja fremde Arbeit an. Wer das Wesen der einen oder anderen Klasse definieren möchte, geht gewöhnlich von ihrer Beziehung zu den Produktionsmitteln aus und klärt erst einmal, wieweit sich diese in ihrem Besitz befinden. In dem »historisch entstandenen System der Produktion in unserem Lande« sind die Produktionsmittel jedoch gesellschaftliches, Volks- oder Kolchos-, d. h. niemandes Eigentum, und die allgemeine Beziehung zu ihnen definiert man am besten als wurstig, so daß das gängige Prinzip der Aussonderung einer Klasse hier

augenscheinlich nicht zieht. Offenbar müssen wir uns dem Platz zuwenden, den die fragliche Klasse in der »bestimmten gesellschaftlichen Wirtschaftsordnung« einnimmt. Auf welchem Platz sitzen in unserem System die Bürokraten, korrupten Elemente, Schmiergeldnehmer, Mafiosi und sonstigen »Schmarotzer«, um Ihrer Terminologie, Andrei, zu folgen? Was erlaubt ihnen, sich fremde Arbeit anzueignen? Die Antwort drängt sich von selbst auf: es ist dies ihre *Beziehung zum gesellschaftlichen Mehrprodukt, die in ihren Möglichkeiten zu dessen Umverteilung zum Ausdruck kommt.*

Die Umverteilung ist jene Möglichkeit zur Aneignung ihres Anteils am Reichtum, die die Klasse der »Schmarotzer« charakterisiert. Hast du eine Möglichkeit, etwas umzuverteilen, dann realisiere sie auch – und du bist ein »Schmarotzer«. Hast du keine solche Möglichkeit, dann bist du – hier muß man einen geeigneten Terminus noch suchen, bis dahin wollen wir uns mit dem stalinschen Wörtchen begnügen, auf das Sie in Ihrem Artikel hinweisen –: ein Hammel. Wer bleibt da noch übrig? Jene, die über eine solche Möglichkeit verfügen, sie aber nicht realisieren. Kurz, die Dummköpfe, die bekanntermaßen auf dem Altar geopfert werden.

Man darf allerdings nicht annehmen, daß sich die Möglichkeit zur Umverteilung des gesellschaftlichen Produkts ganz und gar in den Händen der Bürokratie befindet. Gott möge uns vor einem derartigen Monopol bewahren, das tatsächlich einem gewissen bürokratischen Ideal entspricht, in der Praxis aber völlig unerreichbar ist und sogar schädlich wäre. Wenn es uns Bürokraten nämlich gelänge, die Funktion der Umverteilung endgültig zu monopolisieren, würde uns unverzüglich eine Welle des gerechten Zorns der Unterdrückten hinwegspülen. Um dies zu vermeiden, erweitern und vervollkommnen wir unsere Klassenbasis konsequent und gewähren den unterschiedlichsten Schichten, Gruppen und Einzelpersonen die Möglichkeit, an dieser Verteilung teilzuhaben. Die verschiedenen, nicht unbedingt uns unterstellten Ebenen der Umverteilung kann man an den Fingern abzählen: zum ersten der Dienstleistungssektor; zweitens der Handel; drittens die unzivilisierten (andere gibt es nämlich nicht) Kooperativen; viertens alle, die aus ihrem Betrieb etwas nach Hause schaffen; fünftens die Faulpelze und Untalentierten, die ihr Gehalt für die reine Anwesenheit am Arbeitsplatz bekommen; sechstens alle, die die Möglichkeit haben, ins Ausland zu reisen; siebtens das kriminelle Milieu; achtens die Justizangestellten (ich tippe nur mit zwei Fingern, weshalb ich es hiermit gutsein lasse).

Für alle diese und viele andere Gruppen schaffen wir die Vorbedingungen: bringen die Wirtschaft auf den Hund, schreiben verworrene, doppelsinnige und widersprüchliche Instruktionen, schaffen ein Warendefizit, lassen »Lücken« in den verabschiedeten Gesetzen und führen verschiedene Kam-

pagnen durch, die den Waren- und Dienstleistungsmarkt desorganisieren. Und andererseits kontrollieren wir diese Gruppen auch und bewahren sie davor, über die Stränge zu schlagen – durch periodische prophylaktische Verhaftungen, wodurch wir ihre Zusammensetzung variieren und von ihnen Tribut fordern.
Dies alles geschieht natürlich unbewußt. Wir Bürokraten sind in unserer Mehrheit zutiefst davon überzeugt, daß ohne uns unverzüglich der Weltuntergang anbräche, auf den dann allgemeine Verwilderung und Menschenfresserei folgen müßten. Aber beurteilen Sie uns nicht allzu streng, denn ein klares Bewußtsein ihrer objektiven Rolle in den sozioökonomischen und politischen Prozessen ist nicht vielen beschieden. Ich glaube, daß Napoleon, hätte ihm jemand in voller Übereinstimmung mit der historischen Wahrheit verkündet, daß all seine Aktivitäten den Interessen der französischen Großbourgeoisie dienten, dies nicht nur nicht geglaubt hätte, sondern sogar betroffen gewesen wäre. Er hat wohl wirklich gemeint, er kämpfe für den Ruhm und die Größe des gesamten Frankreich, für die Gründung eines »gemeinsamen europäischen Hauses« usw.
Die persönliche und fachliche Zusammensetzung unserer Klasse ändert sich von Tag zu Tag. Dies ist die Quelle unserer Kraft und Unverwundbarkeit. Heute bist du ein Hammel, arbeitest in einer Zahnbürstenfabrik und bringst im Monat 180 Rubel nach Hause. Morgen werden wir die Verteilung des Plastikmaterials stark einschränken, und dann wirst du vom Mangel profitieren und ein »Schmarotzer« sein. Verteile, ohne zu fackeln!
So sieht unsere Klasse aus. Wenn du willst, nimm es mit dieser amorphen, zerfließenden Masse auf! Schlage sie mit dem Schwert, brenne sie mit dem Feuer, ätze sie mit Säure – sie wird lediglich sanft erzittern, ein wenig zur Seite kriechen und ganz leise ihre Tätigkeit fortsetzen. Was haben dieser Masse, die niemand je gezählt noch einkalkuliert hat, die Perestroika-Anhänger zu bieten? Die Gesundung der Wirtschaft? Ein dreifaches »Haha«! Eine Gesundung würde nämlich die Fähigkeit zum Arbeiten voraussetzen. Das aber haben die »Schmarotzer« einfach verlernt. Und was sie überhaupt können? Bitte sehr: erstens fünf Rubel für einen schlecht geflickten Wasserhahn in der Küche nehmen; zweitens eine defizitäre Ware für einen Fünfundzwanziger unter dem Ladentisch hervorziehen; drittens ein Kilo Schaschlik statt für fünf für fünfundzwanzig Rubel verkaufen; viertens ein nur wenige Kopeken wertes, aber defizitäres Kugellager wie einen Golddukaten aus der Fabrik schmuggeln; fünftens jeden Tag acht Stunden »Arbeitslosenunterstützung« in ihrem wissenschaftlichen Forschungsinstitut absitzen; sechstens dem Großmütterchen ein Videogerät aus dem Ausland abluchsen; siebtens einem Fußgänger sein Käppi in einem dunklen Gäßchen

herunterreißen; achtens für ein angemessenes Geschenkchen ein Gerichtsverfahren niederschlagen. Und noch immer können wir, die »Schmarotzer«, jeden, der unseren Modus vivendi annagt, zu Pulver zermalmen.
Sie, Andrei, haben dagegen vielleicht einiges einzuwenden. Vielleicht werden ja wirklich gerade denen die Mützen vom Kopf gerissen, die ihrerseits den Großmütterchen die Videos abluchsen, weil die Käppis der übrigen Passanten nicht wertvoll genug sind? Verhält es sich also wirklich so, daß unsere Klasse sich selbst beraubt? So muß es wohl sein. Innerhalb der Klasse der »Schmarotzer« tobt ein permanenter Kampf um die Umverteilung der den Hammeln abgeknöpften Werte; dies aber hindert unsere Klasse insgesamt keineswegs, die Hammel wie eh und je zu scheren, zudem mit wachsender Intensität. Schließlich sinkt der einmal beraubte »Schmarotzer« in die Klasse der Hammel zurück, und an seiner Stelle wird jemand aus den Reihen der letzteren rekrutiert. Auf diese Weise verbreitet sich die »Schmarotzerphilosophie« unter den Hammeln und vernichtet deren Widerstand gegen die Ausbeuter.
Und nun ein kleiner historischer Exkurs. Während der Herrschaft der Zarin Anna Iwanowna, nach dem vernichtenden petrinischen »Sprung nach vorn«, als das Land von Günstlingen zerstückelt und ausgeplündert wurde und in den Fesseln tiefer Rückständigkeit lag, formulierte irgendein Narr in Christo die allgemeine Maxime des damaligen Gesellschaftslebens folgendermaßen: »Wir Russen werden nicht Hungers sterben: eher werden wir uns gegenseitig auffressen und davon satt werden.« Kommt Ihnen das nicht bekannt vor? Nachdem ich nun, wie ich hoffe, das ganze Wesen dieser Klasse und ihre Grundzüge erklärt habe, werde ich mich einigen Thesen Ihres Artikels detaillierter zuwenden.
Sie, Andrei, äußern die Ansicht, »Sie (d. h. *meine* Klasse) hätten schon mehr als einmal der Perestroika den Garaus machen können«. Und Sie fragen, ob wir denn keine Eile haben, mit der Perestroika Schluß zu machen. Jeden beliebigen Neuanfang, jede Reform pflegen wir lediglich in dem Maß zu unterstützen und in die Praxis umzusetzen, wie sie unseren Interessen dienen und entsprechen. Was aber diesen Interessen widerspricht, das haben wir seit Ewigkeiten entweder beerdigt oder unter flammenden Reden und Schwüren total ad absurdum getrieben, so daß uns danach ebenfalls nichts anderes mehr übrig blieb, als es zu beerdigen. Und es gab keinerlei Autoritäten, die uns in dieser Hinsicht hätten einschüchtern können. Lesen Sie doch einmal Lenins Brief bezüglich der Konzessionen, die Armand Hammer[5] unserem Lande anbot (Gesammelte Werke, Bd. 54).
Der Vorsitzende des Rates der Volkskommissare, die erste Person im Staate, forderte damals – Bedingungen zu schaffen, zu helfen, einzurenken

und Beistand zu leisten! Weder hat man geschaffen, noch geholfen, noch gerenkt, noch geleistet. Der Führer des Weltproletariats entrüstet sich: Finden, zur Verantwortung ziehen, bestrafen! Weder hat man gefunden, noch gezogen, noch bestraft. So wurde die Konzession beerdigt. Heutzutage ist es schon schwierig zu klären, in welcher Hinsicht diese Konzession unsere bürokratischen Brüder einschränkte, es hat aber offenbar gewichtige Gründe für ihre feierliche Beerdigung gegeben. Ebenso gewichtige Gründe hatte unsere »Schmarotzerklasse«, als sie die Perestroika sanktionierte und sie auch weiterhin am Leben erhielt.

Wie sahen diese Gründe aus? Ich möchte diese Frage so konkret beantworten, wie es nur irgend geht: Als die Perestroika begann, war ich sechsunddreißig Jahre alt. Und ich war – beachten Sie dies bitte – nach unserer Rangordnung Zweiter. Folglich strebte ich danach, Erster zu werden. Und mein Erster war damals gerade sechzig Jahre alt. Wenn man die unbestreitbare Tatsache in Betracht zieht, daß die Ersten einen vorzüglichen medizinischen Service genießen und daß ihre Lebens-, fast hätte ich geschrieben Arbeitsbedingungen ausgezeichnet sind, hätte man ohne große Fehlerquote voraussagen können, daß mein Erster noch mindestens fünfzehn Jahre auf seinem Platz sitzen würde. Und genau so lange würde ich, wohlgemerkt, auf meinem zweiten Platz gesessen haben. Und im ganzen Lande hätte sich ein analoges Bild geboten. Denn die meisten Ersten verdankten ihre Position dem letzten Umsturz im Jahre 1964. Seit dieser Zeit rafften diese Ersten alle nur möglichen Vollmachten zusammen, und sie dachten noch lange nicht daran, diese in unsere »zweiten« Hände zu übergeben. Natürlich konnte jeder »Zweite« versuchen, seinen »Ersten« einfach auszusitzen, was durch die Bank auch geschah. Allerdings ist das individuelle Aussitzen ein ebenso mühsames wie riskantes Unterfangen. Nur allzuleicht kann es einen dabei aus den Reihen der Zweiten in die der Dritten, Vierten, Fünften verschlagen.

Und da erschien plötzlich die Perestroika am Horizont! Dem einen versprach sie die Gesundung der Wirtschaft, dem anderen den Rechtsstaat und dem dritten Glasnost und Pluralismus. Uns aber, den »Schmarotzern«, die Möglichkeit, gefahr- und schmerzlos den Kuchen der Macht nicht »individuell« neu zu verteilen, sondern im Maßstab des gesamten Landes, dazu noch auf gesetzlicher Grundlage und »im Lichte der Beschlüsse«. Das neue Denken? Bei wem ist es zu finden? Natürlich bei mir, dem Zweiten, denn bis zu meiner Pensionierung sind es noch zwanzig Jahre hin. Wer hat die notwendige Energie? Ich, der Zweite. Sehen Sie das etwa nicht? Der Erste angelt sich Fischlein, ich aber spiele – wie Sie, Andrei, sehr richtig angemerkt haben – Tennis. Ein Hurra der Perestroika! Hauruck! Und schon hatten wir die Rübe herausgezogen und an ihrer Stelle eine andere gepflanzt. Ein wenig geschwitzt hatten wir dabei, und dann hatten wir uns auch schon umgestaltet.[6] Was blieb nun noch zu tun? Die Gesundung der Wirtschaft? Das ist nicht unser Bier. Der Rechtsstaat? Wir sind dafür – rein perspektivisch betrachtet und nach reiflicher Überlegung. Glasnost und Pluralismus? Jederzeit, wenn Sie drei Unterschriften und vier Visa vorweisen können. Warum also erkundigen Sie sich, Andrei, weshalb wir der Perestroika nicht gleich nach der Neuverteilung des Kuchens den Garaus gemacht haben?

Ich werde Ihnen antworten, wie im Beichtstuhl. Tatsächlich hat die ganze Angelegenheit mit der Wirtschaft zu tun. Ausgerechnet deren Gesundung hatten sich die Perestroika-Anhänger vorgenommen. Wir »Schmarotzer« können aber keine gesunde Wirtschaft brauchen. Uns ist es am liebsten, wenn die gute weder tot noch lebendig darniederliegt. Dann wuseln wir in weißen Kitteln um sie herum, davon leben wir schließlich. So richtig sterben lassen wir sie natürlich nicht, aber auch beileibe nicht auf die Füße kommen, denn wozu bräuchte sie dann noch eine solche Unmenge medizinischen Personals? Und da schlagen uns nun die Perestroika-Anhänger vor, sie zu heilen. Nun, dagegen haben wir »Schmarotzer« nichts. Und so haben wir uns der Perestroika zuliebe ein unterhaltsames Spielchen ausgedacht. Diverse schlaue Onkelchen, die »Vorkämpfer« der Perestroika, verschreiben der Wirtschaft verschiedene Medikamente. Und wir verabreichen diese Medikamente der Patientin nach unserem Gutdünken: in den für uns nützlichen Dosen und zu den uns genehmen Zeiten. Bei dieser Art von Heilung wird sich die Wirtschaft wohl kaum von ihrem Sterbelager erheben, sondern sogar tödlich zu röcheln beginnen.

Es stimmt natürlich, daß sie auch schon früher geröchelt hat, aber damals mußten wir die Schuldigen noch selbst suchen ... Erinnern Sie sich, Andrei? Natürlich, so etwas vergißt man nicht. Kulaken, Schädlinge, der internationale Imperialismus, Zionismus und Voluntarismus. Rechte Abweichler, linke Abweichler, Giftmischer-Ärzte, Spione und Diversanten und der feindliche Hauptagent Berija. Und nun? Nun brauchen wir nicht einmal mehr zu suchen. Jeder weiß ja: wenn ein Kranker röchelt, sind die schuld, die ihm die Medikamente verschrieben haben. Wo stecken sie? Da! Sie schreiben Artikel, tönen von Tribünen, ergehen sich auf Versammlungen in Wortergüssen. Alle, bis auf den letzten, sind uns namentlich bekannt.

Sie möchten ein Beispiel? Bitte sehr, da haben Sie das alleraktuellste – die Kooperative. Wir sind für die Kooperative. Nur wird diese Kooperative nach unserem Geschmack ausfallen und nicht nach Ihrem. Sie, die Perestroika-Anhänger, haben der kranken Wirtschaft »zivilisierte Kooperato-

ren« nach leninschem Muster versprochen. Und wir, die »Schmarotzer«, die wir immer dann taub sind, wenn es uns nützt, haben das Wort »zivilisiert« nicht gehört. Eine Zeitlang trudelte dieses Wörtchen in Gesprächen und Verordnungen herum, bis es auf Nimmerwiedersehen verschwand. Und ans Tageslicht kroch der von Gott geschaffene Kooperator – genauso unzivilisiert wie unsereiner, der »Schmarotzer«, und bot reinstes Leitungswasser und sichersten »Schutz« feil.[7] Und verknüpft mit uns Bürokraten ist dieser Kooperator nicht durch ein einfaches Tau, sondern durch Stahltrosse. Haben Sie etwa nichts davon gehört, Andrei, wieviel man »gewissen Leuten« zahlen muß, um das Geschäftslokal, die Konzession und die nötige Ausrüstung für eine Kooperative zu erwerben? Natürlich haben Sie davon gehört. Und wer sind Ihrer Ansicht nach diese »gewissen Leute«?
Ich, er und wir, die »Schmarotzer«. Schließlich wird man wohl kaum Abalkin[8] um die Erlaubnis bitten, an den Orten verstärkter Konzentration von ungeschorenen Hammeln Dreirubelschaschlik aus dem Fleisch unbekannter Tiere für zwanzig Rubel verkaufen zu dürfen. Und so entstand aus der Idee, die Wirtschaft mit Hilfe der Kooperative gesunden zu lassen, ein weiteres interessantes Spiel, und was die Hauptsache ist, ein Spiel mit sicherer Gewinnchance. Um eine Kooperative zu organisieren und ihren Betrieb zu gewährleisten, verteilst du in allen Instanzen Assignaten, und zwar so viele, daß deiner Kooperative davon die Luft ausgeht. Um diesen Erstikkungstod zu vermeiden, verteilst du wieder welche. So schließt sich ein angenehmer Teufelskreis, in dessen Zentrum astronomische Preise stehen ... Und in diesem Kreis dreht sich der Kooperator, der nun schon zu einem neuen »Schmarotzer« geworden ist und alle Gedanken an seine eigene Zivilisiertheit auf bessere Zeiten verschoben hat, welch letztere am nächsten Donnerstag anbrechen sollen, und zwar nach einem Goldregen, der auf ein höheres Zeichen hin fallen soll. Auf mein Zeichen.
Und ich habe, wie leicht zu erraten ist, nicht vor, irgendein derartiges Zeichen zu geben. Vor habe ich dagegen, die neue Verordnung zur »Überprüfung« aller bestehenden Kooperativen und deren Einteilung in reine und unreine, welche die turnusgemäße Sitzung der Enthusiasten im Obersten Sowjet verabschiedet hat, strikt auszulegen. Zivilisierter werden die Kooperatoren infolge dieser von mir durchgeführten Überprüfung nicht, ich selbst werde dabei nicht zu kurz kommen, und verantworten müssen sich wieder einmal die Enthusiasten. Und dann können sich diese Enthusiasten noch so sehr rechtfertigen, daß sie ganz und gar nicht das, sondern etwas ganz anderes gewollt hätten. Die Mehrheit der Bevölkerung wird ihnen nicht glauben. Wen interessiert schon, wer welche Absichten gehabt hat? Die Hauptsache ist doch, was bei alledem herausgekommen ist. Nicht

umsonst kursiert schon seit einem halben Jahrhundert im Lande der Witz über Marx, der sich nach seiner Auferstehung umsieht und nur noch stammeln kann: »Proletarier aller Länder, verzeiht mir!« Ich weiß nicht, wie es sich mit Marx verhält, aber Euch, den Perestroika-Anhängern, werden die Proletarier wohl kaum verzeihen. Und Eure Erklärungen werden sie nicht akzeptieren. Denn nicht unsere Wünsche und Absichten sind für die Resultate unserer Handlungen ausschlaggebend, sondern die Fähigkeit, diese Wünsche und Absichten unverzerrt zu verwirklichen.

Diese Fähigkeit aber läßt sich bei den Perestroika-Befürwortern offenbar nicht feststellen, da sie ja die eigentliche Umsetzung ihrer Ideen in die Praxis uns anvertraut haben, den »Schmarotzern«. Davon zeugt unsere ungeschmälerte Machtausübung, die von den ewigen Appellen vom Schlage »Alle Macht den Räten!« in keiner Weise beeinträchtigt wird. Was nun die Macht betrifft, so verraten Sie, Andrei, eine für einen derart raffinierten Polemiker reichlich widersprüchliche Überlegung, indem Sie mich fragen: »Weshalb ergreifen Sie sie (die Macht) denn nicht endlich?« (Wenn Sie sie auch nicht aus den Händen lassen.)

Ich möchte hier anmerken, daß, wenn sich die Macht in meinen Händen befindet, dies doch wohl bedeutet, daß ich sie schon ergriffen habe. Dann zu fragen, weshalb ich sie nicht ergreife, ist, gelinde gesagt, naiv. Und noch naiver klingt Ihre Antwort auf Ihre eigene Frage: »Mir scheint, daß Sie, nachdem Sie die Perestroika endgültig zum Teufel gejagt hätten, die Macht ganz und gar in eigene Hände nehmen müßten.«

Wenn wir die Perestroika zum Teufel gejagt hätten, müßten wir unmittelbar danach nicht etwa die Macht auf uns nehmen, die wir, wie ich aufgezeigt habe, uns ja gemeinsam mit der Funktion der Umverteilung vorbehalten haben – sondern die Verantwortung.

Bisher verhält es sich aber immer noch so, daß wir die Macht haben und Ihr die Verantwortung tragt. Und uns »Schmarotzern« kommt diese Lage der Dinge sehr gelegen. Während wir die Kommandohöhen besetzt halten, betrachten wir mit Vergnügen, wie Ihr Euch selbst diskreditiert, und erweisen Euch dabei unseren vollen, anonymen Beistand. Sie wissen doch: ein Trainer kann sich so mancherlei ausdenken, die Realisierung liegt letztlich bei der Mannschaft. Und wenn man der Mannschaft schon die Kommandohöhen überlassen hat, das heißt, wenn man sie in unveränderter Zusammensetzung spielen läßt, dann kann der Trainer nur noch zurücktreten – wobei die Schuld noch immer bei ihm liegt –, oder er kann nur noch das tun, was der Mannschaft gefällt. Daher stellt sich uns die Machtfrage nicht. Bislang. Und ich hoffe, daß dieses »Bislang« für unser Jahrhundert ausreicht.

Und nun wollen wir uns jener Zeit zuwenden, in der es mit diesem gesegne-

ten »Bislang« Schluß sein wird. Zu diesem Zweck nehmen wir uns den apokalypsischen oder, wie Sie sich ausdrücken, »apokalyptischen«[9] Teil Ihrer Botschaft vor. Ich erinnere daran: Nitrate, Pestizide, Aids, Alkoholismus, Drogensucht, Debilität, Mißgeburten usw. Kein schönes Bild. Aber dafür ist es ja ein Bild, weshalb man einen Vorhang darüber ziehen, es mit dem Gesicht zur Wand stellen und in der Rumpelkammer verstecken kann. Es gibt da übrigens eine historische Tatsache, die für Sie, Andrei, interessant sein dürfte: Im 17. Jahrhundert wurde eine Wasserleitung in den Kreml gelegt. Aus Bleirohren. Aus *Bleirohren*. Und die ganze Zarenfamilie trank das vergiftete Wässerchen, und es starben unsere Herrscher mit Kind und Kegel damals im Durchschnitt zehn Jahre vor der ihnen beschiedenen Frist. Aber sie starben, beachten Sie das bitte, leichten Herzens. Das Bild stand in der Rumpelkammer. Und dort blieb es auch bis zur allerjüngsten Zeit unter aktiver Mitwirkung von uns »Schmarotzern«. Human, wie wir sind, gewährten wir der Bevölkerung unseres blühenden Landes eine der schönsten Möglichkeiten auf der Welt – leichten Herzens und in dem lichten Glauben an die heimatliche Medizin zu sterben. Und da kommt Ihr Perestroika-Befürworter und zerrt die Leinwand aus der Rumpelkammer und erschreckt die armen Sünder mit ihrer apokalyptischen Darstellung.
Und was weiter? Haben *wir* dieses Bild nicht etwa vor Euch gesehen? Natürlich haben wir. Aber wir konnten ja nichts machen. Vom gesellschaftlichen Mehrprodukt bleibt uns für die Lösung ökologischer Probleme nichts übrig. Und uns selbst ein solches Mehrprodukt abknapsen können wir nicht, denn das bedeutete das Ende unserer Existenz als Klasse. Haben Sie je irgendwo eine Klasse gesehen, die sich selbst das Grab gräbt und sich selbst hineinzulegen geruht? Ihr werdet so lange ein Geschrei um die Ökologie veranstalten, bis es zum Halse heraushängt – entweder Euch selbst oder Euren Zuhörern. Und wenn es dann soweit ist, werden wir dieses apokalyptische Bild wieder in die Rumpelkammer stellen. Ganz zwanglos. Und die PDK[10] werden wir noch einmal um das Zehnfache erhöhen. Durch einen anonymen Willkürakt. Und völlig wissenschaftlich begründet – denn nicht umsonst haben wir ja zu unserer Zeit einen ganzen Haufen schmarotzerischer Doktoren der verschiedensten Wissenschaften herangezüchtet, welche die PDK nicht von der KPD unterscheiden können.
Was nun die Debilisierung der Bevölkerung angeht, so finden wir das nicht so schrecklich. Erstens ist der Unterschied zwischen einem debilen und einem normalen Menschen derart verschwindend gering, daß es uns – und zwar wieder völlig wissenschaftlich begründet – ganz leicht fallen wird, einen Teil der Debilen den normalen Leuten zuzuschlagen, um die Statistiken nicht zu versauen. Zweitens ist der Debile an und für sich gar nicht so

übel. Er ist ebenso leicht lenkbar wie ein Alkoholiker, verlangt nicht viel und fällt nicht weiter unangenehm auf. Übrigens weiß der Debile ja nicht einmal, daß er debil ist. Und ihm dieses Geheimnis zu enthüllen, wäre einfach inhuman von Ihnen, Andrei. Wenn das Bewußtsein dieser Inhumanität Sie noch nicht ausreichend davon überzeugt, daß man solche apokalyptischen Perspektiven aus dem Blickfeld rücken sollte, dann bedenken Sie noch etwas. Weshalb sind Sie so felsenfest davon überzeugt, daß die Natur sich im Prozeß der Evolution gerade den Homo sapiens in seiner heutigen Gestalt zum Ziel gesetzt hatte, das heißt Andrei Nujkin mit zwei Armen, zwei Beinen, einem Augenpaar und einer einzigen Zunge? Woher diese Selbstgewißheit? Vielleicht ist das Weltall gerade für weitergehende anthropogene Mutationen programmiert? Vielleicht führt uns der Fortschritt geradewegs zu irgendeinem zwölfkiemigen, dreiäugigen und geschwänzten Individuum, dem Nitrate, Pestizide und die allerdurchdringendste radioaktive Strahlung nicht nur nicht schaden, sondern wohl bekommen.
Und Sie, Andrei, ziehen mit Ihren Prophezeiungen im Geiste Johannes des Täufers Gräben quer zu diesem progressiven Pfad. Gleichen Sie dabei nicht jenem Neandertaler Weisen, der sein Leben dem Kampf gegen den Haarausfall seiner Stammesgenossen weihte, weil er diesen Prozeß für eine Degenerationserscheinung hielt? Hoffentlich würdigen Sie, was für eine intelligente Rückzugsmöglichkeit ich Ihnen anbiete. Und dazu ganz wissenschaftlich. Denken Sie darüber nach! Es lohnt sich wirklich. Und wenn Sie einverstanden sind, werden wir Ihnen bei unserer Umverteilung auch etwas abgeben. Was ist schon Schlimmes dabei? Sie wären nicht der erste und nicht der letzte.
Und nun zum letzten Punkt: Sie, Andrei, wenden sich mit dem Vorschlag an uns, »zur Besinnung zu kommen« und »unser blödsinniges, die Materie zerstörendes und den Geist korrumpierendes System der ökonomischen Anreize vom Kopf auf die Füße zu stellen«. Und das, nachdem Sie uns als »Geschäftsleute« bezeichnet und als Klasse anerkannt haben. Eben dieser Klasse, für die die Hauptbedingung ihrer Existenz doch jenes auf dem Kopf stehende »System der ökonomischen Anreize« bildet, schlagen Sie in der besten Tradition des Weltutopismus vor, gemeinsam eine lichte Zukunft zu errichten. Sie schlagen uns vor, uns von der Herrschaft unserer Klasse loszusagen? Großartig!
Und was können Sie uns zur Entschädigung anbieten? Eine Hausmeisterstelle in dem auf die Füße gestellten System? Denn auf mehr können wir ja nicht hoffen, nach dem langen Prozeß der Auswahl und Anpassung an eine ganz spezifische Tätigkeit, den wir unter den nicht minder spezifischen Bedingungen unserer Wirtschaft durchlaufen haben. Wo könnte man mich

denn schon noch gebrauchen, einen Menschen mit fünfzehnjähriger Erfahrung im Erraten der Absichten seiner Vorgesetzten und im Abwägen der Chancen des einen oder andern Kandidaten innerhalb der Hierarchie auf einer Apothekerwaage? Wer würde unter den Bedingungen einer normalen Wirtschaft meine höhere technische Bildung benötigen, besser gesagt, mein irgendwann einmal ergattertes Diplom? Wohin mit einem Scharfschützen, wenn alle die Waffen auf den Abfallhaufen werfen? Haben Sie dies bedacht, als Sie mir vorschlugen, die Macht freiwillig abzugeben? Seien Sie doch so gut, und überlassen Sie Ihre Frau dem Onkelchen ...

Sie haben nichts in Händen, um mich zu entschädigen, denn alles, was Sie mir geben könnten, besitze ich ja schon. In dem Moment aber, in dem ich der Macht entsagen würde, könnte mir niemand garantieren, daß mein Vermögen nicht auf dem Altar geopfert würde. Sie können sich also ausrechnen, Andrei, ob wir Ihnen helfen werden, unser eigenes Grab zu schaufeln, und ob wir uns nach der ersten Aufforderung hineinlegen werden. Auf keinen Fall! Und ebensowenig nach der zweiten, und nach der dritten auch nicht. Als Klasse werden wir um unseren Platz in einer »bestimmten gesellschaftlichen Wirtschaftsordnung« kämpfen, und dabei werden wir uns weder vor Blutvergießen scheuen noch das Leben unserer Klassenfeinde schonen.

Sie kennen doch die Geschichte! Wo hätte je eine Klasse einer andern die Herrschaft ohne mehr oder weniger Blutvergießen abgetreten? Und ich brauche Ihnen wohl nicht zu erklären, daß sich mit zunehmender Entwicklung der Massenvernichtungsmittel die Maßstäbe eines derartigen Blutvergießens keineswegs verkleinert haben. Haben Sie bedacht, was die Völker schon allein die bürgerliche englische, die Große französische und die sozialistische Oktoberrevolution gekostet haben? Die Progression ist dabei mehr als deutlich. Und Sie, Andrei, ein intelligenter Mensch, der um die Vögelchen und Fischlein jammert, sind zu einem derartigen Blutvergießen entschlossen? Zu einem neuen Bürgerkrieg mit all den von Ihnen prophezeiten apokalyptischen Schrecken? Das kann ich nicht glauben. Und deshalb habe ich auch keine Angst. Weder vor Ihnen noch vor Ihren Gesinnungsgenossen. Weder um mich selbst noch um *unsere* Klasse. Weil sich nämlich jeglicher Kampf irgendeiner unterdrückten Klasse um ihre Rechte und gegen die »Schmarotzer« ohne entschlossene Führer in ein Spiel mit einem einzigen Tor verwandelt, und die Bombardeure werden dann wir sein, die »Schmarotzer«, Bürokraten, korrupten Elemente, Mafiosi usw.

Entschuldigen Sie den etwas verworrenen Charakter meines Briefes. Ich hatte schon lange keinen Anlaß mehr, meine Gedanken in schriftlicher Form darzulegen. Sie werden selbst verstehen, daß dies einem Bürokraten

nichts nützt. Ebenso bitte ich, die Tippfehler zu verzeihen – meine Zeit ist knapp, einen solchen Brief aber der Sekretärin zum Insreinetippen zu geben, widerspräche den Traditionen unserer Klasse. Gemäß ebendiesen Traditionen ziehe ich die Anonymität vor, obwohl ich meinen Brief natürlich gerne gedruckt sähe. Für mich, als Anonymus, wäre dies kein Risiko und würde mir trotzdem Vergnügen bereiten.
Falls es aber das von der Zeitschrift *Ogonjok* erreichte Pluralismus-Niveau nicht erlauben sollte, den Brief zu veröffentlichen, hätte ich wenigstens die Genugtuung, es (das Pluralismus-Niveau) genau einschätzen zu können. Sollte sich Ihr, Andrei, persönlicher Pluralismus ein wenig von dem der Redaktion unterscheiden, würde ich mich über einen Hinweis freuen.
Ich verbleibe, wie immer,
Ihr unversöhnlicher Feind
der Bürokrat

Kleiner Kommentar

Haben Sie fertiggelesen? Nun, und wie gefällt Ihnen das? Ich persönlich habe mich über den Brief meines unversöhnlichen Feindes sehr gefreut. Erstens hat er in seinem Ausbruch eitler Geschwätzigkeit eine Reihe wichtiger Klassengeheimnisse herausposaunt. Und zweitens, welch ein Stil, welche Ausdruckskraft, welch ein Spiel des Geistes! Eines durch Erziehung und Dienst verkrüppelten natürlich, aber von seinen Zutaten her offensichtlich nicht ordinären Geistes. Manch einen schockiert oder empört vielleicht die unehrerbietige, ja verachtungsvolle Behandlung, die hier den Perestroika-Befürwortern und dem werktätigen Volk überhaupt zuteil wird. Sei's drum. Um der Wahrheit willen, auch wenn sie einmal reichlich direkt ausgesprochen wird, sollte man sich nicht kränken. Und was der verehrte Schmarotzer über das Wesen seiner Klasse schreibt, über das von dieser Klasse durchdrungene Regierungs- und Verwaltungssystem, über die Verfahren zum »Scheren« der Bevölkerung, über die Ursachen, die die herrschende Klasse veranlaßten, die Perestroika zu verkünden, darüber, weshalb sie (zusammen mit unserer Wirtschaft) weder stirbt noch gesundet, und über vieles andere – dies alles ist nichts als die reine Wahrheit. Weshalb sollten wir uns hier selbst täuschen? Und daß von innen, vom Apparat aus betrachtet, der Sinn der Perestroika darin bestand, eine Armada im Hinterland steckengebliebener Zweiter zu Ersten zu machen, scheint mir auch der Wahrheit zu entsprechen.
Vor allem aber lehrt uns dieser Brief eines: Es ist nicht zu bezweifeln, daß

die »Schmarotzer« in ihrem realen Alltagsverhalten vom Kriegszustand ausgehen: »Als Klasse werden wir um unseren Platz in einer ›bestimmten gesellschaftlichen Wirtschaftsordnung‹ kämpfen, und dabei werden wir uns weder vor Blutvergießen scheuen noch das Leben unserer Klassenfeinde schonen.« Und ein Blutvergießen, an dem gemessen diejenigen, die frühere »Schmarotzerklassen« bei ihrem Abgang von der Bühne veranstalteten, reine Kinderspiele waren.
Danke für die Aufrichtigkeit. Unsere »Herren der Welt« bereiten den Angriff auf ihr eigenes Volk vor, nicht ohne diesem vorher den Krieg erklärt zu haben. Den Leserbriefautoren in der *Prawda* und *Sowjetskaja Rossija* sollte dies neue Impulse liefern, um eine weitere Welle des Enthusiasmus und der Dankbarkeit für ein derart menschenliebendes und fürsorgliches Regime zu entfachen und uns möglichst schnell an unsere Werkbänke zurückzurufen, um zu arbeiten, zu arbeiten und noch einmal zu arbeiten! Denn sonst haben unsere »Schmarotzer« schon bald absolut nichts mehr, was sie an uns scheren könnten. Sie werden nicht umhin können, sich auf den Straßen gegenseitig ihre Bisampelzmützen vom Kopf zu reißen und sie illegal gegen Valuta ins Ausland zu schicken, was die Autorität des Sozialismus in der progressiven Weltgemeinschaft endgültig untergraben könnte.

Aus dem Russischen von Barbara Kerneck

Anmerkungen der Übersetzerin

1 Die Überregionale Deputiertengruppe wurde im Sommer 1989 von Abgeordneten des Obersten Sowjet und des Kongresses der Volksdeputierten der UdSSR gegründet. Sie umfaßte zeitweilig über 400 Mitglieder und stellt praktisch die einzige liberal-demokratische Opposition in den zentralen Organen der Sowjetunion dar.
2 Verstand, Ehre und Gewissen des Volkes – traditionelle Metapher für die KPdSU.
3 Die höfliche und korrekte Anrede schließt im Umgang von Russen untereinander noch immer nicht unbedingt den Familiennamen ein, wohl aber – zusätzlich zum Vornamen – den Namen des Vaters des oder der Angesprochenen, ergänzt um die Endungen -owitsch oder -ewitsch bzw. -owna oder -ewna. Von Ausländern werden derartige Wortbildungen in der Regel nicht erwartet.
4 Der »Schmarotzer« hält sich hier an das Muster konventioneller sowjetischer Fragebogen. Die vollständigen Formeln lauten: War nie im Ausland, habe keine Verwandten im Ausland; wurde nie gerichtlich belangt; bin Mitglied der KPdSU; habe Auszeichnungen und nahm an Kampfhandlungen teil (wobei diese aufgrund des Alters des Briefautors nur in Friedenszeiten in der Sowjetunion selbst oder in einem der von der Roten Armee besetzten Länder stattgefunden haben können).

5 Armand Hammer, erst kürzlich verstorbener amerikanischer Großunternehmer, der sowohl während der Phase der Öffnung der Sowjetwirtschaft gegenüber dem Ausland in den zwanziger Jahren als auch, erneut, nach Beginn der Perestroika in der Sowjetunion investierte und Wohltätigkeitsaktionen zugunsten des Landes initiierte.

6 »Perestroika« ist wörtlich mit »Umgestaltung« zu übersetzen.

7 Schon kurz nach der Schaffung der gesetzlichen Möglichkeit zur Gründung privater Kooperativen wurde deren Tätigkeit durch eine Unzahl von Verordnungen und durch verschiedene finanzielle Abschöpfungen derart eingeschränkt, daß sie zum Spielball der Bürokratie und des organisierten Verbrechens wurden. Folglich stellen die heutigen sowjetischen Kooperativen kaum noch wirklich neue Waren her, sondern versehen lediglich bereits Vorhandenes mit einem gewissen »Pepp« (Leitungswasser). Manche Kooperativen versprechen auch Dienstleistungen wie Objektschutz, wobei sie an der Schaffung des Bedarfs durchaus beteiligt sein können.

8 Leonid Abalkin, einer der wichtigsten Reformvertreter in der ersten Phase der Perestroika und Leiter der Kommission für Wirtschaftsreformen des Obersten Sowjet, war bis Januar 1991 Vize-Regierungschef.

9 Apokalypsisch: Vertreter der Sowjetischen Bürokratie sind im Umgang mit Fremdworten häufig ebenso unsicher wie rechthaberisch.

10 PDK: Abkürzung der russischen Bezeichnung für die in bewohnten Gebieten zulässige Höchstgrenze radioaktiver Strahlung.

Jutta Scherrer
Vom schwierigen Weg in die Demokratie

Laute Gedanken zu Russlands neuer Vergangenheit

Als der Historiker Andranik Migranjan gemeinsam mit dem Philosophen Igor Kljamkin von der *Literaturnaja gaseta*, einem der wichtigsten Organe der sowjetischen Intelligenzija, interviewt wurde (Nr. 33/1989), handelte er sich nicht wenig Ärger ein. Lautstark verkündete er dort, daß Rußland für den Weg vom Totalitarismus in die Demokratie eine starke, eiserne Hand brauche, daß eine Übergangsphase autoritärer Herrschaft unumgänglich sei. Westliche Sowjetologen, die mit Migranjans erschreckender Aussage 1989, im immer noch Hoffnung verheißenden vierten Jahr der Perestroika, nur wenig anzufangen wußten, schoben sie derweil in die Schubfächer ihrer Gedächtnisse, für schlimmere Zeiten. Diese sind nun mit den jüngsten Ereignissen in den baltischen Republiken gekommen. In einem unlängst von der Columbia-Universität veranstalteten Seminar wurde Gawril Popow unmittelbar auf seinen Landsmann Migranjan angesprochen. Doch Moskaus radikal-demokratischer Bürgermeister – offiziell Vorsitzender des Mossowjet, des Rats der Stadt Moskau – winkte geradezu verächtlich ab: Leute wie Migranjan seien zwar groß in ihren Worten, nicht jedoch in der demokratischen Bewegung. Das klassische Schisma der Intelligenzija, hier findet es sich einmal mehr denunziert: ihre Spaltung in Schreibtischliteraten und Aktivisten, in Ideologen und Militante, russisch *dejateli*, diejenigen, die agieren, die handeln. Im ehemals gebräuchlichen hegelianisch-marxistischen Jargon evozierte man den Bruch zwischen Theorie und Praxis. Es ist das alte, ewige Dilemma der ebenso gelobten wie geschmähten vorrevolutionären russischen Intelligenz. Doch die sich heute verachten, die heute nicht mehr miteinander reden, fanden sich anfänglich durch die Perestroika fest geeint. Verkünder wie Träger der Glasnost, hatten sie sämtlich in Gorbatschow ihre einzige, manche unter ihnen gar ihre »letzte Chance« zu sehen vermeint. Gerade fünf Jahre ist das her. Freilich war das Tempo der Perestroika rasant, ihre Phasen kurzläufig und die Umwälzungen in den persönlichen Erfahrungen und im politischen Bewußtsein der Intellektuellen unabsehbar. Veränderungen in den Verhaltensweisen, ja in den Mentalitäten schlugen in krasse Wendungen und unreparierbare Brüche um. Aus unter-

schiedlichen Stellungnahmen wurden neue Richtungen. Und Intoleranz, wie könnte es unter Rußlands Intelligenzija anders sein, war das erbarmungslose Ergebnis.
Ich schreibe hier nicht als Chronist der ihrem Ende mit Windeseile entgegengehenden Perestroika. Auch fungiere ich nicht als Orakel des Dramas ihrer Intelligenz. Ich versuche allein, meine Wahrnehmungen in der Sowjetunion während des letzten Jahres zu überdenken, bei sechs Besuchen jeweils in Moskau und Leningrad. Zahlreiche Eindrücke erstehen dabei wieder auf. Bilder und Assoziationen kommen mir in den Sinn. Mein Verstand ist von Gefühlen und Empfindungen beherrscht, die Urteilskraft wie gelähmt. Die Informationen, die ich notierte, lesen sich wie längst überholt. Ich finde mich vor Teilstücken eines großen Puzzles. Die einzelnen Elemente sinnvoll zum großen Fresko des Weltenendes im Sowjetreich zusammenzusetzen, ist mir nicht gegeben.
»Mysli wsluch« sagt man im Russischen: laute, hörbare Gedanken sind das einzige, zu dem ich fähig bin. Vielleicht sollte man besser nicht schreiben, sondern abwarten. Doch sei's drum. Angesichts der Dynamik der in Sowjetrußland tagtäglich vor sich gehenden Veränderungen – zu Recht als Revolution bezeichnet – sind globale Darstellungen im Augenblick, da man sie zu Papier bringt, bereits überholt. Spekulationen über Varianten oder Alternativen werden unter dem Druck immer wieder neuer Ereignisse in kürzester Zeit hinfällig. Dem Historiker, der sich an dieses einzigartige politische Sujet wagt, kann es um nichts anderes gehen, als einige Splitter des gewaltsamen Umbruchs, der Revolution in der Revolution, aufzusammeln, Augenblicke einzufangen, Momentaufnahmen gleich – im vollen Bewußtsein ihrer Temporität.

Als Historiker beeindruckt mich, wie eine Vergangenheit plötzlich neu ersteht, wie das über Jahrzehnte unterdrückte oder verdrängte historische Gedächtnis mit einem Mal nach einer neuen Identifizierung drängt. Als Deutsche, mit der Vergangenheit meines eigenen Landes belastet, frappiert mich der in letzter Zeit immer häufiger zu hörende Vergleich mit der Stunde Null unserer Geschichte und der Hinweis auf den Vollzug unserer Kollektivschuld. In einer der schlimmsten sozialen und politischen Anklagen, die die Glasnost ermöglichte, dem Film »Tak schit nelsja«, der nach anfänglichem Verbot im letzten Sommer die großen Moskauer Kinos füllte, wird am Ende ein Nürnberger Tribunal gefordert. In Analogie zu der Verurteilung der deutschen Naziverbrecher sollen die sowjetischen Kommunistenverbrecher abgeurteilt werden. Denn »so könne man nicht leben«. Auch die Bewohner der am Jahresende abgerissenen Zeltstadt zu Füßen des

Hotels »Rossia« hatten die Forderung nach einem Nürnberger Tribunal auf ihre Schilder geschrieben. Wie man sich allerdings die Prozesse gegen die Beteiligten, die Toten und die Lebenden, praktisch, konkret vorstellen soll, weiß niemand zu sagen. Die Lösung des ersten großen, die Perestroika wie eine Ouvertüre eröffnenden Films nahm sich, weil auf den Einzelnen, das Individuum beziehbar, vielleicht etwas einfacher aus: »Pokajanie«, zu deutsch »Reue« oder »Buße«. Seitdem der Film des Georgiers Tengis Abuladse 1987 öffentlich gezeigt werden durfte (gedreht wurde er 1984, mit Billigung des damaligen Parteichefs der grusinischen Republik, Eduard Schewardnadse), wurde »Reue« zur Losung all derer, die in der Perestroika vor allem eine moralische Revolution sahen.

Im selben Jahr und unter demselben Motto der »Reue«, »Läuterung« und »Sühne« begannen die Aktivitäten der Gesellschaft »Memorial«. Zunächst waren es informelle, unter dem Stichwort »Gewissen« stattfindende Treffen, in denen das Gedenken an die stalinistischen Verbrechen eingemahnt wurde. Der Historiker Juri Afanasiew, einer der Mitbegründer von »Memorial«, hatte sich für ein öffentliches Tribunal über Stalin und den Stalinismus ausgesprochen. Dabei ging es jedoch nicht um Nennung von Namen und die Verhaftung der Schuldigen. Allein das sollte aufgezeigt und bewußt gemacht werden, was geschehen war. Afanasiew nannte das »einen nationalen Akt des Gewissens, der Reue und der Läuterung«. Museen, Bibliotheken und Archive mit Materialien über die Verbrechen der sowjetischen Vergangenheit seien zu schaffen, um »Pilgerstätten zu werden, in denen die Nation sühnen und ihr Gewissen und ihre Seele läutern kann«. Doch es ging um mehr als die Sammlung von Dokumenten über die Opfer. Es galt, von Chruschtschows allein auf die Person Stalins reduzierter Inkriminierung wegzukommen. Immer offener wurde die Schuld der Gesellschaft, die Verantwortung aller am Stalinismus angesprochen. »Stalin starb erst gestern ...« nannte der Historiker Michail Gefter seinen Essay, den ersten, den der vormalige Dissident nach langen Jahren des Schweigens dank der neuen Glasnost veröffentlichen durfte. »Stalin ist in uns allen.«

Vergangenheitsbewältigung auf sowjetisch – auf eine Realität von mehr als sieben Jahrzehnten totalitärer, autoritärer Herrschaft bezogen –, wie sieht das aus? Kann es sie geben? Ganz abgesehen von der Frage, ob sich eine Vergangenheit jemals bewältigen läßt. Wir Deutschen können unseren russischen Freunden gewiß kein Beispiel geben, auch wenn mancher sowjetische Publizist und Historiker hierauf so pathetisch besteht. Deutsches Gas im Irak zeigt nur allzu deutlich, daß sich das Gas von Auschwitz zwar vergessen, nicht aber bewältigen ließ.

Wie sieht die Vergangenheit aus, die soeben neu entsteht? Und welche Vergangenheit blieb im Bewußtsein verankert, um jetzt eine neue, vielleicht sogar erste Blüte zu erzeugen? Was weiß man wirklich, und was wird angenommen und vermutet? Welche Vergangenheit kommt zurück, und wie kommt sie zurück? Welches sind die Kriterien dafür, daß man sich diesen Teil der Vergangenheit aneignet, einen anderen aber nicht? Weil man den anderen ignoriert? Oder weil der Prozeß der Aneignung des Vergangenen von zahlreichen Zufällen abhängig ist? Weil es Manipulationen gibt? Wer aber manipuliert? Und schließlich, was wird vom kollektiven Bewußtsein überhöht, was unterdrückt, was verdrängt?
Fragen über Fragen, die bisher niemand zu beantworten vermag. Der unter der Perestroika so erwartungs- wie qualvoll begonnene Prozeß der Suche nach Rußlands Vergangenheit und der Identifizierung der verschiedenen sozialen Gruppen mit ihrer Herkunft bietet heutigen Sozialwissenschaftlern ein außergewöhnliches Feld. Für den Historiker, zumal wenn ihn Rußland schon früher beschäftigte, ist die Verfolgung dieser Evolution von allem Anbeginn der Perestroika an eine wahre Droge, von der er nicht mehr loskommt. Statt in Archiven dem vorrevolutionären Rußland nachzusinnen, hänge ich dem Gegenwärtigen an, laufe ich dem nach, wie Geschichte »gemacht« wird, kurz, bin ich nurmehr Augenzeuge.
Es ist wohl natürlich, zumindest verständlich, daß Rußlands Suche nach seiner Zukunft vorerst auf die nach seiner Vergangenheit hindeutet. Wobei die Tendenzen der Neubewertung des Vergangenen alles andere als linear verlaufen. Wie Vulkane brechen unversehens Inseln von Wissen nahezu allerorten auf, und wie Wellen überstürzen sich die neuen und neuesten Informationen. Doch die Lava der Vulkane deckt auch manch Neues unmittelbar wieder zu, und die Wellen schwemmen es zurück. So brauchte es anfänglich viel Mut, in aller Öffentlichkeit Lenins Entfernung aus dem Mausoleum zu fordern. Inzwischen wurden überall im Lande, in sämtlichen Republiken, kleinere und größere Statuen von Lenin zertrümmert. Auch die Massenmedien trugen aktiv zur Zerstörung des Leninkults bei. In einer der Januarnummern der *Prawda* ist jedoch die Titelseite mit der langatmigen Epistel einer niemandem bekannten – vielleicht gar erfundenen? – Autorin aufgemacht: »Vergieb uns, Wladimir Iljitsch!« Auf Seite drei findet die larmoyant-sentimentale Schnulze ihre Fortsetzung. Insgesamt hat das Parteiblatt einen Umfang von sechs Seiten. Keine zwei Wochen zuvor zierte die Titelseite der *Iswestija* echt-russischer Kitsch der Jahrhundertwende: das Photo einer alten Postkarte mit einem Riesenengel, der mit seinen Riesenschwingen über dem Lande schwebt, es segnet und ihm »Christi Geburt« verkündet. Heuer, am 6. Januar, wurde zum erstenmal das orthodoxe

Weihnachten offiziell begangen. Entsprechend dem Rückgriff auf ein altmodischen Symbol – eine moderne, populäre religiöse Kunst gibt es im Rußland der Glasnost anscheinend noch nicht – war ein weiteres Viertel der Titelseite des Regierungsblattes mit dem Photo der Kirche bedeckt, in der der Patriarch »von Moskau und ganz Rußland« den orthodoxen Weihnachtsgottesdienst zelebrierte. Der erst letzten Sommer gewählte Patriarch ist übrigens dem Publikum gut bekannt: *ex officio* Volksdeputierter im Parlament der Union, macht er von dieser Rolle ausgiebigen Gebrauch. Die Medien tun ihrerseits, was immer sie können. Mit allzu sichtbarem Genuß ruhen sie sich auf der imposanten Erscheinung aus, dem vollen Bart, dem Prunk des Ornats, die so pittoresk vom Einheitsgrau der sowjetischen Bürokraten und Deputierten abstechen.

Überhaupt treten immer mehr Priester ins Bild der Öffentlichkeit. Sie stehen an der Spitze einer Prozession zum Angedenken an die Gründung der Stadt Moskau, von Deputierten, Parteimitgliedern, Persönlichkeiten des öffentlichen Lebens gefolgt. Sie sind bei der Eröffnung der ersten Moskauer Börse anwesend und erteilen ihr, in der Person des Patriarchen, den kirchlichen Segen. Sie sammeln auf dem Roten Platz, im Angesicht von Lenins Mausoleum, um die hier von Stalin zerstörte Kirche von Kazan wiederaufzubauen. Sie organisieren Wettbewerbe für den Bau neuer Kirchen. Einer unter ihnen, der Priester Alexander Men, wurde im Herbst ermordet. Der erste politische Mord der Perestroika. Dabei war Men niemals politisch tätig, doch wegen seines ökumenisch verstandenen Christentums – er selbst war jüdischer Herkunft – in der demokratischen Bewegung sehr beliebt. Die Moskauer Intelligenzija, in ihrer qualvollen Suche nach der »philosophischen Wahrheit«, suchte bei ihm Zuflucht und Vertrauen. Auf seiner Beerdigung schlug sie seine Kanonisierung vor.

Bei einer Meinungsumfrage der *Moskauer Nowosti* im November vergangenen Jahres über Namen von gegenwärtig großer Bedeutung wurden Jesus Christus und Andrei Sacharow an erster Stelle genannt. In der Rubrik »Namen ohne große Bedeutung« fand sich Lenin mit 39 Prozent (gegenüber 36 Prozent, die ihm Bedeutung zusprachen), Gorbatschow mit 47 Prozent (gegenüber 26 Prozent) und Stalin mit 72 Prozent (gegenüber 9 Prozent).

Die meisten meinen, die Stunde Null dort ansetzen zu können, wo die russische Geschichte im Jahre 1914 oder auch zu Beginn des Jahres 1917 aufhörte. Mehr als siebzig Jahre ideologisch-autoritärer Herrschaft haben das historische Wissen stets nur für eigene Zwecke und im eigenen Interesse mobilisiert. Geschichte diente dem marxistisch-leninistischen Staat als Instrument, um die Handlungen der Herrschenden zu legitimieren. Heute, mit dem Ende der Ideologie, will man zurückkehren zu dem, »wie es gewesen ist«. Freilich bedeutet dieses »so wie es gewesen ist« für nahezu jeden etwas anderes. »Pluralismus der Meinungen« lautet die im Zuge der sowjetischen Demokratisierung erst unlängst entdeckte Begründung.

Auch Gorbatschow bildete in der Reihe der sowjetischen Führer keine Ausnahme. Von Anfang an wollte er die Perestroika durch eine Revision der Geschichte legitimieren. Zur Rechtfertigung der eigenen Reformen galt es den Nachweis zu erbringen, daß die stalinistische Vergangenheit, das Administrative Kommando-System, versagt hatte. Doch die von Gorbatschow befürwortete Kritik an Stalin und am Stalinismus weitete sich schnell aus und ging »nach hinten« in die Geschichte zurück. Nach einer vorübergehenden Periode der Idealisierung der Neuen Ökonomischen Politik (NÖP) – Gorbatschow selbst stellte seine Reformen in die unmittelbare Nachfolge von Lenins Wirtschafts- und Sozialpolitik und sah sich als unmittelbarer Fortsetzer von Lenin – schlug das Pendel sehr rasch in die Kritik an Lenin und am Leninismus um: Lenin habe mit seinen während des Kriegskommunismus getroffenen Verordnungen die Grundlagen für den stalinistischen Totalitarismus gelegt. Lenin habe die ersten Konzentrationslager gebilligt. Lenin habe mit der Auflösung der Verfassunggebenden Versammlung im Januar 1918 und dem Verbot der Parteien Rußlands Weg in die Demokratie ein für allemal verhindert. An letzter Stelle in dieser rückläufigen Reihe des Schuldkatalogs sowjetischer Geschichte fand sich die Infragestellung der Oktoberrevolution selbst: zum »coup« einer bolschewistischen Minderheit erklärt – manche sprechen nur noch von einer bolschewistischen »Bande« – dient sie nicht länger als Legitimierung der Geschichte der letzten sieben Jahrzehnte.

In einer Anfangsphase hatte es relativ seriöse Debatten gegeben über die Hungersnöte der dreißiger Jahre, die Zwangskollektivierung der Bauern, Bucharins Modell als mögliche Alternative zu Stalin und schließlich die NÖP, die bei einem längeren Leben Lenins Rußland vor dem Schlimmsten hätte bewahren können ... An den Debatten nahmen durchaus nicht nur professionelle Historiker teil, Schriftsteller, Publizisten und Philosophen hatten das Ihre zu sagen und waren oft viel mutiger als die Fachkollegen. Doch nach dieser anfänglichen Periode meinte manch einer, mit der sowjetischen Vergangenheit aufgeräumt, ja, diese gleichsam ausgeräumt zu haben. Nachdem die Legitimität der Oktoberrevolution aus dem Weg geräumt war, hoffte man im nun möglichen Rückgriff auf die Epoche vor 1917, das wahre, das eigentliche Rußland wiederzuentdecken. Und nachdem durch eine relativ große Zahl neuer Publikationen, vor allem Übersetzungen von Werken westlicher Historiker, die historischen und politischen Mythen der Stalinzeit als beseitigt galten, konnte man darangehen, sich *nolens volens* eine neue historische Mythologie des alten Rußland zu kreiern.

Ein wahrer Kult entstand um den letzten Zaren, Nikolai II, vor allem um seine Familie. Den Spuren ihrer Ermordung geht man in sämtlichen Medien nach. Makabren Feuilletons gleich lesen sich die letzten Tage der Familie Romanow. Das den Westen in den Nachkriegsjahren faszinierende Rätselraten um die Authentizität von Anastasia, der einzigen überlebenden Tochter des Zaren, wird zum Gesellschaftsspiel sowjetischer Familien. Eine beispiellose Jagd nach Photos, Andenken, Postkarten aus der Epoche findet statt. An den Ständen des in einer Moskauer Vorstadt gelegenen Ismailowo-Parks werden historische Trophäen zu exorbitanten Preisen gehandelt. Jemand zeigte mir mit Stolz einen Holzsplitter, den er sein eigen nannte: aus der letzten Hütte, die die Zarina vor ihrer Ermordung mit ihren Kindern bewohnt hatte. Auch Rasputin feiert fröhliche Urständ, seine Morbidität fasziniert wie zahlreiche andere zwielichtige Mönchsfiguren aus dem Umkreis des seinem absehbaren Ende entgegeneilenden dekadenten Hofes der Romanows. Publikationen aus der Epoche werden von Kooperativen für teures Geld neu aufgelegt; neben honorigen Stadtgeschichten von Sankt Petersburg stürzt man sich, bisweilen mit unverhüllt geiler Begierde, auf Tagebücher von Hoffräuleins, verschlingt die Erinnerungen des hohen Adels. Schlechthin alles, was bisher nicht angängig, weil aus dem dekretierten »historischen« Wissen ausgeklammert war, steht heute aus der Versenkung auf. Daß sich das Interesse zuweilen am Morbiden und Schillernden festklammert, wer könnte es dem vom grauen Alltag des sozialistischen Realismus mit buntscheckigen Bildern nicht gerade verwöhnten Sowjetbürger verwehren.

Etwas anders steht es um die Wiederbelebung des Interesses an den alten Adelsfamilien, mit deren Namen die Geschichte der zahlreichen Leningrader Paläste verbunden ist. Mit großer Regelmäßigkeit zeigte im vergangenen Sommer das Leningrader Fernsehen fast allabendlich Sendungen über das Schicksal letzter Überlebender des Sankt Petersburger hohen Adels. Oft mußte man hierfür auf Kinder und Kindeskinder der Emigranten aus Paris und Rom zurückgreifen. Die in Rußland zurückgeblieben waren, kamen zumeist in den Lagern um. Ihre Nachkommen verschwiegen bewußt ihre Herkunft. Heute werden zu ihren Ehren Straßen und Brücken umbenannt. Im Lensowjet, dem Rat der Stadt Leningrad, debattieren radikal-demokratische Abgeordnete über die Wiedereinführung des Stadtnamens Sankt Petersburg. Mein Hinweis auf die mit dem Namen Leningrad in der neuesten Geschichte für immer verbundene Blockade findet kein Verständnis.

Die Welle der Nostalgie stilisiert und mythologisiert die Werte des alten Rußland bisweilen bis zur Lächerlichkeit. Das Programmheft zur Aufführung von »Schneesturm« durch das Leningrader Kirow-Ballett rühmt die heile Welt des russischen Adels, die moralische Reinheit einer bisher stets verleumdeten Klasse. Als Beispiel dient ausgerechnet der junge Mann, der einem jungen Mädchen einen Streich spielt, das nachts in der Kirche zur heimlichen Trauung auf ihren Bräutigam wartet. Der junge Offizier, in der Dunkelheit unkenntlich, läßt sich mit dem jungen Mädchen vermählen und geht auf und davon, als sie ihn schließlich als Fremden erkennt. Daß sich am Ende von Puschkins romantischer Erzählung der falsche Ehemann nach Jahren des Krieges auf die ihm einst angetraute Frau zurückbesinnt und in ihre Arme eilt, wird im Programmheft des Arbeiter- und Bauernstaats als heute nicht mehr existierende hohe Adelsmoral beklagt bzw. bewundert.

Der das bäuerliche Rußland modernisierende Stolypin erfährt eine strahlende Auferstehung in der neu geborenen Vergangenheit. Wie hatte ihn Lenin verketzert, ihm seine das Bewußtsein der Bauern auf kleinbürgerlichen Besitz orientierende Politik vorgeworfen! Generationen von Sowjetbürgern mußten sich Lenins Kritik zu eigen machen, die Geschichtsbücher karikierten ihn als Klassenfeind. Heute, wo eine ständig neu gedachte Geschichte die bislang verbindlichen Lehrbücher auf den »Misthaufen der Geschichte« geworfen hat, holt man sich die erforderlichen Kenntnisse bei Solschenizyn, liest mit Hingabe sein Porträt des großen Staatsmanns Stolypin, seine Preisung des alten bäuerlichen Rußlands. Solschenizyn allein weiß und versteht. Er liebt oder haßt. Und das genügt. Für die aus der Zunft ist er kein Historiker. Doch die haben die Geschichte immer wieder umgeschrieben und Bedürfnissen von oben angepaßt. Das neue Bild der Vergangenheit formt sich im profunden Mißtrauen gegenüber den alten Inhabern akademischer Stühle.

Immer mehr findet sich die Vergangenheit durch die russische Kirche, die russische Orthodoxie symbolisiert, während das mönchische Rußland, die mönchische Spiritualität noch ihrer Stunde harren. Weiß man, wie stark die Kirche der Macht, der Herrschaft verbunden war, ihr Spiel spielte und sich bis in die jüngsten Zeiten kompromittierte? Im historischen Gedächtnis blieb die seit Oktober 1917 unterdrückte, leidende Kirche. Lenin wird öffentlich zur Last gelegt, persönlich die Verhaftung und Erschießung der ersten Priester angeordnet zu haben. Von der Rolle der »Lebenden Kirche« in den zwanziger Jahren spricht niemand. Auch was Peter der Große der Kirche antat, indem er sie auf eine dem säkularen Staat untergeordnete ideologische Institution reduzierte, wird ignoriert.

Im Zusammenhang mit dem Zurück zur Kirche und zum orthodoxen Christentum steht die Restaurierung der russischen nationalen Kultur. Ganz groß kommt hierbei die »russische Idee« heraus, was immer man unter ihr versteht – oder mißversteht. Der Akademiker Dmitri Lichatschow, gelegentlich als »das Gewissen Rußlands« apostrophiert, hebt in zahlreichen Publikationen die Notwendigkeit hervor, zwischen Patriotismus und Nationalismus zu unterscheiden. Doch die Grenzen sind nicht immer leicht zu ziehen. An der »russischen Idee« scheiden sich nunmehr die Geister: Liberale, Rechte und Extremisten. »Russophiler« und »Russophobe« sind zu Kampfwörtern geworden, mit denen einer den anderen verdächtigt. Dabei geht es um mehr als »links« oder »rechts«. Aus dem Munde von Intellektuellen aus anderen Republiken höre ich, wie sie »russisch« mit »sowjetisch« und »kommunistisch« gleichsetzen. Rußland selbst wandte sich mit der Unabhängigkeitserklärung der russischen Republik erstmals von der Idee der imperialen Macht ab. Manchem galt das als revolutionärer Akt, der die Sowjetunion zerstörte – denn Rußland war die Sowjetunion. Intellektuelle wie Migranjan begrüßten, daß hiermit alle Ideen von Rußlands erwähltem Status, vom russischen Messianismus aufgegeben würden. Doch in der russischen Republik wurde die Organisation »Pamjat« inzwischen von einer noch viel »nationaleren« Partei gleichsam rechts überholt.
Die Idee von der kulturellen und nationalen Wiedergeburt Rußlands bringt längst vergessene alte Heilige und Märtyrer zurück. Historiker des nationalen Staates, von denen man die Namen, nicht jedoch die Werke kannte, werden gefeiert. Früher war man auf den Nowodewitschi-Friedhof gepilgert, um an Chruschtschows Grab seine Protesthaltung gegenüber dem Nachfolger zu manifestieren. Heute spricht hier über dem Grab des Historikers Sergei Solowjow der orthodoxe Klerus seinen offiziellen Segen über Rußlands Vergangenheit aus. Und Lichatschow als Begründer des Kulturfonds lud einige Dutzend namhafter Vertreter der Intelligenzija ein, auf einer mehr als einen Monat langen Kreuzfahrt auf dem Schwarzen Meer über Rußlands kulturelles Erbe zu debattieren.
Zum russischen Erbe gehört heute auch die russische Emigration. Brodski und Maksimow, Kopelew und Sinjawski wird gehuldigt, *Kontinent* seit Beginn dieses Jahres auch in der Sowjetunion verlegt. Schriftsteller wie Mereschkowski und Gippius, Theologen wie Bulgakow und Florowski, Politiker wie Miljukow oder Kerenski – man holt sie sich alle zurück. Nikita Struwe, der Direktor der Pariser YMCA-Presse, findet bei der Ausstellung seiner Verlagsproduktion »tout« Moskau vor. Das von russischen Emigranten mit Hilfe amerikanischer Gelder am Ende der zwanziger Jahre gegründete Rettungswerk für das russische geistige Leben ist tatsächlich zu

bewundern. Inzwischen drucken die ersten sowjetischen kooperativen Verlage die Werke derjenigen nach, die Lenin einst des Landes verwies. Unter ihnen ist Berdjajew der ungekrönte König. Sein »Schicksal Rußlands«, wehmütig und bitter zugleich über Rußlands Vergangenheit sinnierend, wurde zum Bestseller des letzten Jahres. Inzwischen schwört man auf die »Ursprünge des Kommunismus« und den Beitrag zu den berühmten »Wechi«. Doch im Falle der Idealisierung des Werks von Berdjajew wie anderer soeben wiederentdeckter russischer Denker, die unlängst zur »otetschestwennaja filosofija« – wörtlich »vaterländische Philosophie« – deklariert wurden, gilt dasselbe: Man liest von ihnen, aus verständlichen Gründen, gerade das, was einem zufällig in die Hand kommt. Man liest aus ihren Werken vor allem das heraus, was man gerade für seine geistige Nahrung zu brauchen meint. Das dem »homo sovieticus« jahrzehntelang antrainierte ideologische Lesen von Texten verlernt sich nicht so leicht. Bei Berdjajew liest man die Verdammung des Kommunismus, die Beschreibung des unberechenbaren und anarchistischen Charakters des russischen Volkes. In seiner apokalyptischen Überhöhung der vorrevolutionären Epoche findet man sich selbst und die eigene Zeit wieder, den Untergang und das Ende der Geschichte. Nicht zuletzt Berdjajew hat zu der heutigen Glorifizierung der alten russischen Intelligenzija beigetragen. Doch die Verantwortung, die er der Intelligenzija zuschrieb als Inkarnation des revolutionären Bewußtseins und Wegbereiter der bolschewistischen Revolution, der revolutionären Zerstörung, wird überlesen. Sämtliche Autoren der soeben von vormals kommunistischen Philosophen entdeckten »Wechi« haben insbesondere die Ideologieverbundenheit der Intelligenzija angeprangert, ihre Unfähigkeit, zwischen der politischen und der zur philosophischen Wahrheit zu unterscheiden. Doch auch aus den »Wechi« liest man nichts anderes als die Idealisierung und Überhöhung der Werte der alten Intelligenzija heraus, so daß nunmehr ein jeder seinen Stolz darein setzt, seine leiblichen Ahnen unter ihr anzusiedeln. War es vormals der Karriere förderlich, den nicht immer leichten amtlichen Nachweis zu erbringen, daß man Arbeiter oder Bauern als Vorfahren hatte, so fällt es heute entschieden leichter, seinen Stammbaum von alten Familien der Intelligenzija herzuschreiben oder, noch besser, vom Adel.

Ein langes Wort wäre über die Parteien zu sagen, die den historischen vorrevolutionären Modellen nachgegründet werden. Als ob sich unter heutigen Voraussetzungen die Konstitutionellen Demokraten, deren Wählerbasis Rußlands liberale Bourgeoisie war, reproduzieren ließen. Oder worin liegt heute der Sinn einer monarchistischen Partei? Christliche und christlich-demokratische Parteien, die man der Vergangenheit nachbilden könnte, hat es im zaristischen Rußland nie gegeben. Nicht zuletzt trug hieran die Kirche schuld. Beispiele dieser Art ließen sich leicht vermehren. Doch hierum geht es nicht.

Was uns Westlern beklemmend und zuweilen furchterregend erscheint, ist angesichts der russischen Situation ein verständlicher Prozeß. Alle vormals dekretierten Orientierungspunkte brachen zusammen: es gibt keinen Glauben mehr an den Leninismus, nicht einmal mehr an den Sozialismus oder an irgendeine Utopie. Geradezu instinktiv geht man deshalb zu etwas zurück, das existiert. Zu etwas, das heimisch, russisch – und nicht westlich, nicht kapitalistisch – ist, selbst wenn man es gar nicht allzu genau kennt und eine eher mythische und mythologisierende Vorstellung von ihm hat. Der Weg von der unmittelbaren Vergangenheit des Stalinismus, für die man sich schämt, führte verständlicherweise zur Idealisierung einer Vergangenheit, von der nicht mehr als Bruchstücke im kollektiven Bewußtsein überdauerten. Eine wirkliche Gefahr ist diese Art Ideologisierung der Vergangenheit nicht, zumindest solange nicht, wie ihr kein Ultranationalismus aufgepfropft wird. Doch nach Europa führt ein derartiger Weg die Russen auch nicht.

Der russische Versuch, mit der Vergangenheit aufzuräumen, ließ das Pendel in das andere Extrem schwingen. Jahrzehntelang verharrte es in der Lage eines pseudolinken, pseudorevolutionären Extremismus. Mit der Glasnost schwenkte es schnell, viel zu schnell auf die rechte Seite. Wurde in der ideologischen, stalinistischen Epoche mehr über die Zukunft als über die Gegenwart sinniert, so denkt man in der sich entideologisierenden Epoche der Glasnost mehr an Vergangenheit als an Gegenwart. Zu einer Rehabilitierung der Gegenwart, die frei ist von Utopie, ist der Weg noch weit.

Was der in allen Lagern der Intelligenzija, links wie rechts, so häufig beschworene Berdjajew einst über den Untergang der russischen Autokratie schrieb, ist wiederum aktuell: »Allein die Diktatur konnte dem Prozeß der endgültigen Auflösung und dem Triumph von Chaos und Anarchie ein Ende setzen.« Die Intellektuellen, die heute vor Faschismus warnen, sind dieselben, die vordem rieten, das Land bedürfe einer starken Hand. Die starke Hand ist da. Und immer weniger Perestroika, doch offenbar noch Glasnost genug, um zu hoffen und zu denken.

Tilman Spengler
Lenins Hirn. Dritte Folge

extra

Amada von Alvensleben korrespondierte in unregelmäßigen Abständen mit Vogt in Berlin. Meist schickte sie kleine Päckchen, in denen die Aufzeichnungen der letzten Tage oder Wochen gebündelt waren. »Wurstpost« nannte sie selbst dieses Verfahren, vielleicht weil sie ihre Themen mit derselben Unbefangenheit auswählte wie das Papier, auf dem sie diese ausführte. So fand Vogt einmal die Schilderung ihrer Suche nach einer »vorsätzlich entkrochenen Schildkröte« auf der Rückseite der Todesanzeige eines gräflichen Verwandten von Amanda. Ihre Empörung über das »rachsüchtige« Verhalten eines Genfer Wachmanns, dem eine nicht näher gekennzeichnete Frau »das Auge des Gesetzes blau geschlagen« habe, rankte sich erst um eine Speisekarte, bevor sie auf den Programmzettel eines Liederabends überwechselte. In jüngster Zeit beschriftete Amanda vornehmlich die Innenflächen der gerade in Mode gekommenen Schutzumschläge für gebundene Bücher.

»Sehnsucht« hieß der Titel, den sie gewählt hatte, um – wie schon in vorausgegangenen Sendungen – Klage über ihr Gouvernantenleben in Genf zu führen. Vogt überlegte kurz, ob sie diesmal den Titel mit Bedacht gewählt hatte.

»Niemand, der es nicht am eigenen Leibe und am eigenen Gemüt, treffender gesagt: an der Vernachlässigung derselben gespürt hat, wird je nachvollziehen können, wie unglaublich langweilig das Leben hier in Genf ist. Manchmal überfällt mich die Vorstellung, die Menschen meiner Umgebung seien alle durch die Behandlung dieses Kollegen von Ihnen gewandert, sein Name fällt mir nicht ein, dafür sein stechender Mundgeruch, jenes Mannes mit dem schütteren Ziegenbart und dieser unglaublich protzigen Praxis am Alexanderplatz. Sie erzählten mir da mal – sinngemäß –, er mache sich seine Patienten durch Stromstöße gefügig, und ich weiß noch, wie ich mich darüber gewundert habe, weil Strom ja eigentlich elektrisiert, diese Gestalten nach ihrer Kur aber eher wirkten wie die Höhlenfiguren aus dem griechischen Mythos.

Schon sind meine Gedanken wieder in Berlin, gestern habe ich sogar sehn-

süchtig von Pfützen nach einem Platzregen auf der Potsdamer Straße geträumt, will jetzt aber nicht ins Träumen verfallen, sondern Ihnen ein aktuelles Bild der hiesigen Zustände vermitteln. Das Freundlichste, was man über diese rapportieren kann, ist, daß sie sich in einem Zustand völliger Harmonie befinden. Die Ruhe hier scheint unerschütterlich. ›In Zürich‹, sagen meine Bekannten, Freunde habe ich noch nicht gewonnen, ›in Zürich geht es wild zu.‹ Dann lassen sie so träge wie eine gesättigte Kröte ein Augenlid herab und ziehen es wieder hoch, in der Zwischenzeit könnte man eine Eieruhr wenden, wonach sie hinzufügen: ›Mais c'est Zurich!‹ Womit für sie offenbar alles geklärt ist.
Was nun genau das Schandhafte an Zürich sein soll, habe ich noch nicht herausfinden können. Vielleicht trinken sie im Winter Rum im Tee, vielleicht knöpfen ihre Frauen das Korsett an der Seite hoch, vielleicht rauchen die Herren dort bei der Lektüre der Bibel. Sie merken, verehrter Herr Doktor, selbst wenn ich mir die beste Absicht gebe, an etwas Verruchtes zu denken, fällt mir unter den lokalen Bedingungen nur noch etwas ein, mit dem ich nicht einmal bei Frau Krupp hätte Anstoß erregen können.
Auch von den wilden Russen, die Sie mir in dieser Stadt versprochen haben, ist weit und breit keine Spur auszumachen. Wie sehne ich mich nach ein paar Anarchisten. Sie dürften sogar Bärte tragen. Und es gibt hier soviel, was mit Dynamit korrigiert werden könnte. Es sollen allerdings russische Sozialdemokraten in der Stadt sich aufhalten. Max Landsberg hat mir das erzählt, der Unglückswurm. In meinem letzten Brief habe ich wohl noch nicht davon geschrieben, daß er hier auftauchte, weil er – wie er selbst behauptet – eine ›neue Schaffensphase‹ in sich fühlt. Also fort von den anatomischen Porträts und hin zur Natur ohne den Menschen. Ich habe ihm gesagt, daß man mit einem Namen wie ›Landsberg‹ besser keine alpinen Vorlagen wählen sollte; selbstverständlich interpretierte er das als rohen Spott und langte trotzdem zum Pinsel, um den hiesigen See bei Sonnenuntergang zu bannen. Doch er konnte malen, was er wollte, selbst in Öl, der See sah immer ein wenig nach entzündeter Leber aus. Jedenfalls fand ich das, doch er betrachtete sein ›Werk‹ – wann je zuvor hatte er einen solchen Begriff in den Mund genommen? – als das Diktat seines ›inneren Auges‹. Ich bin dann etwas patzig geworden und habe gesagt, sein inneres Auge habe eine getrübte Linse, danach hat er sich zwei Tage lang nicht mehr gemeldet.
Was ich aber eigentlich erzählen wollte: Diese russischen Sozialdemokraten, so hat es jedenfalls Max mir erklärt, sind erbitterte Gegner der Anarchisten und eher Anhänger eines Programms, wie es jener Herr Kautsky vertritt, den ich einmal bei Ihnen in der Magdeburgerstraße getroffen habe.

Will sagen, damals habe ich nicht viel mehr als den Duft von seinem Eau de Cologne getroffen, weil es ja recht dunkel war, doch Sie wissen natürlich, von wem ich rede. Es geht also um revolutionäre Umwälzungen, um den vierten Stand, wie es bei uns daheim hieß, doch einen rechten Reim kann ich mir darauf nicht machen, denn die Herren treten nicht ans Licht.
Mein lieber Doktor, ich gerate ins Plätschern, was selbst durch die Stimmung dieses Ortes nicht zu verzeihen ist, ich wünsche Ihnen und Cécile, wie sicherlich in den kommenden Briefen auch, nur das Allerbeste und glückliche Hände, insbesondere bei der Forschung.«

Hier endete der erste Brief, den Amanda – wie immer – nicht unterzeichnet hatte, denn auch in Gesprächen, schrieb sie einmal, würde es ihr nicht in den Sinn kommen, bei der Verabschiedung noch einmal den eigenen Namen zu nennen.
Die nächste Briefschicht bestand aus mehreren, offenbar mit der Nagelschere ausgeschnittenen Resten oder möglicherweise auch Musterstücken einer mit blassen Rosen verzierten Tapete. Sie enthielt die Nachricht über einen sich nur sehr zögerlich offenbarenden Verehrer, »verheiratet natürlich, wie hier alle über 21, doch nicht ganz so stockfischhaft wie der Rest«. Sein Name sei Emile, was sie der Umgebung wegen für sehr passabel, fast schon ermutigend halte. Störend an ihm sei nur sein »militantes Abstinenzlertum«, reizvoll hingegen, wenn vielleicht auch etwas überflüssig, seine intime Kenntnis der deutschen Lyrik. Um Emile ein wenig auf die Sprünge zu helfen, habe sie ihn vor ein paar Tagen gebeten, ihr bei seinem nächsten Besuch zwei Gedichte über das Herz und zwei über das Hirn vorzutragen. Möglicherweise falle dabei ja auch etwas für Vogt ab.
Max Landsberg, schrieb sie weiter, sei für eine Woche nach München gefahren, weil er sich dort mehr Anerkennung für seine Ölkunst erhoffe, vielleicht sogar ökonomischen Erfolg. Sie stehe dem Unternehmen nach wie vor skeptisch gegenüber, habe ihn aber in einer so gereizten Stimmung angetroffen, als sie ihm für die Bahnfahrt eine Wegzehrung übergab – »zwei Flaschen weiß, für die ersten zweihundert Kilometer, drei Flaschen rot für den Rest der Strecke, eine Flasche Schnaps für die Tunnel« –, daß sie ihm sogar »contre cœur« Hoffnung gemacht habe, nach seiner Rückkehr Zugang zum Salon der Fürstin Urussowa zu finden. Der Salon dieser Fürstin sei überhaupt die einzige »Boje der Hoffnung« in ihrer hiesigen Existenz. Sie müsse das Wort »Hoffnung« und »einzig« dabei eigentlich mehrfach unterstreichen, einmal, weil alle anderen Konstellationen hier doch stark in »die Farbe eines matten Graupengrau« getunkt worden seien, zum nächsten, weil noch gar nicht verbürgt sei, daß Emile, ihr einziger Zugang zu der

Urussowa, überhaupt eine Einladung erhalte, und letztlich könne sie, Amanda, auch nicht voraussehen, wie Emile reagieren würde, wenn sie ihm vorschlüge, auch noch Max auf jene berühmte Gesellschaft mitzunehmen. Emile habe einen dunklen Schopf, überhaupt eine »fast scherenschnittig düstere Konstitution«, die ihn zu »othellohaften Zügen« befähigen müßten, vielleicht traue er sich aber noch nicht, diese Anlagen schon gleich zu Beginn ihrer Beziehungen zur vollen Entfaltung zu bringen.

Auf einem neuen Bogen Tapetenpapier – »die Rosen«, schrieb Amanda, »erinnern mich an Leibwäsche, die meine Mutter mir einmal zeigte und dann mit der Bemerkung wegschloß, solches sei ›für später‹« – auf diesem neuen Bogen war von empfindlichen Rückschlägen die Rede: Ihre aufkeimende Romanze mit Emile sei in eine Sackgasse geraten, nachdem dieser sie am vergangenen Freitagnachmittag, als die ihr anbefohlenen Kinder über ihren Deutschlektionen saßen, ausgerechnet im Rosengarten bei der Lektüre von *Les Liaisons Dangereuses* überrascht habe. Vermutlich war er gekommen, um – wie erbeten – lyrisch über Herz und Hirn Auskunft zu geben, doch Amanda hatte ihn erst bemerkt, als er »knirschend auf dem Kies wieder abgedreht war«. Sie sei ihm zu sehr in das Buch vertieft gewesen, ein Werk, das sie im übrigen Vogt besten Gewissens empfehlen könne: »Es ist nicht nur ›nicht ganz ohne‹, wie mein Vater zu sagen pflegte, wenn er Literatur im Glasschrank einbunkerte, es ist ausgesprochen raffiniert, erregend und auf eine verquere Weise sogar bewegend.« Vermutlich habe man ihr diese Erregung am Gesicht ablesen können, ihr Teint neige noch immer dazu, Heftigkeiten des Gefühls durch rote Flecken anzuzeigen.

»Einen Tag später«, so Amanda, »setzte es ein Kärtchen, von dem ich nur hoffen kann, daß Emile es aus einem Briefsteller für praktische Moralphilosophie abkopiert hat, die Vorwürfe klangen, geräuspert wie gespuckt, nach einem jener Traktätchen, die sich hier Freunde zu den gebotenen Gelegenheiten ausborgen.« Ärger aber als der Verlust eines Anbeters schmerze sie die jetzt wohl völlig geschwundene Chance, einmal andere Menschen kennenzulernen als die sie umgebenden Financiers mit ihren Sparkassengesichtern.

An Amandas dritter Briefstaffel fiel zunächst einmal der Umfang auf: fast ein halbes Dutzend in ihrer Kirschkernschrift beschriebene Bögen, die alle Namen und Adresse eines Vogt unbekannten Ehepaars mit Wohnsitz in Lausanne trugen. Ungewöhlich war auch, daß am Anfang Tag und Monat vermerkt waren, Amanda hatte sogar dem vorgedruckten Jahrhundert »19..« die Präzisierung »05« hinzugefügt.

»Endlich kann ich Ihnen einmal von einem aufregenden Nachmittag berichten. Als Tatzeugin und die Ereignisse noch frisch im Gedächtnis: Sie hatten ja doch so recht, als Sie mir Zerstreuung durch die russische Seele empfahlen. Ort der Handlung war der Salon der Fürstin Urussowa, die hier ganz in der Nähe einen Landsitz bezogen hat. Ich hatte ja, wie ich schrieb, so sehr gehofft, dort eingeführt zu werden, doch bis vor wenigen Wochen war die Fürstin noch in Rußland, wo sie jedes Jahr ein paar Monate verbringt, um Kontakte mit allen und jedem zu knüpfen, und vermutlich auch, um den Verwaltern ihrer Güter wieder etwas Gottesfurcht und Demut einzujagen.

Emile, dessen Name und dessen Umrisse in meinem letzten Brief aufgetaucht sein müssen, kümmert sich während der Abwesenheit der Urussowa um ihre hiesigen Finanzen, was bedeuten muß, daß diese nicht unerheblich sind, obwohl er darüber natürlich nie reden würde. Ach so, ich vergaß zu erwähnen, daß Emile nach unserem kleinen Zerwürfnis sich wieder mit mir ausgesöhnt hat. Blumen, Konfekt und Gedichtbände wechselten den Besitzer, dazu Kärtchen, die das Prädikat ›erschütternd‹ verdienen. Seine Reue war so abgrundtief, daß er sofort auch Max eine Einladung verschaffte. Der konnte sein Glück kaum fassen, in München hatte man nämlich mit den Produkten seines ›inneren Auges‹ auch nicht viel anfangen können, er wähnte sich schon in einer Pechsträhne und als Opfer einer Verschwörung des bürgerlichen Kunsthandels gegen den Fortschritt in der Kunst und begann, mich mit seinem törichten Gerede zu langweilen.

Max also war ganz hingerissen von dem Gedanken, Zugang zu einem Haus zu finden, das im Rufe steht, das Außergewöhnliche nicht nur zu schätzen, sondern in Gold aufzuwiegen. Sein Jakobinismus schwand in Windeseile, und er sprach nur noch von der traditionellen Rolle des Adels als Patron der schönen Künste. Max ging sogar so weit, Emile zu fragen, wieviel er wohl für seine entzündeten Lebern und verkästen Drüsen und was er sonst noch in der Natur sieht, verlangen dürfe. Ich konnte ihm gerade noch ausreden, einige Proben seiner Kunst einzurollen. Da kam ihm aber selbst der schöne Einfall, während der Gesellschaft ein paar Skizzen zu machen, um diese dann später der Fürstin als Dank für die Einladung zu schicken – und so vielleicht eine stabilere Beziehung anzuknüpfen. Allerdings habe ich ihn beschworen, mir die Arbeiten vorher zu zeigen, ich will nicht zulassen, daß unsere Gastgeberin durch Frechheiten seines ›inneren Auges‹ gekränkt wird. Obwohl ich mir, in Parenthese angemerkt, kaum vorstellen kann, daß diese Dame sehr leicht aus der Fassung zu bringen ist.

Max verschwand dann in der Stadt, um sich einen neuen Skizzenblock zu besorgen und eine jener samtenen Kopfbedeckungen, die ihren Träger als Künstler kenntlich machen. Diese Besorgungen kosteten ihn soviel Zeit,

daß wir fast zu spät gekommen wären, jedenfalls nach meinen Vorstellungen von Schicklichkeit. Emile beruhigte mich aber mit der Auskunft, bei der Urussowa gälten andere Regeln der Etikette, und der düstere Ton, in welchem er das sagte, verschaffte mir ein wohliges Gefühl der Vorfreude.
Gemeinhin sind meine Launen ja nicht vom Wetter abhängig, doch diesmal hob es meine Stimmung gewaltig, daß die Sonne durch die zerrupften Wolken drang. Ich hätte gesagt, es sei Föhn, aber so einfach darf man sich das bei Emile nicht machen, die Genfer haben mehr Wörter, um ihre Winde zu bezeichnen, als um ihren Frauen zu schmeicheln. Doch auch Emile hatte die bizarre Wolkendecke bemerkt, und sofort fielen ihm zwei passende Zeilen von Goethe ein: ›Der treuste Wolkenbote selbst zerstiebt, eh er die Fern erreicht, wohin man liebt‹. Dazu schenkte er mir einen welpenhaft schmachtenden Blick.
Das Anwesen der Urussowa liegt ein wenig eingemuldet und soll früher als Jagdschloß gedient haben, vielleicht auch zu pikanteren Zwecken. Mich hat fasziniert, wie man auf so engem Raum so viele Zimmer unterbringen und wie man diese dann noch so vollstopfen kann. Wohin das Auge reichte, Samowars und Büsten und Volieren mit meist kreischenden Vögeln, an den Wänden die Köpfe von Dutzenden von Familienangehörigen, die es offenbar alle für einen Segen hielten, wenn ihr Porträt der Nachwelt in Öl erhalten blieb. Es erforderte schon eine gewisse Grazie, zwischen all diesen Objekten hindurchzusteuern, ohne größeren Schaden anzurichten. Dabei ist die Fürstin alles andere als schlank. Ihr Freund Schwenninger, so erzählte Emile, soll einmal mit der – wie er sich ausdrückte – ›Lösung ihrer Diätprobleme‹ betraut gewesen sein. Von einem dauerhaften Erfolg kann allerdings nicht die Rede sein. Genauso wenig ist aber auch festzustellen, daß die Fürstin darüber Bedauern empfindet, wenn bei ihren galoppartigen Passagen durch die Zimmer die Blätter der Stechpalmen knicken, Gallé-Vasen von Anrichten stürzen und die Kristallketten der Lüster aneinanderschlagen. Diese Frau setzt ihre Leibesfülle offenbar direkt in Energie um, dazu verfügt sie über eine Stimme, von der man sich sehr gut vorstellen kann, wie sie die Weiten ihrer russischen Heimat füllte. Mich hat sie tief beeindruckt, insbesondere, wenn sie, was häufig vorkam, auf deutsch das Wort ›fabelhaft‹ ausstieß.
Angenehm war mir auch, daß der ›petit cercle‹ nicht in die Konventionen eines strengen Ablaufs gepreßt wurde. Natürlich wurde Klavier gespielt, das besorgte die Tochter der Fürstin, eine überraschend schmächtige, fast schwindsüchtige Erscheinung, und sie spielte unaufdringlich gut. Aber das Instrument stand nicht irgendwo zentral, einen Mittelpunkt gab es ja gar nicht, sondern in einem der Zimmer zum Garten, und wenn man zuhören

wollte, dann war das die eigene freie Entscheidung. Erfreulicherweise wurde auch so viel geraucht, daß niemand auf den verhängnisvollen Gedanken kam, ein Lied anzustimmen.
Tatsächlich zählten wir fast zu den allerersten, die eintrafen. Vor uns hatten sich lediglich vier Herren und eine Dame eingefunden, Russen, wie sich herausstellen sollte, sowie ein sehr streng wirkender Mann, dessen Französisch ihn sofort als Österreicher auswies. In einem Nebenzimmer trafen wir noch auf einen fast zwergwüchsigen Balten, der mit eindrucksvoller Selbstverlorenheit das Porzellan inspizierte.
Der Österreicher präsentierte sich mit einer sehr akkuraten Verbeugung als ein Herr Lanz von Liebenfels, und er komplimentierte mich gleich auf ein Sofa, um mir alle von Alvensleben aufzuzählen, deren Wege er bislang gekreuzt hatte. Das versprach nur mäßige Erheiterung, und ich ließ ihn deshalb auch schnell wissen, daß mich an der Familie, deren Namen ich trage, nie jemand interessiert hat, außer natürlich mein Vater, der aber von seiner Sippschaft verstoßen wurde, nachdem er die Tochter eines in Zahlungsschwierigkeiten geratenen Tabakhändlers aus Odessa geheiratet hatte.
Darauf murmelte dieser Lanz in seinem Alpendialekt so etwas wie ›Riesenschande‹, er kann aber auch ›Rassenschande‹ gesagt haben oder ›Russenschande‹, ganz sicher bin ich mir nicht, denn die Fürstin war unter dem ihr eigenen Getöse vorbeigezogen, um einen weiteren Russen zu begrüßen, einen, wenn ich mir den Namen richtig gemerkt habe, Herrn Plechanow, der hier – wie immer verlasse ich mich auf die gesellschaftlichen Kenntnisse von Emile – in unmittelbarer Nachbarschaft residiert.
Dem Verhalten der anderen Gäste um die Eingangstür war anzumerken, daß in Gestalt dieses Herrn Plechanow eine Eminenz unserer Veranstaltung die Ehre gegeben hatte. Dienstmädchen sanken in die Knie, Lakaien dienerten aus der Hüfte, dadurch angesteckt griff Max sofort zu Stift und Skizzenblock. Auch mein österreichischer Sofanachbar verlor spontan jegliches Interesse an den Alvenslebens im allgemeinen und an meiner Person im besonderen. Er fixierte den Neuankömmling wie ein nervöses Murmeltier, das sich zum Wittern auf die Hinterbeine stellt, bevor es mit dem warnenden Pfeifen beginnt.
Herr Plechanow schenkte auf eine sehr herausgestellte Weise der Aufmerksamkeit seines Publikums überhaupt keine Beachtung. Er ließ sich den Gehpelz abnehmen und schritt auf den einzigen Russen zu, der in weiblicher Begleitung gekommen war. Also, ob er mit ihr gekommen war, kann ich natürlich nicht beschwören, jedenfalls standen die beiden sehr vertraut beieinander, als ich sie das erstemal sah. Der Frau küßte Plechanow eine

Spur zu flüchtig die Hand, dann fiel er ihrem Mann um den Hals, wie es das russische Brauchtum wohl erheischt. Ich mußte allerdings bei diesem Austausch von Zärtlichkeiten in erster Linie an jene etwas formellen Zeremonien denken, mit denen hier in Genf die Etappensieger von Fahrradwettbewerben durch den Bürgermeister geehrt werden.
›Du siehst prächtig aus, mein lieber Wolodja‹, rief Herr Plechanow, nachdem er mit seinen Umarmungen fertig geworden war. Er sprach laut und französisch, so als hätte einer der anderen Gäste vorher die Schönheit oder Robustheit seines Freundes Wolodja in Zweifel gezogen.
Mir fehlte ja die Vergleichsmöglichkeit, doch auf ›prächtig‹ wäre ich nicht gekommen. Dieser Wolodja, Emile behauptete, er heiße mit Nachnamen Talin, Max hingegen kannte ihn als Uljanow – die russischen Emigranten wechseln ihre Namen mit dem Wohnsitz –, mich erinnerte er eher an einen Schauspieler, der im Turandot einen Chinesen geben muß: Bei den Augen konnte man wirklich an nichts anderes als an Schlitze denken, der Kopf war gepellt wie ein Ei und die Gesichtsfarbe ungesund quittig. Was ihm jedoch völlig zum Chinesen fehlte, war ein Zopf; sehr sogar: Uljanow – ich bleibe lieber bei diesem Namen, er klingt mir russischer – Uljanows Schädel wurde nur noch an den Schläfen von rötlichen Strähnen, auf mich wirkten sie eher wie Flaum, überzogen. Das machte den Kopf imponierender, zugleich aber auch verletzlicher. An Haarschmuck ist noch zu erwähnen, daß er den Bart so trug, als müsse er drohend die Kinnlade verstärken. Später, auf der Heimfahrt, haben Max, Emile und ich gestritten, ob die Augen unter diesen Asiatenlidern schwarz – so Emile – oder zimtbraun – so der sich auf seine künstlerische Kompetenz berufende Max – geblitzt hätten. Einig waren wir uns nur, daß von ihnen etwas Stechendes ausging.
›Was mich mit diesem Mann verbindet‹, vertraute mir Herr Lanz von Liebenfels an, nachdem er mir auf eine sehr täppische Art Tee aus dem Samowar nachgefüllt hatte, ›in Rußland sind seine Schriften genauso verboten wie die meinen.‹ Nein, antwortete er auf meine Frage, ob auch er sich der Revolution verschrieben habe, das sei gleichzeitig zu viel und zu wenig behauptet, er sei Revolutionär, doch nicht in diesem engen Sinne wie die um uns versammelten Russen. Seine Gedanken umspannten sowohl universellere Themen wie einen anderen Begriff der Zeit. ›Madame‹, sprach er dann in einem ganz feierlichen Ton, ›Sie reden mit dem Begründer der Theo-Zoologie.‹
›Fabelhaft‹, sagte darauf die Fürstin, die gerade in unsere Ecke getreten war, ›davon habe ich ja noch gar nichts gehört. Das wird meine russischen Landsleute brennend interessieren! Haben Sie übrigens einen Musikwunsch, den Larissa Ihnen erfüllen kann?‹

Herr Lanz war offenbar ganz darauf eingestellt, Einzelheiten über diese Lehre kundzutun, deren Name uns allen fremd war. Die Frage nach seinen musikalischen Neigungen traf ihn unvorbereitet. So küßte er nur schnell der Gräfin die Hand und rief: ›Hoheit, Sie sind, wenn Sie mir die Bemerkung gestatten, eine imponierende Rasseerscheinung!‹ Worauf sich die Gräfin sichtlich verblüfft bedankte und mit zwei leeren Teetassen davonzog.
Da eine Frau nie damit rechnen kann, daß ihr ein Mann einen Zusammenhang intelligenter erklärt, als er das einem Vierjährigen gegenüber tun würde, war ich froh, daß Emile auftauchte, dessen Stimme ich zuvor in einem anderen Zimmer Gedichte deklamieren gehört hatte. Ich machte die beiden Herren miteinander bekannt und bat um Aufklärung über den mir rätselhaften Begriff ›Theo-Zoologie‹. Aber nachdem dieser Lanz von Liebenfels die ersten fünf Minuten geredet hatte, überfiel mich heftiges Bedauern, nicht doch die Haltung der Naiven gewählt zu haben, denn der ›Theo-Zoologe‹ redete zu Emile gleichsam wie von tiefem Denker zu tiefem Denker, und das mit der Besessenheit eines Apostels. Soviel ich mitbekommen habe, ging es um Rassenlehre, also um den von Herrn Lanz beklagten Niedergang unserer Kultur durch die Vermischung der verschiedensten Völker, aber offenbar ist das nicht das Ergebnis von Wanderungen und was sonst noch alles in meinen Geschichtsbüchern stand, sondern von Energieverlusten. Die Götter und die Engel, jedenfalls habe ich das so verstanden, waren die Verkörperung reiner Elektrizität, die sie, als sie auf die Erde niederstiegen, zum Teil wieder einbüßten. Hierauf machte ich den vielleicht etwas oberflächlichen Einwand: ›Außer beim Zitteraal‹ – das Gespräch war schon eine geraume Weile gelaufen, und mich hatte geärgert, daß die beiden so eindeutig an mir vorbeisprachen, und wenn schon von Zoologie die Rede war ..., jedenfalls erntete ich keinen sehr dankbaren Blick des Vortragenden und einen gequälten meines Verehrers, und gerettet hat mich nur die Fürstin, die sich uns gerade wieder zugesellt hatte und nach dem Wort ›Elektrizität‹ griff wie nach einem petit four auf dem Silbertablett des Dieners. Das sei ja ganz einfach fabelhaft, sagte sie, überall im Salon sei von Elektrizität die Rede, ihre Landsleute diskutierten unentwegt über eine Zeitschrift mit dem Titel ›Iskra‹, was ja auf Deutsch auch ›der Funke‹ bedeute. Das Thema liege offenbar in der Luft. Wie die Wolken vor einem Gewitter, fügte sie hinzu. Dann bat sie mich, sie für einen Moment bei der Verteilung der Buchweizenküchlein zu unterstützen, die zum Kaviar gereicht wurden.
Das nahm einige Minuten in Anspruch, und als ich mich danach der Sofaecke wieder näherte, waren die beiden Herren bereits eng zusammengerückt und bemerkten gar nicht, daß ich Wort für Wort verfolgen konnte, wie sie sich – heiße Blinis und Kaviar zwischen den Fingern – über Buhl-

schaften und Sodomssprößlinge erregten. Das heißt, in erster Linie empörte sich Herr Lanz über ›Feigenfaune‹, was mir schon vom Ausdruck her sehr gut gefiel, dann über alttestamentarische Praktiken der geschlechtlichen Vermischung zwischen Frauen und Eseln, manchmal auch Böcken, das ganze lief offenbar immer noch unter dem Stichwort: Rassenentartung. ›Geile Zwerge‹, rief Emile plötzlich, als der Balte, eine kleine Figur der Diana liebkosend, in Richtung Klavierzimmer verschwunden war. Emile schien der Vortrag zu fesseln, ich konnte das an der Art sehen, wie seine Nasenflügel pumpten. Allerdings schien ihm nicht ganz wohl dabei zu sein, das verrieten seine hastig-genierten Blicke in die Umgebung. Nach unserem kleinen Zwist über *Les Liaisons Dangereuses* wollte ich ihm keinen neuen Anlaß geben, mich als zu neugierig auf Zusammenhänge zu zeigen, die er für eine weibliche Phantasie als unschicklich empfindet, daher entfernte ich mich unauffällig, ertappte mich aber bei dem Gedanken, daß ich als junges Mädchen mein Pferd zwar geliebt, doch eigentlich im körperlichen Sinne nie ausgesprochen begehrt hatte. Dasselbe ließe sich über unsere Hunde sagen, natürlich war es spaßig und ein wenig gruselig zugleich, ihnen beim Kopulieren zuzuschauen, doch eine rechte Eifersucht habe ich dabei nie empfunden, vielleicht weil es mir schwerfiel, mich in die Rolle des Weibchens einzufühlen. Und Schwäne, wo wir schon einmal bei dieser Konstellation sind, geben sich im Umgang mit Menschen ja auch selten so friedlich, wie es die einschlägigen Darstellungen nahelegen.
Diese Umherschweifungen der Phantasie ließen mich an Max denken, den ich das letzte Mal im Gespräch mit der Fürstin gesehen hatte. Ich wollte ihn an seine Skizzen erinnern, die er der Urussowa zur Erinnerung an ihre Einladung anfertigen wollte, aber bislang hatte ich ihn, außer beim Auftritt des Herrn Plechanow, nur essend, trinkend und plaudernd gesehen. Jetzt stand er bei Herrn Uljanow, der ein recht brauchbares Deutsch spricht, und er führte Klage, daß in der heutigen Kunst dem Neuen so hartnäckig der Durchbruch verweigert wird, ganz besonders in München. Herr Uljanow hörte ihm aufmerksam zu. Er schien sich in der bayerischen Landeshauptstadt ganz gut auszukennen, auch in der dortigen Kunstszene, aber dann sagte er recht schnell und überraschend heftig etwas von der Gefahr der Beliebigkeit der Avantgarde, was Max zu einer längeren, hitzigen Replik ausholen ließ, deren Ausgang ich mir lieber ersparte. Dieser Russe verfügt augenscheinlich über eine merkwürdige Begabung, Menschen, die mit ihm in Kontakt treten, zu einer plötzlichen Übersteigerung, vielleicht auch nur Präzisierung ihrer eigenen Ansichten zu reizen.
Ich machte es mir unter einer Gipsstatue bequem, einer Allegorie, in deren Sockel mit Gold das Wort ›Einkehr‹ eingelassen war, und beobachtete die

beiden Herren aus der Ferne. Es gibt Gemütslagen, die manchen Leuten nicht stehen, bei Max ist es die fiebrige Erhitzung. Sie verleiht ihm nicht Größe, nur etwas Keifendes. Fast wehmütig, vielleicht hatte mich ja auch die traurige Gestalt der Statue über mir verstimmt, dachte ich an die ausgelassene Zeit – es ist ja kaum zwölf Monate her –, als ich noch für ihn Modell stand, das letzte Mal war ich ihm Vorbild für ›Die natürliche Lage der Baucheingeweide‹, danach für ›Körperhaltung bei heftiger linksseitiger Ischias zur Entspannung der schmerzenden Teile‹. Natürlich kann er nicht bis an das Ende seines künstlerischen Lebens Illustrationen pinseln, es hat gewiß viel Gutes, daß er wieder ganz von vorne anfangen will, nur droht er mir durch seine übergroße Ernsthaftigkeit bei diesem Plan einfach ein anderer zu werden. Er bedrückt mich durch sein Gehabe, wirkt mir schlicht zu ›feldherrisch‹, wie mein Vater das nannte. Ich mag eben ausgefallene Leute ungleich viel lieber als entschiedene.

Mit diesen heiteren Gedanken vertrieb ich mir die Zeit und betrachtete dabei Max und den Russen, wie sie – ihre Profile vor dem Fenster und dem pfirsichfarbenen Abenddunst, den sie selbstverständlich nicht wahrnahmen – einander angockelten. Es wäre die rechte Zeit gewesen, sich von dem Wodka zu bedienen, doch die Frau des Russen machte Anstalten, sich neben mich zu setzen. Sie hatte sich dem Wettstreit der Garderoben dadurch entzogen, daß sie über dem Rock eine schlicht bestickte Bluse, gerade noch an der Grenze zur Folklore, trug. Bevor sie den Platz einnahm, lächelte sie fragend, was ihr Gesicht merkwürdigerweise älter statt jünger erscheinen ließ. Den ganzen Nachmittag über hatte sie geblickt wie ihr Mann, vielmehr hatte sich bemüht, so zu blicken, doch was Uljanow leichtfiel mit seinen Mongolenschlitzen, wurde bei ihr mit den viel zu runden Augen zur Anstrengung. Ich wies auf das Kissen neben mir und freute mich schon, etwas von dem Leben von Revolutionären im Exil zu erfahren, doch bevor sie sich niederließ, schnellte sie wieder hoch, weil aus dem Nebenzimmer ein lauter Streit herüberdrang. Da die erregten Stimmen einander auf russisch anbrüllten, verstand ich leider nicht, worum es bei der Auseinandersetzung ging.

Ganz deutlich aber wurde, daß es sich um mehr als nur bramarbasierendes Männergepolter handelte, denn die Stimmen waren ungut gereizt, wie die von scharfen Hunden, kurz vor dem Zubeißen. Das ist natürlich nur meine musikalische Interpretation des Geschehens, doch ganz falsch kann diese nicht sein, denn auch andere Gäste empfanden das Bedrohliche. Herr Uljanow unterbrach ganz brüsk seine Unterhaltung mit Max und stürmte in das Zimmer, in dem der Streit sich entzündet hatte. Wir hörten ihn zwei schnarrende Sätze sagen, es dauerte jedenfalls nicht länger, als zwei deut-

sche Sätze geklungen hätten, dann trat Stille ein, bis plötzlich ein Porzellanstück sehr hörbar auf dem Steinboden zerbarst. Das aber hatte offenbar die Fürstin höchstselbst mit ihrer Rockschleife von der Anrichte gefegt: ein paar Augenblicke später erschien sie mit mehreren gelb-grauen Fragmenten in den Händen, die einmal einen Jüngling dargestellt hatten, der sich einen Dorn aus dem Fuß zog. Diesmal hörte sich das ›fabelhaft‹ der Urussowa nicht ganz so triumphierend an.
Im Gang zur Küche erklärte mir der kleine Balte, worüber sich die Russen gestritten hatten. Ich kann leider diesen litauischen Dialekt nicht schriftlich festhalten, Sie müssen sich also immer jenen von Huene vorstellen, den Ihr Assistent damals vergeblich behandelt hat. Doch ich vergaß, Sie selbst haben diesen Patienten ja nie kennengelernt. Jedenfalls sagte er nach der Art aller Balten: ›Gnädige Frau, Sie müssen sich den Russen einfach vorstellen als Wolf oder als Wildente. Als Wolf will er sein Rudel zusammenhalten, als Wildente will er einfach frei sein, dem Treiben zu folgen. Übertragen Sie das auf eine revolutionäre Partei. Da gibt es die Wölfe und die Wildenten. Beide spüren, wenn Sie verstehen, wovon ich rede, die Kraft der Natur. Der Wolf will das Rudel beherrschen, die Wildente über die Natur triumphieren.‹ Er machte eine Pause. ›Sie verstehen doch Metaphorik, junge Frau?‹ fragte er besorgt. ›Nun gut, nehmen Sie diesen Uljanow als Wolf, er muß seiner Partei klarmachen, diesen ganzen wilden Revolutionären, daß sie nur überleben können, wenn sie seiner Führung folgen, und daß er der Führer des Rudels ist. Aber das Rudel besteht eben nicht nur aus Wölfen, sondern auch aus allen möglichen anderen Kreaturen: Schnepfen und Hasen, Büffeln, Gänsen und Kranichen. Unser Herr Uljanow, auf seine Partei bezogen, versteht sich als Leittier, doch nicht nur für die Geschöpfe seiner eigenen Art. Und das macht ihn so gefährlich. Gestritten haben sich gerade der Auerhahn und die Wildente, deswegen mußte der Wolf nur einmal kurz anschlagen. Aber jetzt habe ich Sie genug gelangweilt mit meinen Fabeln.‹
Auch zwischen Emile und Lanz von Liebenfels war es inzwischen zu sichtlichen Spannungen gekommen. Die beiden waren auseinandergerückt und betrachteten einander, als müsse ein jeder das Maß des Gegenübers finden. Entzweit hatte sie offenbar die Behauptung von Lanz, daß zu irgendeiner erdgeschichtlichen Epoche Tiermenschen unseren Kontinent bevölkert hätten, deren Auftreten das Ergebnis ›menschweiblicher‹ Lust an der Hingabe an den Affen gewesen sei. In Sibirien und im Himalaya, so Lanz, könne man noch heute in Gestalt von Schneewesen die ›schuppenbepanzerten Zeugen‹ der damaligen Fehltritte sehen.
›In der Bibel‹, wandte Emile darauf ein, doch er redete viel zu kontrolliert in seinem Zorn.

›Genau, in der Bibel‹, triumphierte Lanz sofort, ›nehmen Sie Ezechiel: das Weib hurte mit den Misraim-Menschen mit ihren großen Gliedern, oder: Das Weib raste vor Wollust bei der Buhlschaft mit denen, deren Glieder sind wie Eselsglieder und deren Samenfluß wie Samenfluß der Hengste.‹ Er wurde dabei ganz rot im Gesicht. ›Steht das etwa nicht in der Bibel? Ich wiederhole: Ezechiel!‹ Dann nannte Lanz die entsprechenden Kapitel- und Verszahlen aus dem Alten Testament, die ich mir sofort notierte. Ezechiel war schon immer mein Lieblingsprophet gewesen.
›Für mich gilt nach wie vor die Nachfolge von Adam und Eva‹, versuchte es Emile noch einmal, er sprach sehr gepreßt, fast sotto voce, vielleicht hatte er entdeckt, daß Larissa, die Tochter der Fürstin, am Türrahmen lehnend der Diskussion mit offenkundiger Anteilnahme folgte.
›Und wissen Sie, was Adam gemacht hat?‹ fragte Lanz hämisch.
›Er arbeitete im Schweiße seines Angesichts‹, antwortete Emile nach einigem Nachdenken.
Lanz krähte vor Vergnügen. ›Er hat die Tiere benannt‹, rief er und ließ dabei einen Zeigefinger durch die Luft fahren, als wolle er jedes seiner Worte unterstreichen. Benennen, erklärte er, mit dem Namen benennen, das bedeute nichts anderes als den Beischlaf ausüben. In diesem Punkt seien sich alle seriösen Kommentatoren einig. Adam habe in Wahrheit die Tiere sodomisiert.
Mit diesen Worten sank Lanz, der sich zuvor aus seinem Sofaplatz erhoben hatte, zufrieden wieder in die Kissen zurück.
Ich bin gewiß nicht prüde, doch ich fand jetzt den Zeitpunkt gekommen, Larissa zu einem vierhändigen Klavierstück aufzufordern. Sie bedankte sich etwas spröde, warf einen wehmütigen Blick auf die Herren und verschwand, um in ihrem Zimmer nach Noten zu suchen.
›Schweinkram‹, brüllte plötzlich Emile, sprang auf und lief mit schnellen Schritten aus dem Raum. Lanz folgte ihm und zischelte etwas vom ›saftigen Holz der Sodoms-Zeder aus dem Libanon‹, doch bevor er Emile erreichen konnte, strauchelte er über das Knüpfwerk am Ende des Teppichs, taumelte seitwärts und prallte sozusagen mittschiffs auf Herrn Uljanow. Der führte gerade mit der Zufriedenheit eines erfolgreichen Großwildjägers eine Tasse Tee an seine Lippen. Es ging alles sehr schnell.
Als sich das Durcheinander ein wenig geklärt hatte, standen die beiden Herren außerordentlich verdutzt einander gegenüber, sie rieben sich über ihre Oberschenkel, auf denen große dunkle Flecken ein eigenartiges Muster bildeten. Ich erinnere mich noch, wie erstaunt ich war, daß eine einzige Tasse Tee soviel Feuchtigkeit verbreiten kann.
Lanz stammelte wirre Entschuldigungen auf deutsch und auf französisch,

dann tauchte plötzlich Herr Plechanow auf, der ankündigte, er werde sofort für die Herren aus seinem Haus neue Beinkleider beschaffen lassen, ›nichts von Maß, doch tragbar‹, schließlich könnten die beiden in diesem Zustand ja nicht zurück nach Genf.
Die Fürstin wies darauf Opfer und Täter den Weg ins Badezimmer, wo diese die nächste Viertelstunde verbrachten, bis Ersatzgarderobe eintraf.
Ich setzte mich geschwind mit Larissa ans Klavier, um die Gesellschaft mit einer Bearbeitung von ›Der Tod und das Mädchen‹ wieder zu Frohsinn zu bringen. Max berichtete später, er sei ein paarmal am Badezimmer vorbeigekommen, direkt zu lauschen habe er sich zwar nicht getraut, doch die Stimmen hätten recht einvernehmlich geklungen. Emile, der mich wenigstens in diesem Zusammenhang durch seinen Mangel an Skrupeln erfreute, konnte ergänzen, Lanz habe, ›ohne zu ferkeln‹, über die Bedeutung von Eliten für ein Volk gesprochen und über die Avantgarde-Rolle der Aufgeklärten. Das Wort Elite sei von Uljanow sehr positiv aufgenommen worden.
Als unser Vierspänner vorfuhr – ich muß jetzt meinen Bericht zu Ende führen, sonst wirft man mir noch eine Verletzung meiner dienstlichen Pflichten vor –, waren wir alle recht guter Stimmung. Mir fiel bei unserer Abfahrt die ungewöhnliche Zahl von Kutschen auf, die bis zur Abbiegung zum Haus der Urussowa unter den jetzt schon langen Schatten warteten. Gewiß, wir waren eine recht große Versammlung gewesen, doch die meisten Gäste waren ja nicht allein gekommen, sondern hatten sich zu Reisegesellschaften zusammengeschlossen. Ich fragte Emile nach einer Erklärung. Der biß gerade ausgelassen einem Schokoladenriegel die Verpackung ab. ›Geheimagenten‹, sagte er und spuckte das Papier aus dem Fenster. Langsam beginnt er meine Phantasie zu begreifen. Vielleicht wird doch noch ein Feigenfaun aus ihm.«

Vogt legte das Päckchen beiseite und blickte noch einmal auf eine Zeitungsmeldung: »Revolutionäre Erhebungen in Rußland«, lautete die Überschrift. In dem Bericht war von einem gewissen Uljanow alias Lenin die Rede, den die russische Geheimpolizei als Drahtzieher bezichtigte und von dem es hieß, er sei in der Schweiz verhaftet worden.

Sonja Margolina, geb. 1951 in Moskau, lebt jetzt in Berlin. Publizistin und Essayistin (vor allem in der *taz* und in der *FAZ*).
Hubertus F. Jahn, geb. 1956, Spezialgebiet: russische Alltags- und Kulturgeschichte des 19. und 20. Jahrhunderts, ist Assistent am Department of History der George-town-University in Washington D. C. und lebt in München.
Viktor Toporow, geb. 1946, Poet, Übersetzer und Literaturkritiker, Mitglied des Leningrader Schriftstellerverbandes. Sein Aufsatz erschien zuerst in der Leningrader Zeitschrift *Newa* (Nr. 6/1990).
Beate Rausch, geb. 1955, Slawistin; lebt als DAAD-Lektorin und Übersetzerin in Moskau.
Viktor Jerofejew, geb. 1947, Romancier und Essayist, Mitglied des Moskauer Schriftstellerverbandes. 1990 erschien auf deutsch sein Roman *Die Moskauer Schönheit*. »Der russische Riß« wurde erstveröffentlicht in *Elle* (Nr. 10/1990); wir danken für die Nachdruckgenehmigung.
Lew D. Gudkow, geb. 1946, ist Soziologe und arbeitet am Allunionszentrum für Meinungsforschung (VZIOM) in Moskau.
Rimma Dalos-Trussowa, geb. 1944 bei Swerdlowsk, Historikerin und Lyrikerin, lebt seit 1970 in Ungarn. Ihr letzter Gedichtband erschien 1986 in Budapest.
Simon Kordonski, geb. 1944, Philosoph lebt in Moskau. Sein Beitrag erschien zuerst in der Moskauer Zeitschrift *Vek XX i mir* (Nr. 10/1990).
Maurice Weiss, geb. 1964, studiert Fotografie bei Ulrich Mack an der Fachhochschule Dortmund. Die hier abgedruckten Fotos entstanden im Rahmen einer Auftragsarbeit des *Zeit-Magazins*.
Barbara Dietz, geb. 1949, lebt in München und ist dort wissenschaftliche Mitarbeiterin am Osteuropa-Institut.
György Dalos, geb. 1943, Schriftsteller und Übersetzer; lebt in Budapest und Wien. Zuletzt erschien von ihm der Roman *Die Beschneidung*.
Waldemar Weber, geb. 1944 in Westsibirien, Lyriker und Lyrik-Übersetzer, lebt als freier Schriftsteller in Moskau.
Annette Winkelmann, geb. 1962, lebt in Köln und ist dort wissenschaftliche Mitarbeiterin am Martin-Buber-Institut der Universität. – Die in ihrem Artikel zitierten Verse stammen aus dem Gedicht »Babi Jar« von Jewgeni Jewtuschenko. Die deutsche Nachdichtung verfaßte Jörg Morgener; wir zitieren sie mit freundlicher Genehmigung des Musikverlages Hans Sikorski, Hamburg.
Alexei Lewinson, geb. 1944, ist Soziologe und arbeitet am Allunionszentrum für Meinungsforschung (VZIOM) in Moskau.
Elfie Siegl, geb. 1947, Moskau-Korrespondentin der *FR* und der *WAZ*, lebt in Moskau.
Andrei Nujkin, geb. 1931, Philosoph und Politologe, arbeitet am Institut für Filmkunst in Moskau und ist Mitherausgeber der *Moscow-News*.
Jutta Scherrer, geb. 1940, Professor für osteuropäische Geschichte an der Ecole des Hautes Etudes en Sciences Sociales, lebt in Paris und New York. Im Herbst 1991 erscheint eine Essaysammlung bei Fischer.
Kursbuch extra brachte unter dem Titel »Lenins Hirn« drei Vorgriffe auf Tilman Spenglers Roman, der im Herbst 1991 bei Rowohlt in Reinbek erscheinen wird.

Vorschauen auf die nächsten beiden Kursbücher enthält der Beihefter in dieser Ausgabe zwischen den Seiten 16 und 17.

Kursbuch 101 Abriß der DDR — September 1990

Stefan Welzk, Das blaue Wirtschaftswunder
Elsbeth Zylla, Haßregister
Friedrich Dieckmann, Die Schnelligkeit der Schildkröte. Ansichten eines Gesamtkunstwerks
Reimer Hinrichs, Patient DDR
Wolfgang Möller, Entfremdung. Eine Heilungsgeschichte
Sabine Sauer, Was bleibt. Forschungen in der Leipziger Universitätsbibliothek
Rudolf A. Treumann, Dieses langweilige Land
Christian Bommarius, Rechtsstaat DDR
Manfred Bierwisch, Wissenschaft im realen Sozialismus
Wolfgang Höbel, Unorganisierte Maßnahmen. Theatersplitter aus der DDR
Peter Schneider, Die Ahnenforscherin
Lutz Rathenow, Ein Scheitern auf höchstem Niveau
Hanna Rheinz, Flucht vor dem Anderssein. Noch eine deutsche Wiedervereinigung
Bernard-Henri Lévy, Rückblick auf den Sozialismus. Mitteleuropäische Reisenotizen

extra: Tilman Spengler, Lenins Hirn. Erste Folge

Kursbuch 102 Mehr Europa — Dezember 1990

Timothy Garton Ash, Einmal Jalta und zurück
Krisztina Koenen, Prinzipienloser Frieden. Über das Osteuropabild der Westdeutschen
György Konrád, Die Melancholie der Wiedergeburt
Richard Wagner, Mythendämmerung
Martin Pollack, Zurück in die Vergangenheit. Der Nationalitätenhader im verschwindenden Osteuropa
György Dalos, Ungarn – ein Jahr nach dem Weltuntergang
István Eörsi, Vom Loch in der Tasche des Lügners. Ungarische Verdrängungen
Lenke Szilágyi, Neues aus Transsylvanien
Marcin Król, Neues Vaterland oder Vaterland der Enterbten? Die Krise der polnischen Identität
Jan Tabor, Die Bat'a-Welt. Eine tschechische Komödie
Hans-Georg Behr, Wiener Wirrungen
Ivo Banac, Die Nationalitätenfalle
Rüdiger Wischenbart, Das Wunder von Laibach
Renée Zucker, Marktplatz Berlin

extra: Tilman Spengler, Lenins Hirn. Zweite Folge

Vom Kampf zwischen
Geist und Macht
Literarische Kultur in Spanien

VERLAG
J. B. METZLER

Hans-Jörg Neuschäfer
Macht und Ohnmacht der Zensur
Literatur, Theater und Film in Spanien (1933–1976)
1991. 344 Seiten, geb., DM 48,–
ISBN 3-476-00739-1

Spaniens kultureller Aufbruch in die Gegenwart setzte nicht erst mit dem Tode Francos ein. Der Romanist Hans-Jörg Neuschäfer widerlegt das gern wiederholte Vorurteil, erst nach dem Ende der Diktatur habe es ein Aufblühen der spanischen Kultur gegeben. Trotz Zensur und Bedrohung durchbrachen schon in den vierziger Jahren Romane das verordnete Schweigen, in der Dramatik bahnte sich ein neuer Ton an und schließlich gelangte auch in der Filmkunst der Widerstand auf die Leinwand. Am Beispiel von drei Dutzend Romanen, Theaterstücken und Filmen von insgesamt zwölf Autoren zeigt er exemplarisch auf, wie sich im Spanien Francos die Kultur gegen die Unterdrückung zur Wehr setzte und Anschluß an die europäische Moderne gesucht und gefunden hat. Neuschäfers Auswertungen der inzwischen freigegebenen Zensurdossiers sind Dokumente eines ungebrochenen Willens zur Unabhängigkeit der Literatur und Kultur. Engagiert und kenntnisreich schreibt der Autor aus der persönlichen Erfahrung und Kenntnis dieses Landes, das sich längst vom traditionellen Bild des »Ewigen Spanien« befreit hat.

J. B. Metzler Verlag
Postfach 10 32 41
7000 Stuttgart 10